U0541433

中国司法改革背景下审判责任制度研究

冯之东 著

中国社会科学出版社

图书在版编目(CIP)数据

中国司法改革背景下审判责任制度研究 / 冯之东著. —北京：中国社会科学出版社，2018.12
ISBN 978 – 7 – 5203 – 2306 – 2

Ⅰ.①中⋯ Ⅱ.①冯⋯ Ⅲ.①审判—法律责任—司法制度—研究—中国 Ⅳ.①D925.04

中国版本图书馆 CIP 数据核字(2018)第 065149 号

出 版 人	赵剑英
责任编辑	许 琳
责任校对	韩天炜
责任印制	李寡寡

出　版	中国社会科学出版社
社　址	北京鼓楼西大街甲 158 号
邮　编	100720
网　址	http://www.csspw.cn
发 行 部	010 – 84083685
门 市 部	010 – 84029450
经　销	新华书店及其他书店
印　刷	北京明恒达印务有限公司
装　订	廊坊市广阳区广增装订厂
版　次	2018 年 12 月第 1 版
印　次	2018 年 12 月第 1 次印刷
开　本	710×1000　1/16
印　张	17.25
插　页	2
字　数	304 千字
定　价	75.00 元

凡购买中国社会科学出版社图书，如有质量问题请与本社营销中心联系调换
电话：010 – 84083683
版权所有　侵权必究

序

　　之东是中国社会科学院法学研究所和最高人民法院中国应用法学研究所联合培养的博士后,具体由李少平副院长和我共同指导。法学研究所和应用法学研究所这种强强联合培养法学博士后的模式,意在突显法治理论与司法实践相结合的特点和优势。之东博士后思维活跃,具有强烈的现实责任感和问题意识,实证研究能力较为突出,对于司法改革的理论和实践问题,具有很强的研究旨趣和学术热情。之东在硕士和博士学习阶段,已经接受了较为规范系统的学术训练,打下了良好的专业基础。依托于好学上进的奋斗精神和严谨求实的学术态度,经过博士后阶段对司法体制改革重大理论与实践问题的深入研究,他的法治理论和法学学术功底得到进一步夯实,运用中国特色社会主义政法理论知识分析和解决现实问题的能力得到进一步提升,法学研究的创新意识和科研能力得到进一步强化。

　　司法改革是国家政治体制改革的重要组成部分,而审判责任制度改革则是法院系统推进新一轮司法改革必须牢牢牵住的"牛鼻子",其重要性不言而喻。本书是之东以我国新一轮司法改革中审判责任制度改革为选题所完成的博士后出站报告,是他从事博士后科研工作期间最为重要的研究成果,也是一篇在出站评审环节被专家学者们评定为"优秀报告"的用心之作,具有很强的现实意义和理论价值。

　　在本书中,之东立足于事关国家治理全局的新一轮司法改革这一背景,着眼于中国东、中、西部法院系统的司法改革实践,运用大量第一手数据和事实,紧紧围绕司法责任制改革这个主题,深入研究了违法审判责任追究制度、审判责任豁免制度、法官员额制度、司法职业保障制度等多项关键制度,提出了许多具有创新或者创见价值的观点和建议。该书以当前司法实践中制约司法能力、妨碍司法公正的突出问题为切入点,既有理论梳理，也有规范分析，更不乏实证研究和制度建构，是理论与实践结合得比较好的一个研究成果。作为一项有关审判责任制度改革的综合性、实证性和对策性研究，全书观点鲜明，结构合理，条理清晰，逻辑严谨，论证有力，重点突出，详略得当，谋篇布局具有较强的层次感和立体感，语言表达简洁流畅，符合学术规范要求。

本书紧密结合新一轮司法改革实践，从两个层面对审判责任制度的建构进行研究分析：一个层面是内在制度设计的视角，主要包括违法审判责任追究制度和审判责任豁免制度，这是建构审判责任制度体系的核心内容。另一个层面是外在制度环境的视角，主要涉及法官员额制度和司法职业保障制度，这是建构审判责任制度体系的前提和基础。

本书认为违法审判责任追究制度是契合司法审判内在规律，涵盖审判责任的界定、追究、承担、惩戒等多项环节的制度设计，是新一轮司法改革基本精神在法院系统的集中体现。尽管当前围绕改革要求制定的相关规范性文件，已经较为清晰地确定了追究违法审判责任的总体范围、具体情形、担责原则、基本程序等核心内容，然而由于多种因素的综合作用，有关制度设计依然存在着亟待修正的环节。同时，梳理归纳欧美法官惩戒制度内在运行机理，吸收借鉴其中契合我国司法审判实践的合理要素，也很有必要。因此，在分析改革实践问题、吸纳域外先进经验的基础上，改良违法审判责任追究制度设计，特别是建构和完善法官惩戒委员会制度，就成为完善审判责任制度体系的重要任务。

本书提出建构与完善审判责任制度，既要建立健全审判问责机制，又要科学构建审判责任豁免机制。习近平总书记明确指出，要"多推有利于调动广大干部群众积极性的改革"。在新一轮司法改革中，需要一系列能够调动审判人员改革积极性的真招实策，使之成为推进审判责任制度改革的有力保障。决不能以侵害审判独立为代价，将审判责任制度异化为一把高悬于审判人员头顶之上的"达摩克里斯之剑"，否则，其制度的最终实践效果必然是南辕北辙。因此，就追责、惩戒、豁免等相关问题而言，应该积极借鉴域外法治国家有关审判制度设计基本原理和实践中的合理因素，以"责任豁免"为基本原则，以"责任追究"为一般例外，来建构我国的审判责任制度。

本书分析指出，法官员额制度是新一轮司法改革中势在必行、刻不容缓的创新之举，是通过制定科学标准、实施严格考核，确保综合业务素质最好、审判工作能力最强的审判人员最终成为员额法官，进而建构公正高效权威审判队伍的重大改革举措。基于强化法官尊荣感和身份认同的改革预期，"员额法官"是国家层面给予审判人员最高规格的制度性确认；基于持续深入推进司法改革的基本目标，员额法官制度改革则是深化司法审判职业制度改革的重要组成部分。很显然，作为法院系统司法改革重中之重的审判责任制度改革，必然深刻影响着法官员额制度改革的进度，而法官员额制度则是建立审判责任制度的前提性、基础性和辅助性制度。

本书围绕司法职业保障制度是实现"让审理者裁判、由裁判者负责"这一司法改革基本目标的前提和基础，深入讨论并提出，审判责任制度改革的根本宗旨并不在于能否严厉追究法官审判责任即事后惩戒"问题法官"，而是在于能否有效保障法官依法独立公正行使审判职权即事前培养"精英法官"。甚至可以说，审判职业保障从根本上决定了审判职业责任：只有保障到什么程度，责任才能落实到什么程度。正是因为缺乏必要的保障，才使得以往的审判责任制度实践难以实现制度预期。只有赋予法官优于他人的职业基础和职业保障，也才能对其提出高于他人的职业要求和职业责任。否则，如果只有严苛的职业监督和职业管理，却没有与之相匹配的职业基础和职业保障，就不可能真正建构公正高效权威的司法审判制度。因此，科学合理的审判责任制度应该确保权责之间比例相当、责任保障相互匹配。

当然，该书的个别论述还略显薄弱，有待进一步加强和完善。但总体来看，这是一篇优秀的博士后出站报告，其中的一些观点和论证，无论是对于促进司法改革的理论建构，还是对于深化司法改革的制度完善，均有较强的参考价值和借鉴意义。

欣慰于本书的出版，乐为之序！

李林
2018年6月21日

目 录

导论 ……………………………………………………………… (1)
 第一节 研究背景：审判责任制度改革的目标与需要
    解决的问题 …………………………………………… (1)
  一 界定"审判责任"及"审判责任制度"：本书的
    研究范围 ………………………………………… (1)
  二 审判责任制度改革的目标 ……………………… (5)
  三 本书的研究任务：改革实践中需要解决的问题 ……… (6)
 第二节 研究意义、研究方法、创新之处和框架结构 ………… (7)
  一 研究意义 ………………………………………… (7)
  二 研究方法 ………………………………………… (9)
  三 创新之处 ………………………………………… (10)
  四 框架结构 ………………………………………… (11)
 第三节 我国审判责任制度的理论研究现状以及改良路径 ……… (12)
  一 理论研究基本概况 ……………………………… (12)
  二 理论研究中存在的问题 ………………………… (17)
  三 提升理论研究水平的具体路径 ………………… (17)

第一章 审判责任制度基础性问题 …………………………… (19)
 第一节 审判权的本质 …………………………………………… (19)
  一 独立判断：审判权的基本定位 ………………… (19)
  二 审判独立的基石是审判人员独立办案 ………… (20)
  三 独立行使权力、独立承担责任：审判独立的
    努力方向 ………………………………………… (21)

第二节 审判责任制度的基本内涵 ……………………………（26）
　　一　审判责任制度是与审判权运行机制互为依托的
　　　　制度设计 ……………………………………………………（26）
　　二　审判责任制度是以构建"权责利"平衡机制为重心的
　　　　制度设计 ……………………………………………………（27）
　　三　审判责任制度是以违法审判责任追究而非错案追究为
　　　　本质的制度设计 ……………………………………………（28）
　　四　审判责任制度是以办案机关内部追责而非国家赔偿外部
　　　　担责为内容的制度设计 ……………………………………（29）
　　五　审判责任制度是追求放权与控权相平衡的制度设计 ……（29）
　　六　审判责任制度是兼顾履职保障与失职问责的
　　　　制度设计 ……………………………………………………（32）
　　七　审判责任制度是兼顾惩戒问责与责任豁免的
　　　　制度设计 ……………………………………………………（33）
　　八　审判责任制度是内部同行评议与外部异体追责并行不悖的
　　　　制度设计 ……………………………………………………（33）

第二章　审判责任制度改革实践分析
　　　　——以东中西部 S、H、G 三省市为例 ……………………（35）
第一节　改革的阶段性成效 …………………………………………（35）
　　一　夯实审判责任制度改革的基础——法官员额制度
　　　　改革的推进 …………………………………………………（36）
　　二　推进审判权运行机制改革 ……………………………………（39）
　　三　推进审判职业保障制度改革 …………………………………（40）
第二节　东中西部改革实践中的问题及其原因分析 ………………（41）
　　一　全局共性：东中西部共存的问题 ……………………………（42）
　　二　局部共性：中西部共存的问题 ………………………………（54）
　　三　东中西部 S、H、G 三省市的个性问题 ……………………（58）
　　四　对引发东中西部个性问题的原因分析 ………………………（61）

第三章　违法审判责任追究制度及其改良 …………………………（63）
第一节　制度实践层面的弊端与制度设计层面的不足 ……………（63）
　　一　新一轮司法改革启动前后制度实践中的弊端 ………………（64）

二　新一轮司法改革启动之后制度设计层面的不足 …………（68）
　第二节　对域外法官惩戒制度合理要素的借鉴吸收 ……………（73）
　　一　惩戒主体中的合理要素 ………………………………（74）
　　二　惩戒事由中的合理要素 ………………………………（75）
　　三　惩戒依据中的合理要素 ………………………………（76）
　　四　惩戒程序中的合理要素 ………………………………（77）
　　五　惩戒措施中的合理要素 ………………………………（79）
　第三节　对违法审判责任追究制度设计的完善 …………………（80）
　　一　错案责任追究法治化 …………………………………（80）
　　二　审判人员问责规范化 …………………………………（84）
　　三　审判问责标准科学化 …………………………………（84）

第四章　审判责任豁免制度及其改良 ……………………………（86）
　第一节　制度设计层面的基本内容及其缺陷 ……………………（87）
　　一　相关规定的基本内涵 …………………………………（87）
　　二　审判责任豁免制度设计的缺陷 ………………………（91）
　第二节　域外法官责任豁免制度的内在运行机理
　　　　　及其借鉴意义 ……………………………………………（95）
　　一　西方法官责任豁免制度的内在运行机理 ……………（95）
　　二　域外法官豁免制度对我国的启示和价值 ……………（98）
　第三节　完善我国审判责任豁免制度的具体路径 ……………（100）
　　一　明确适用豁免的行为责任类型及其理由 …………（100）
　　二　建立健全审判责任豁免制度的构想 ………………（102）

第五章　审判责任制度体系外在制度环境的优化
　　　　——建构审判责任制度之前提和基础 ………………（105）
　第一节　提升审判制度以及审判责任制度在国家治理
　　　　　体系中的定位 …………………………………………（106）
　　一　应然意义的视角：审判制度在现代国家治理中的
　　　　独特作用 ………………………………………………（106）
　　二　不尽如人意的司法实践——之于国家治理的
　　　　现实需要 ………………………………………………（108）

三　有为才有位：在实然意义上强化审判制度在现代国家
　　　　治理中的职能 ………………………………………… (116)
第二节　对审判责任制度内在局限性的克服 ………………… (119)
　　一　引发规避责任和推卸责任：审判责任制度自身无法
　　　　克服的局限性 ………………………………………… (119)
　　二　对局限性的缓解与克服 ……………………………… (123)
第三节　审判权运行机制的改良：司法审判民主化 ………… (126)
　　一　司法审判民主化的一般性问题 ……………………… (126)
　　二　对审判委员会制度的改良 …………………………… (127)
　　三　专业法官会议制度的建构与完善 …………………… (137)

第六章　审判责任制度体系相关配套制度的改良
　　　　——建构审判责任制度的基础 ……………………… (151)
第一节　法官员额制度的改良：建构审判责任制度的
　　　　重要基础 ………………………………………………… (152)
　　一　对法官员额制度设计层面有关问题的解决 ………… (152)
　　二　对东中西部法官员额制度改革实践中有关
　　　　问题的解决 …………………………………………… (156)
　　三　对院庭长办理案件制度的落实 ……………………… (165)
第二节　审判人员依法履职保障机制的基础性问题 ………… (175)
　　一　我国审判职业权利保障的基本现状 ………………… (176)
　　二　保障在前、追责在后——科学建构审判责任制度的
　　　　基本要求 ……………………………………………… (180)
　　三　正确把握审判人员依法履职保障的关键点 ………… (181)
第三节　强化审判人员依法履职保障机制：审判责任制度的
　　　　基本前提 ……………………………………………… (182)
　　一　免受干预 ……………………………………………… (182)
　　二　拒绝超范围履责 ……………………………………… (186)
　　三　救济渠道 ……………………………………………… (189)
　　四　科学考核 ……………………………………………… (191)
　　五　安全保障 ……………………………………………… (193)
　　六　薪酬保障 ……………………………………………… (196)

第四节　与建构审判责任制度体系相关的其他
　　　　　　配套措施 ………………………………………… (197)
　　　　一　牢固树立科学审判理念 ……………………………… (198)
　　　　二　合理测算审判人员工作量 …………………………… (202)
　　　　三　科学建构审判人员退休制度 ………………………… (207)

结语　动态的制度变迁与深化改革的建议 ……………………… (212)
　　　　一　动态的制度变迁：改革进程的互补性和反复性 ……… (212)
　　　　二　推进审判责任制度改革的几点建议 ………………… (216)

附录　审判责任制度改革相关规范性文件 …………………… (221)
　　　　一　最高人民法院《关于加强各级人民法院院庭长办理案件
　　　　　　工作的意见（试行）》………………………………… (221)
　　　　二　最高人民法院《关于落实司法责任制完善审判监督管理
　　　　　　机制的意见（试行）》………………………………… (223)
　　　　三　最高人民法院《关于全面深化人民法院改革的意见——人民
　　　　　　法院第四个五年改革纲要（2014—2018）》（节选） ……… (225)
　　　　四　最高人民法院《关于审判权运行机制改革试点方案》
　　　　　　（节选） ………………………………………………… (228)
　　　　五　最高人民法院《关于完善人民法院司法责任制的若干意见》
　　　　　　…………………………………………………………… (230)
　　　　六　最高人民法院《人民法院落实〈保护司法人员依法履行法定
　　　　　　职责规定〉的实施办法》……………………………… (239)
　　　　七　最高人民法院、最高人民检察院《关于建立法官、检察官惩戒
　　　　　　制度的意见（试行）》………………………………… (246)

参考文献 ………………………………………………………… (249)

后记 ……………………………………………………………… (263)

导 论

第一节 研究背景：审判责任制度改革的目标与需要解决的问题

一 界定"审判责任"及"审判责任制度"：本书的研究范围

（一）对"审判责任"和"审判责任制度"的概念界定

自1978年中共十一届三中全会以来，司法改革不断推进、逐步深化。2013年，中共十八届三中全会成为开启新一轮司法改革的标志。[①] 与此相伴，从法院系统司法改革的历程来看，源自"追究制""问责制"等制度设计的不断实践积累，可以说"审判责任制度"绝不是横空出世的新鲜事物。[②] 作为最高审判机关的最高人民法院乃至中央最高决策层，先后以规范性文件或以"中央全会决议"的形式，对审判及其责任追究工作不断进行规范，具体包括以下文本：

——2003年，最高人民法院《关于严格执行〈中华人民共和国法官法〉有关惩戒制度的若干规定》。

——2005年，最高人民法院《二五改革纲要》。

——2009年，最高人民法院《三五改革纲要》。

——2009年，最高人民法院《人民法院工作人员处分条例》，（下文简

[①] 李林、王敏远主编：《全面推进依法治国与稳妥促进司法改革》，中国法制出版社2016年版，《序言》第1页。

[②] 陈光中、龙宗智：《关于深化司法改革若干问题的思考》，《中国法学》2013年第4期。

称为:"最高人民法院《处分条例》")。
——2013 年,中共十八届三中全会通过的大会决议。①
——2014 年,中共十八届四中全会通过的大会决议。②
——2015 年,最高人民法院《四五改革纲要》。③
——2015 年,最高人民法院《关于完善人民法院司法责任制的若干意见》(下文简称为:"最高人民法院《司法责任意见》")。④
——2016 年,最高人民法院、最高人民检察院《关于建立法官、检察官惩戒制度的意见》(下文简称为:"两高《惩戒意见》")。⑤

综合相关文本精神和法院系统司法改革实践,本文将"审判责任"定位为:法院内部独任庭、合议庭、审判委员会等审判组织,以及员额法官、法官助理、书记员等审判人员,因在审判活动中行使审判权而产生的办案责任。这里的办案责任,既包括法律责任,又涵涉纪律责任;既包含审判人员因行使审判权力而产生的与权力相对应的责任,又不排除员额法官审核把关、院庭长监督管理、惩戒委员会等有权机构进行追究惩戒等其他责任类型。"审判责任制度"即有关上述责任的界定、追究、承担、惩戒、豁免等环节的制度设计。

因此,最高人民法院《四五改革纲要》中的"办案责任制"和最高人民法院《司法责任意见》中的"审判责任制度",与本项研究的"审判责任制度"具有相同的内涵和外延。但最高人民法院《司法责任意见》中的"司法责任制"则有很大不同。需要注意的是,尽管审判人员所实

---

① 大会通过的《中共中央关于全面深化改革若干重大问题的决定》(下文简称为:"十八届三中全会《决定》")明确指出,"改革审判委员会制度,完善主审法官、合议庭办案责任制,让审理者裁判、由裁判者负责"。
② 大会通过的《中共中央关于全面推进依法治国若干重大问题的决定》(下文简称为:"十八届四中全会《决定》")明确指出,"实行办案质量终身负责制和错案责任倒查问责制"。
③ 该文件明确规定"健全司法过错追究机制,统一司法过错责任的认定标准","将完善主审法官、合议庭办案责任制作为关键环节"。
④ 该文件明确规定"法官应当对其履行审判职责的行为承担责任,在职责范围内对办案质量终身负责"。
⑤ 该文件第 2 项明确规定:"法官、检察官在审判、检察工作中违反法律法规,实施违反审判、检察职责的行为,应当依照相关规定予以惩戒"。

施的、与办案无关的、违反司法职业伦理的行为也应当承担责任,① 但因其与办案无关,并不属于本项研究审判责任制度中"责任"以及"问责"的范畴。

(二)"审判责任制度"与"司法责任制"的关系

1. 没有附加"法院"前缀的"司法责任制"。自2012年中共十八大以来,与一批冤错案件的曝光和纠错相随,建构完善办案责任追究制度逐步提上最高决策层的议事日程。习近平总书记在中央深改组第三次会议上明确指出,"……完善司法责任制……是司法体制改革的基础性、制度性措施。试点工作要在中央层面顶层设计和政策指导下进行,改革具体步骤和工作措施,鼓励试点地方积极探索、总结经验"。② 经由这次会议审议、中央政法委印发的《关于司法体制改革试点若干问题的框架意见》(下文简称为:"中央政法委《司改框架意见》")明确要求:"主审法官、合议庭法官在各自职权范围内对案件质量终身负责,严格错案责任追究"。③ 中共十八届四中全会明确要求,"完善主审法官、合议庭、主任检察官、主办侦查员办案责任制,落实谁办案谁负责。……明确各类司法人员工作职责、工作流程、工作标准"。④ 习近平在2015年中央政治局第二十一次集体学习中明确要求,"要紧紧牵住司法责任制这个牛鼻子"。⑤ 笔者以为,如此反复宣示的目的就在于推进司法体制改革,就是要让广大民众看到实实在在的改革成效。

无疑,"负责""问责""责任"等重要概念被运用于不同时空环境,无论是学者,还是实务工作者,都极易从本位主义出发进行解读。⑥ 因此,相较于"审判责任制度",没有附加"法院"前缀的"司法责任制",尽管其所涉职业系统已不限于法院,还包括检察院,甚至还包括行

---

① 法官职业道德准则的总体要求是,在一切不论是与职务有关还是职务以外的活动中,法官都应避免不当行为及让人感觉不当的行为。因此,发表歧视性言论、开低俗玩笑等职务以外的不当行为,也要受到职业伦理惩戒。参见〔美〕埃莉诺·迈尔斯:《美国律师协会法官行为准则纵览》,载怀效锋主编:《法官行为与职业伦理》,法律出版社2006年版,第478页。
② 新华社:《习近平主持召开中央全面深化改革领导小组第三次会议》,《人民日报》2014年6月7日第1版。
③ 参见中央政法委《司改框架意见》第五项之规定。
④ 参见十八届四中全会《决定》。
⑤ 徐隽:《习近平:以提高司法公信力为根本尺度坚定不移深化司法体制改革》,《人民日报》2015年3月25日第1版。
⑥ 陈海峰:《错案责任追究的主体研究》,《法学》2016年第2期。

使刑事侦查权这一司法职能时的公安机关；但其所涉内容还是专指"司法人员办案责任的界定、追究、承担、豁免、惩戒、保障等环节的制度设计"。①

2. 长春会议之后的"司法责任制"。在 2016 年 7 月吉林长春召开的"全国司法改革工作推进会"（下文简称为："长春会议"）② 上，中共中央政治局委员、中央政法委书记孟建柱指出，"司法责任制改革作为司法体制改革的基石，对提高司法质量、效率和公信力具有重要意义。要知难而进、攻坚克难，坚定不移推动司法责任制改革全面开展"。③ 最高人民法院周强院长也指出，"要按照全国司法体制改革推进会部署，抓紧全面推进司法责任制改革，确保改革政策落实到位、改革红利释放充分、改革效果明显提升"。④ 可以看到，"长春会议"之后中央层面提到的"司法责任制"改革，实际上涵盖了中央顶层设计中的司法责任制度改革、司法人员分类管理改革、司法职业保障制度改革、省以下法检两院人财物统一管理改革等四项基础性改革，被统称为"司法责任制"改革。

因此，相较于"审判责任制度"，"长春会议"之后的"司法责任制"，所涉职业系统已不限于法院，还包括检察院，甚至还包括行使刑事侦查权这一司法职能时的公安机关；所涉内容更不限于"司法人员办案责任的界定、追究、承担、豁免、惩戒等环节的制度设计"，还包括司法人员分类管理、司法职业保障、省以下法检两院人财物统一管理等方面的多项制度设计。下文如不作特别说明，本项研究中出现的"司法责任制（改革）"，皆为长春会议之后被中央赋予特定内涵的"司法责任制（改革）"。

（三）研究范围

本项研究将围绕最高人民法院《司法责任意见》等规范性文件，重

---

① 如经中央深改组第 15 次会议审议通过、最高人民检察院于 2015 年 9 月 28 日发布的《关于完善人民检察院司法责任制的若干意见》。

② 新一轮司法改革启动后，中央先后召开四次推进会：第一次，2014 年 7 月北京"司法体制改革试点工作座谈会"；第二次，2015 年 7 月上海"全国司法体制改革试点工作推进会"；第三次，2016 年 7 月吉林长春"全国司法改革工作推进会"；第四次，2017 年 7 月贵州贵阳"全国司法体制改革推进会"。

③ 孟建柱：《坚定不移推动司法责任制改革全面开展》，《长安》2016 年第 10 期。

④ 罗书臻：《周强在全国高级法院院长座谈会上强调坚定不移全面推进人民法院司法体制改革》，《人民法院报》2016 年 7 月 21 日第 1 版。

点结合审判责任制度改革实践,以事前培养"精英法官"、而非事后惩戒"问题法官"为基本价值取向,从以下两个方面展开对建构"审判责任制度"的研究分析:

一是符合司法规律的审判责任的界定、追究、承担、惩戒、豁免等规则体系。① 该部分内容涉及审判人员违法审判责任追究制度和审判责任豁免制度。

二是与审判组织和审判人员依法履行审判职权、依法承担审判责任密切相关的配套性制度与保障性制度。这是建构审判责任制度的关键。应当看到,明确审判人员职责和权限,设置追究审判人员的责任,这并不是新一轮司法改革的全新规定,而是对原有相关制度的补强。正是因为缺乏必要的保障性规定,才使得以往的审判责任制度难以实现制度预期。因此,在某种程度上,审判职业保障决定了审判职业责任。具体而言,这一部分内容涉及审判制度以及审判责任制度在国家治理体系中的定位、法官员额制度、司法职业保障制度、司法业绩考评机制以及其他配套制度。

二 审判责任制度改革的目标

可以看到,在国家治理的层面上,尽管建构多元化的纠纷解决机制是大势所趋,但司法诉讼依然是有机构成社会控制力②的重要(甚至是核心)部分,是其中不可替代的主导型结构。特别是基于中共十八届四中全会指明的"实现国家治理体系和治理能力现代化"的政治方向和习近平总书记多次宣示的将公平正义惠及每一位案件当事人的价值追求,③ 审判权被赋予了史无前例的政治使命和社会使命。本项研究之所以尝试探讨

---

① 这是建构审判责任制度体系的核心内容。需要强调的是,审判责任制度的根本宗旨并不是追究责任,而是保障法官能够依法独立公正行使审判权,并最终建构公正高效权威的司法制度,追究责任只是保障措施之一而已。虽然这是最有力的措施,但却只是最后的措施。朱孝清:《错案责任追究与豁免》,《中国法学》2016年第2期。

② 诉诸司法发展史,可借用"社会控制"之概念来界定司法与社会最一般的功能联系。参见[美]爱德华·罗斯:《社会控制》,秦志勇等译,华夏出版社1989年版,第81—95页。

③ 习近平总书记履新伊始就指出,"努力让人民群众在每一个司法案件中都能感受到公平正义"。2013年全国政法工作会议召开之际,习近平强调,"全国政法机关要进一步提高政法工作亲和力和公信力,努力让人民群众在每一个司法案件中都能感受到公平正义"。参见习近平:《在首都各界纪念现行宪法公布施行三十周年大会上的讲话》,《十八大以来重要文献选编(上)》,中央文献出版社2014年版,第91页;彭波:《习近平:努力让人民在每一个司法案件中都能感受到公平正义》,《人民日报》2013年1月8日第1版。

和分析源于审判权而产生的审判责任的制度建构,正是立足于这样的历史性和现实性背景因素。因为,审判责任制度改革是"司法责任制"改革在法院系统内的具体体现。

司法裁判作为法院审判活动的"最终产品",其产品质量应当由谁负责?这本不该成为问题。但长期以来,我国法院层层审批、逐级把关的传统办案模式,既违背审判权"司法亲历性"基本规律,更造成"审者不判、判者不审、判审分离、权责不清"等严重弊端,进而成为产生严重损害司法公正和司法公信的冤假错案的重要原因。因此,正如前文所述,自中共十八大以来,中央层面通过在多个场域、采取多种方式、发布多种规范性文件,以切实解决我国审判工作中的这一"顽疾"。完善审判责任制度,则是实现上述目标的关键所在。

基于此,审判责任制度改革必须实现不同层次的改革目标:在宏观层面,遵循十八届三中全会精神,"深化司法体制改革,加快建设公正高效权威的社会主义司法制度"。在中观层面,真正实现让审理者裁判、由裁判者负责,完善中国特色审判权运行机制。[1] 在微观层面,合理配置审判资源,将最优秀的人才吸引到办案一线,[2] 以解决"案多人少"等一系列普遍存在于法院系统的突出问题。

三 本书的研究任务:改革实践中需要解决的问题

从 2013 年 10 月最高人民法院开始推进审判权运行机制改革试点工作,到中央政法委先后分三批在全国范围内确定司法改革试点,[3] 已经历了少则一年、多则三年的探索实践。笔者在长期调研特别是在参与最高人民法院司法改革督察等工作中发现,总体而言,中央有关审判责任制度改革及其配套性制度、保障性制度改革的顶层设计是比较完善的,政策导向也是比较明确的,而且也给地方预留了充分的探索空间,相关改革的共识已基本形成,改革成效也已逐步显现,但改革实践中存在的问题却也不容回避。

---

[1] 陈瑞华:《司法改革的理论反思》,《苏州大学学报(哲社版)》2016 年第 1 期。
[2] 孟建柱:《坚定不移推动司法责任制改革全面开展》,《长安》2016 年第 10 期。
[3] 按照中央要求,上海等 7 省市于 2014 年 6 月启动第一批试点。江苏等 11 省于 2015 年 6 月启动第二批试点。北京等 14 个省市于 2015 年 12 月启动第三批试点。彭波:《第三批司法体制改革试点即将启动》,《人民日报》2015 年 12 月 5 日第 7 版。

这其中，既有审判权运行机制与审判组织、审判人员权责方面的问题，诸如审判团队建设仍需探索，院庭长有序控权和放权落实不到位等问题；也有审判责任制度本身的问题，诸如违法审判责任追究制度和审判责任豁免制度尚未健全，改革中的审判权运行机制与放权后的审判责任制度之间在制度设计层面尚待磨合等问题；更有与审判责任制度密切相关的配套性、保障性制度改革中的问题，诸如入额遴选没有突出办案业绩和能力、遴选公开程度不够，员额比例设定偏高、分配不够合理，相关配套机制还需完善等问题。当然，解读和宣传司法改革精神不到位的问题也不容忽视。笔者将于后文对这些问题进行详尽的阐述和分析。

其实，以上问题大致还可分为两类：一类是主观认识不到位、理解有偏差、改革落实不力的问题。例如，员额遴选机制不科学，资格上论资排辈，比例搞平均分配；院庭长放权不彻底、不到位，甚至实施变相审批；领导干部入额不办案、办简案、走形式，难以服众，等等。另一类是受到客观环境、制度、政策的影响和制约，需要进一步优化环境、明确政策、统筹推进的问题。例如，未入额人员的办案模式、分流安置；审判辅助人员的经费保障、管理模式；如何确保工资红利及时到位，绩效奖金分配合理，等等。

上述客观存在的问题，或普遍存在于或个别存在于本文实证分析所涉及的东中西部及其 S 市、H 省和 G 省，只是程度不同、表现方式各异而已。这些问题，也正是本文将要着力分析并试图解决的问题。

第二节　研究意义、研究方法、创新之处和框架结构

一　研究意义

本研究立足于司法改革实践，深入探讨审判权运行机制、审判组织权限、审判人员职责、审判责任认定追究、审判责任豁免、惩戒委员会制度建构和审判人员履职保障等重点问题，旨在科学建构既遵循司法规律、又符合中国国情，"责任与保障并重、权力与制约同行"，最终实现"让审理者裁判、由裁判者负责"，"谁办案、谁决定、谁负责"的审判责任制度体系。本研究将会在审判责任制度这一于实践层面关乎司法改革成败、于理论层面涉及多维交叉学科的重大问题上，起到丰富理

论研究路径和改进司法审判实务的重要作用。因此，具有重要的学术意义和实践意义。

（一）学术意义

对审判责任制度开展学术研究的重要理论意义无论如何强调也不过分。基于科学构建既符合中国国情、又符合一般司法规律的审判责任制度，非常有必要在现有研究成果的基础上，从宪法学理、诉讼制度、司法实务和社会效应出发，就审判责任制度的理论问题进行深入研讨，必将在审判权运行机制这一涉及法理学、宪法学、诉讼法学与法社会学的广阔领域，起到丰富研究路径、提升研究水准的重要作用。[①] 特别是可以在坚持问题导向、遵循审判权运行规律的前提下，为完善法院的审判责任制度，就如何真正实现让"审理者裁判、由裁判者负责"，如何对审判组织形式、裁判文书签署机制、审判委员会制度进行改造，如何真正落实审判人员在职责范围内对办案质量负责，如何依照法定程序科学追究审判人员违法审判责任，如何确保法院依法独立公正行使审判权等问题进行学术分析，为如何正确处理审判权运行机制改革和推进审判责任制度改革之间，践行审判责任制度与加强依法履职保障之间，主审法官和合议庭办案责任制度与院庭长审判管理、审判监督之间，错案责任与违法审判责任之间，审判责任豁免制度与违法审判责任追究和惩戒制度之间，以及审判责任制度体系内其他相关制度要素等多重关系、多种问题，进行理论解读，强化理论支撑。

（二）实践意义

审判责任制度改革是司法改革必须牢牢牵住的"牛鼻子"，在整个新一轮司法改革中具有基础性、关键性地位。完善审判责任制度，是科学构建"司法责任制"的重要组成部分，是法院系统深化司法改革的核心改革举措。特别是，审判责任制度改革的实践，与中央顶层制度设计不相符合、甚至违背司法审判基本内在规律的现象的确客观存在；更何况，顶层制度设计本身也有急需要完善的重要环节与急需要解决的重大问题。为了切实解决制约司法审判能力、妨碍司法审判公正的现实问题，以适应国家治理体系和治理能力现代化的客观需要，必须尽快构建一套科学的审判责任制度体系。因而，围绕审判责任制度之建构与完

---

① 陈卫东：《司法改革之中国叙事》，《中国法律评论》2016年第1期。

善，而展开的深度理论研究和学术讨论分析，必将为司法审判实践中建立健全审判责任制度体系，完善以审判权为"核心"、以审判监督权和审判管理权为"保障"的审判权运行机制，最终奠定扎实而可靠的学理基础。

二 研究方法

第一，实证分析和经验研究的方法。"法律的知识是由社会决定的"。[①] 在提升国家治理能力现代化的层面上，对审判责任制度展开的理论探析，须以实证和经验为基础。因此，笔者深入开展调研，特别是充分利用系统参与最高人民法院对我国东中西部各层级审判机关司法改革进行督察的良机，对各类审判组织如何行使审判权、审判人员如何履行法定职责、法官员额制度改革进展情况、惩戒委员会如何追究责任、如何落实审判职业保障等一系列问题进行了全面的了解和认知，对制度实践及其社会效应进行了深入的探究和考察。

第二，比较研究的方法。域外关于审判责任（弹劾、惩戒、豁免等）制度，以及审判权运行机制的理论研究和制度实践，揭示了现代司法审判制度的诸多共性，并可能暗含甚至贯穿着有利于我国规范和强化国家治理、科学建构审判权运行机制与审判责任制度的发展趋向，完全可将之作为应对和解决中国问题的重要理论参照和实践参考。

第三，案例研究和数据分析的方法。显而易见，有关制度建构的理论研究，不能仅仅停留和徘徊于学理分析层面和制度设计层面。必须以制度运行实践中的具体个案和微观数据作为研究对象，在认真"解剖麻雀"的基础上，最终引申出一般性的基础理论和基本原则。

第四，规范分析的方法。对既有的审判责任制度及其理论基础，进行辩证的考量和严谨的求证，对国家法律、司法解释和其他规范性文件的基本价值取向和具体条款规定进行科学的评价和细致的论述，对东中西部不同地域的改革试点单位旨在贯彻细化并落实中央顶层制度设计的诸多"办法"和"细则"以及其他有关审判责任制度的规范性文件进行客观的分析和认真的讨论，以此最终实现"制度分析"和"过程分析"的有机

[①] 陈瑞华：《问题与主义之间——刑事诉讼基本问题研究》（第2版），中国人民大学出版社2008年版，"代序言"第2页。

统一。①

三 创新之处

（一）研究内容的创新

笔者从事关国家治理全局的新一轮司法改革这一背景出发，旨在努力完成一项涵盖新型审判权运行机制、违法审判责任追究制度、审判人员责任豁免制度、法官员额制度、司法职业保障等多项制度要素的综合性研究。这本身就是一种既有一定创作风险、更有一定研究创新的学术行为。

（二）研究路径的创新

笔者立足于东中西部不同地域的审判责任制度改革以及其他相关制度改革实践，特别是在第二章"审判责任制度改革实践"和第五章第三节"法官员额制度的改良"以及其他篇章，尝试通过实证分析的研究路径，通过对不同地域改革情况的比较分析，以发现改革进程中的规律性问题并探求引发相关问题的内在原因，并最终求得对问题的有效解决。

（三）部分观点的创新

1. 本书认为，审判责任制度的价值取向不在于事后惩戒"问题法官"，而在于事前培养"精英法官"。

2. 本书将最高人民法院《司法责任意见》中的"违法审判责任认定追究程序"从当下的"同体追责"修正为"异体追责"。

3. 本书认为，最高人民法院《司法责任意见》以及将来的《法官法》应该"提名叫响"地明确"豁免"这一概念。

4. 本书认为，司法诉讼程序特别是上诉救济程序的逐渐完善，离不开审判人员审判责任豁免制度的"倒逼"。

5. 本书认为，强化法院院庭长办案制度，并非单纯为了解决"案多人少"这一突出问题，而是有利于祛除审判职业行政化弊端，有利于营造"比能力、比专业、比水平"的良好工作氛围。

6. 本书认为，应当修改最高人民法院《司法责任意见》和两高《惩戒意见》关于"惩戒委员会只有审查建议权"之规定，赋予惩戒委员会

---

① 日本法学家棚濑孝雄提出，"纠纷解决"的理论研究要实现"从制度分析到过程分析"的跨越。[日]棚濑孝雄：《纠纷的解决与审判制度》，王亚新译，中国政法大学出版社1994年版，"代译序"第3页。

以相应的"惩戒决定权"。

7. 本书认为，未来的惩戒委员会可分设"国家级"和"省级"两个层级，即分设于全国人大常委会与省级人大常委会之下，而且为单独设立，并非与"遴选委员会"合二为一。

四 框架结构

本书除"导论"和"结语"之外，主体内容共分六章。其中，第三、四、五、六章主要探讨审判责任制度体系的建构问题。各章内容如下：

第一章是对审判责任制度基础性问题的探讨。首先，论述"审判权"这一特殊公权力的本质及特征，为后文审判责任制度及其相关制度要素的分析奠定基础。其次，论述审判责任制度的基本内涵，就审判责任追究与依法履职保障之间，主审法官、合议庭办案责任与院庭长管理监督之间，错案责任与违法审判责任之间，内部同行评议与外部异体追责之间，国家赔偿责任与审判责任之间等多重特殊关系进行分析。最后，论证建构审判责任制度过程中，需要准确把握的审判权运行机制与审判责任制度之间的关系。

第二章是以东中西部及其S、H、G三省（市）为研究样本，对审判责任制度改革实践的分析。在经济社会发展水平极不均衡的当下中国，面对"人民日益增长的美好生活需要和不平衡不充分的发展"这一社会主要矛盾，审判责任制度改革乃至于整个司法改革，在东中西部不同地域呈现出"既大同小异、又小同大异"的改革局面。基于这种地域的差异性和典型性，审判责任制度改革的"地方样本"具有极为重要的代表意义和研究价值。是故，梳理和比较东中西部S、H、G三省市改革试点的成果和经验，特别是对其中的共性问题和个性问题，给予客观评价和深度分析，为后文提出破解之道树立基本的前提和目标，就成为本章的主要内容。

第三章、第四章主要围绕最高人民法院《司法责任意见》，紧密结合国内改革实践和域外制度安排，从内在制度设计层面完善违法审判责任追究制度和审判责任豁免制度。作为指导全国法院系统开展审判责任制度改革的"纲领性和指导性文件"，最高人民法院《司法责任意见》和两高《惩戒意见》尽管较为清晰地确定了审判责任范围、追究违法审判责任的情形、审判责任承担原则、违法审判责任追究程序等基本内容，并以列举方式明确了不得作为错案进行责任追究的情形。然而,由于主客观因素的综合作用,该项规范性文件在违法审判责任追究的制度设计层面,依然存在着亟待修正的环节。另外,梳理归纳大陆法系和英美法系法官惩戒制度和法官豁免制度的基本原理和基本原则,特别是分析其内在运行机理,并吸收借鉴其中契合我国司法实践的合理要素,也就显得极其必要。继而,在分析改革实践问题、吸纳域外先进经验的基础上,改良违法审判责任追究和审判责任豁免制度设计,特别是建构和完善惩戒委员会,也就成为建立健全审判责任制度需要完成的重要任务所在。

第五章、第六章是依托当下东中西部司法改革实践,从制度外围的视角,对与审判责任制度预期成效密切相关的配套性制度和保障性制度等外在制度环境进行的分析和改善。这一部分立足于对审判制度以及审判责任制度在国家治理体系中的科学定位,从法官员额制度改革这一建构审判责任制度的基础出发,试图从司法职业保障、司法业绩考评机制、审判人员退休制度、科学审判理念等多个方面进行改良,来解决司法改革实践中的具体问题,为实现审判责任制度改革预期目标创造良好的制度环境。

结语部分,进一步说明了审判责任制度改革和建构的反复性和互补性,这也正是公法学人从事国家治理之理论研究的根本动力所在。最后,提出后期持续深入推进审判责任制度改革的具体建议。

第三节 我国审判责任制度的理论研究现状以及改良路径

一 理论研究基本概况

多年以来,司法改革始终是法学理论界重点关注的研究领域。特别是2012年中共十八大召开、全面推进依法治国启动之后,在推进新一轮司法改革的过程中,众多学者围绕审判责任制度、法官员额制度等重大制度建设及其相关问题,陆续推出一系列研究成果,对进一步深化司法改革具有重要参考价值。大体而言,自2012年至今的理论研究主要集中在以下几个方面:

(一)对司法改革的宏观性论述

有不少学者针对司法改革本身的重大问题进行了探讨,其中不乏大家手笔和上乘之作。其中,陈光中教授和龙宗智教授认为,应当完善确保审判权、检察权独立行使的机制,改善党对司法工作的领导模式。进一步规范审判委员会、院庭长与合议庭的关系,规范上下级法院关系。司法绩效考评制度应当进行科学化、合理化的改革。应继续推动司法官职业化,提高司法官待遇。对司法官特别是领导干部的遴选应当更加规范。[①] 王敏远教授着重分析了司法改革中"司法机关内设机构改革"和"员额制度配套改革政策"两个突出问题。法院以往内设机构,特别是审判机构的设置和审判委员会制度,与"让审理者裁判,由裁判者负责"这一司法改革基本目标不相符合,需要按照司法规律,重点解决审判的"去行政化"问题。员额制度配套改革政策是使员额制度改革得以成功的关键,其重点主要是保障性政策和制度与辅助性政策和制度。[②] 王亚新教授认为,决策者推进司法改革应当是出于某种政治决断。本轮司法改革由最高决策层以顶层设计方式启动,意味着权能、资源和责任将在法官、检察官等微观主体层面重新分配。改革的初始条件、环境或对象是作为"紧密型组织"的法院行政化管理及审判的"集体决策/责任扩散"机制与各种外部因素之间通过复杂的互动或"博弈"过程而形成的脆弱均衡。[③] 陈瑞华教授从理论层面反思司法改革。根据当下司法改革理论,司法权被定位为"判断权"和"中央事权",这成为指导一系列司法改革的理论根基。但这种理论既带来了新难题,也无法完全达到所预期的改革效果。为保障司法改革的顺利推行,实现维护司法正义的改革目标,有必要确立一种以法官独立审判为核心的司法改革理论。[④]

(二) 关于审判责任制度改革的文献综述

学界对审判责任制度改革的研究,基本上被涵盖在以"审判责任制度"为基本概念的整体研究之中。"审判责任制度"改革是司法体制改革的重点,法学界对此颇为关注。主要研究成果集中在以下几个方面:一是解读"审判责任制度"的内涵。指出"审判责任制度"不能片面理解为"司法问责制",关键是正确划定各类人员司法权力的边界,同时要建立相应的履职保障机制。二是解读错案责任追究制度。指出错案责任不能对

[①] 陈光中、龙宗智:《关于深化司法改革若干问题的思考》,《中国法学》2013年第4期。
[②] 王敏远:《关于司法改革两个问题的建议》,《人民法院报》2016年9月25日第8版。
[③] 王亚新:《解读司法改革——走向权能、资源与责任之新的均衡》,《清华法学》2014年第5期。
[④] 陈瑞华:《司法改革的理论反思》,《苏州大学学报》(哲社版) 2016年第1期。

法官裁判结果作唯一的审查，应重点关注法官不当行为，对错案类型和认定标准应当科学合理，同时建立相应的法官责任豁免制度。三是解读法官惩戒制度。主张设立独立于法院的法官惩戒委员会，强调惩戒委员会的专业性；同时，建议避免司法责任的认定主体局限于司法机关内部。

王敏远教授认为，"审判责任制度"涵盖三个核心要素：一是明确司法人员权力和责任，此为"审判责任制度"的基础；二是设置符合司法规律的责任追究规则，此为"审判责任制度"的核心内容；三是对法官依法履职的切实有效保障，此为"审判责任制度"的关键点。① 傅郁林教授指出，"审判责任制度"不能被狭义地解读为司法问责制。首先，"审判责任制度"不等同于司法问责制。其次，司法错误救济（国家责任）不等于司法问责（个人责任）。最后，"审判责任制度"的核心是重新划定司法"责任"边界。② 在另一篇文章中，傅郁林教授从更宏观的角度考虑司法职权的配置，既要厘清司法系统内上下级法院的职权配置，也要做好法院内部的司法权限配置。③ 崔永东教授认为，"审判责任制度"与法官履职保障制度实为一体两面，二者缺一不可。因此，他主张设立独立于法院之外的、人员构成多元化的惩戒委员会，并建立法官履职保障制度。④ 陈海锋研究员认为，虽然最高人民法院《司法责任意见》规定了各级人民法院有义务接受对法官违法审判行为的"举报、投诉"，完善了错案责任追究的程序，值得肯定。但是调查程序的启动主体却仍然是法院内部组织，出于领导政绩、单位荣誉等多方面考虑，这些都会影响追责的实际进行。为此，要赋予普通公民启动追责程序的权利。责任的确认主体是裁判的重点，应当避免确认主体局限于司法机关的情形。实践中，错案标准最终从实体问责演变为程序之治：不要求案件有唯一正确的判决、改发案件不一定是错案、容许案件存在瑕疵。⑤

（三）关于审判权运行机制的文献综述

正如前文所述，审判权运行机制主要解决"让审理者裁判"的问题，审判责任制度主要解决"由裁判者负责"的问题。因此，关注并梳理有

---

① 王敏远：《破解审判责任制度落实中的难点》，《人民法院报》2015 年 9 月 26 日第 2 版。
② 傅郁林：《审判责任制度的重心是责任划分》，《中国法律评论》2015 年第 4 期。
③ 傅郁林：《司法权的外部边界与内部配置》，《法制与社会发展》2016 年第 2 期。
④ 崔永东：《法官责任制的定位与规则》，《现代法学》2016 年第 3 期。
⑤ 陈海峰：《错案责任追究的主体研究》，《法学》2016 年第 2 期。

关审判权运行机制的理论文献,成为开展审判责任制度理论研究的前期工作。顾培东教授认为,建构审判权运行机制,是新一轮司法改革的重大问题。法院审判权运行过程中确实存在着"行政化",但桎梏审判工作的核心要素并非"行政化",而是违背司法规律的审判权运行秩序;审判委员会制度需要进一步完善,但总体作用不应减弱,审判委员会讨论案件也决不应限于"只讨论法律适用"。审判权运行机制的改革应以上述认识为基础。① 方乐教授认为,当下审判权运行内在制度会导致案件裁判过程与结果的不确定性,致使审判运行无序、失范,造成审判运行中行政化因素的凸显和基本秩序的缺失;要重塑审判权运行的内在制度,必须处理好制度逻辑的复杂性,掌握并充分利用制度改革的空间与资源。② 徐秉晖研究员认为,当前法院审判权配置呈现出反向性、分散性、失衡性和行政化倾向等特点。为实现审判权优化配置的目标,应当还权于独任法官和合议庭,赋予独任法官完整审判权,建立合议庭独立运行机制,实现审、判主体同一;以区分法院功能为重点理顺上下级法院关系。③

(四) 关于法官员额制度改革的文献综述

法官员额制度改革是落实"审判责任制度"改革的前提和基础,也是法院系统和社会各界广泛关注的一项重大改革。强梅梅研究员认为,当前确有部分法院存在案多人少的问题,但"人少"并非具有法官资格的人员总数少,而是在一线的办案人员少。因此,应当优化审判资源配置,对于一线法官也要甄别其中能力优劣者,进行岗位调整。④ 屈向东博士认为仅仅以国外法官人数与人口比例来考量中国法官数量的多少,本身参考意义不大,因为我国人均诉讼案件数量远不如西方国家。因此,应当将法官工作量作为确定法官员额的唯一解释变量,而后建立以案件类型、工作任务、任务复杂性为核心的法官工作负荷模型,尝试通过计算法官工作量测算法官员额。⑤ 赵天睿博士认为,解决当下司法困境的出路在于重新配置法官的行政和司法身份,确立"法官中心主义"。具体到员额制度改

---

① 顾培东:《再论人民法院审判权运行机制的构建》,《中国法学》2014 年第 5 期。
② 方乐:《审判权内部运行机制改革的制度资源与模式选择》,《法学》2015 年第 3 期。
③ 徐秉晖:《对审判权优化配置的实证分析与改革建议》,《时代法学》2015 年第 6 期。
④ 强梅梅:《司法人员分类管理改革的制约因素及其破解》,《法制与社会发展》2015 年第 2 期。
⑤ 屈向东:《以案定编与法官员额的模型测算》,《现代法学》2015 年第 3 期。

革,则需要赋予法官选任、遴选、调配司法辅助人员与管理自己审判团队的权力,增加法官对司法场所和器具的管理权,甚至可以允许法官向市场购买非司法类的服务。①

(五)关于法官惩戒制度的文献综述

关于我国法官惩戒机构设置模式,学界主要观点是:第一,在法院内部设立多方参与的法官惩戒委员会。王利明教授认为应该在审判机关内部设立非法官人员参加的惩戒机构。② 谭世贵教授主张由人大保留法官罢免权,在各级人民法院内部设立法官惩戒委员会。③ 周永坤教授认为,为克服司法地方保护主义,法官惩戒委员应在较高级别法院设立。④ 第二,在人大下设法官惩戒委员会。詹建红教授认为,我国法官惩戒事由的重心应是法官的不当行为。当前法官惩戒制度遵循的是错案惩戒与职业伦理惩戒并存的二元模式。因错案标准混沌,以错案责任追究为主要内容的法官惩戒制度在运行过程中产生了诸多负面影响。为此,应以司法独立原则、外部监督原则和正当程序原则为指导,从惩戒权力主体、惩戒事由以及惩戒程序等几个方面细化规则。⑤

(六)关于司法职业保障制度的文献综述

部分学者围绕司法职业保障制度进行了研究。其中,王敏远教授认为,司法的特殊职能以及司法人员的特殊责任,决定了需要对司法人员进行特殊保护。当务之急是建构符合审判内在规律的评价考核体系。⑥ 陈卫东教授认为,法律意识不强与司法公信力不足是亟待解决的重要问题。保障司法人员履职安全,必须从加强法治宣传与法治教育,健全司法人员安全保障制度,加大对妨碍司法人员履职、危害司法人员安全之行为的处罚力度等方面入手,做到"堵疏结合"。⑦ 朱兵强博士认为,"法官辞职潮"暴露出法官独立审判权受制于各方干涉、职业身份不够稳定、职业待遇偏低、法官缺乏人身安全与职业尊严等突出问题。新一轮司法改革需要抓住

---

① 赵天睿:《从法官行政、司法二元身份到"法官中心主义"》,《法学杂志》2016年第3期。
② 王利明:《司法改革研究》,法律出版社2000年版,第83—93页。
③ 谭世贵等:《中国法官制度研究》,法律出版社2009年版,第560页。
④ 周永坤:《错案追究制与法治国家建设》,《法学》1997年第9期。
⑤ 詹建红:《我国法官惩戒制度的困境与出路》,《法学评论》2016年第2期。
⑥ 王敏远:《论加强司法人员的职业保障》,《中国司法》2015年第5期。
⑦ 陈卫东:《保障司法人员履职安全刻不容缓》,《检察日报》2016年3月6日第3版。

"法官"这一关键,以独立审判权保障为中心,去除司法地方化与行政化,以基础保障为前提,完善法官身份保障与待遇保障,以全面保障为目标,增设特权保障与尊严保障。①

二 理论研究中存在的问题

与实践层面新一轮司法改革的强力推进形成鲜明对比的是,改革者在学理层面并没有提出令人完全信服的司法理论。很大程度上,这一轮改革存在着"理论准备不足"的问题。尤其是与法院有关的司法改革,改革措施与改革理论脱节的情形比较突出。② 就审判责任制度的理论研究而言,目前还存在以下问题:

一是综合性研究相对缺乏。目前对审判责任制度体系的理论研究,要么关注法官惩戒制度、法官豁免制度等审判责任制度的本体性制度设计;要么关注审判权与审判监督权和审判管理权等有关审判权运行机制;要么涉及法官员额制度、司法职业保障制度等审判责任制度的前提性制度设计。尽管这些内容对于审判责任制度的建构和实践来说,都非常重要,然而,目前还没有出现集上述事关审判责任制度的前提性制度、保障性制度和本体性制度于一体的综合性研究。这不能不说是一个重大缺憾。

二是实证对比分析不多。目前对审判责任制度体系的理论研究,还是以纯理论分析居多。那种从改革实践出发,依托具体的案例和数据,对实践中存在的问题及成因、解决途径等内容进行的实证分析还是相对较少。至于对东中西部不同地域,或改革前后不同时段的比较分析,那就更为稀缺了。

三是有关审判责任制度配套与保障制度的理论研究较少。相对而言,有关法官员额制度改革、司法职业保障、司法业绩考评机制等事关审判责任制度改革实践效果的配套性制度与保障性制度的理论文献太少。

三 提升理论研究水平的具体路径

由前述可知,积极有效回应国家治理需求,为深化司法改革提供理论

---

① 朱兵强:《深化司法体制改革与法官职业权利保障制度的完善》,《时代法学》2015年第5期。

② 陈瑞华:《司法改革的理论反思》,《苏州大学学报》(哲社版)2016年第1期。

支撑，全面给予审判责任制度应有的理论关怀，赋予其勃勃生机，已成为当务之急。法学界特别是研究重心在宪法以及司法制度、诉讼制度的公法学者，决不能一味地"恪守某个既定信念、原理或原则"。① 必须从国家治理全局出发，以更多更好地为新一轮司法改革实践贡献智识为基本目标，从而将对审判责任制度的学理研究有效纳入公法学科体系之中。②

首先，要认真梳理当下中国审判责任制度改革的基本轨迹。在深入研究 20 余年来司法改革的基础上，从中提炼出最核心、最实质的内容，把中国审判责任制度改革的来龙去脉说清楚、讲明白。其次，要准确概括当下中国审判责任制度改革的基本经验。以前述基本轨迹为线索，对中国审判责任制度改革的基本经验作出实事求是的总结和概括。再次，要高度提炼中国审判责任制度改革的基本规律。法学是一门"经世致用"的社会科学，从审判责任制度改革实践中提炼客观规律和形成理论体系，是其研究成果的最终体现。因此，在梳理基本轨迹、概括基本经验的基础上，还要提升至规律层面加以认识，作出创新性的理论概括。

为实现上述理论研究目标，笔者以为，要从以下三个方面着手：

第一，夯实审判责任制度法理基础，准确界定基本概念及其内涵外延，紧盯并实证分析审判责任制度改革实践，形成理论与实践之间的有效互动；

第二，有效论证域外法官惩戒制度和法官豁免制度运行的内在机理，探讨和发掘审判责任的制度功能，有效借鉴和吸收其中符合我国国情的合理要素；

第三，及时发现审判责任制度的局限性，积极为探索该项制度与司法改革中其他制度模式的相互衔接以及其他环节的制度创新，提供有效的理论支持。

总之，只有借助于法学理论界充分的"学理关怀"，审判责任制度才有希望改变在学理研究层面"营养不良"的境况，从而为其在丰富的制度实践中实现制度预期奠定扎实的理论基础。

---

① 沈岿：《行政法理论基础回眸：一个整体观的变迁》，《宪政手稿》2008 年第 2 期。
② 张文显：《法哲学范畴研究》，中国政法大学出版社 2001 年版。

第一章

审判责任制度基础性问题

笔者以为，在讨论审判责任制度改革实践之前，很有必要明确和廓清有关基础性问题。下文对此进行逐一论述和分析。

第一节 审判权的本质

所谓"本质"，意在强调其内在基本属性。审判权的本质意即审判权作为一种公权力的内在基本属性。笔者以为，依法独立作出判断、依法独立承担责任，即为审判权的核心本质。

一 独立判断：审判权的基本定位

在国家权力结构中，审判权以判断为本质内容，是判断权，具有解决纷争、维护秩序、制衡权力、保障权利等基本功能。审判中的判断是针对真假、是非、曲直等问题，根据相应的事实和证据，按照既定法律程序进行的认识。①

国际上与审判独立原则相关的通行概念是"司法独立"。比较说来，我国的"审判独立"与"司法独立"存在两点差异：其一，我国的审判独立要坚持党的领导，是审判技术上的独立而非政治上的独立。党的领导是政治、思想和组织上的领导，通过审判发挥政治功能。其二，我国的独立审判要接受人大和检察机关的监督。我国采取"议行合一"的国家权力架构，审判机关由人大产生，受人大监督；同时，按照宪法规定，作为

---

① 托克威尔较早提出了这一命题。陈瑞华等国内学者也曾提出类似观点。参见［法］托克威尔：《论美国的民主》（上卷），董国良译，商务印书馆1993年版，第110页；陈瑞华：《司法权的性质——以刑事司法为范例的分析》，《法学研究》2000年第5期。

国家法律监督机关的检察机关，对法院的审判活动进行监督。处于中立地位的审判人员，独立作出的裁决是一个文明社会中最重要的利益。① 因此，我们应该在明晰差异的基础上，以开放包容的心态，探讨审判独立与司法独立在内容上的互补和性质上的互通，研究对比并采信国际标准，以便在我国的法治发展中最终实现符合司法规律的审判独立，有利于我国在国际舞台上更好地实现国家利益。②

二　审判独立的基石是审判人员独立办案

从制度构造来看，虽然"独立审判"的主体是法院，但法院的审判职能必须通过内部的独任庭、合议庭以及审判委员会等具体审判组织才能履行。按照《刑事诉讼法》《民事诉讼法》《行政诉讼法》以及《人民法院组织法》之规定，③ 独任庭由审判员一人担任；合议庭由审判员组成或由审判员和人民陪审员组成；而审判委员会不直接参与法庭审判，其任务是总结审判经验，讨论重大疑难案件和其他有关审判工作的问题。④ 由此可见，只有独任庭和合议庭才是直接承担审判职能的具体机构，而审判的具体实施者是审判人员。为此，《法官法》第 2 条规定："法官是依法行使国家审判权的审判人员"。

依据国际共识和通说，司法独立包含四项基本要素，即实质独立、身份独立、集体独立和内部独立。⑤ 就我国审判独立原则而言，审判独立的

---

① See J. Locke, *The Second Treatise on Government* (Peardon, ed., MacMillan, N. Y. 1985) at 9 – 10. 转引自［加拿大］贝弗利·麦克拉克林：《司法问责的源流与机制》，王静译，《中国应用法学》2017 年第 2 期。

② 张志铭：《法理思考的印记》，中国政法大学出版社 2003 年版，第 425—428 页。

③ 参见《人民法院组织法》第 29、30、36、37 条，《刑事诉讼法》第 183、185 条，《民事诉讼法》第 39 条，《行政诉讼法》第 68 条。

④ 今后可以考虑对审判委员会制度作相应改革，借鉴域外"大法庭"或"满席审判"的做法，以开庭方式"讨论重大或者疑难案件"。参见冯之东：《司法体制改革背景下的审判委员会制度》，《时代法学》2016 年第 1 期。

⑤ 实质独立又称职能独立或者裁判独立，是指法官在司法审判过程中个体的独立，只服从法律和良心，不受外部势力干预。身份独立是指为防止法官受到与其职位有关事项的要挟，国家需要向法官提供其正常履职所必备的任职条件和宽松环境。集体独立是指作为一个整体的司法审判机关在人、财、物等各方面应当独立于行政机关和其他机关，以保护其免受外部管控。内部独立是指应当构建相关机制以排除审判机关内部可能会对法官独立审判存在的影响，诸如来自法院领导、同事或者上级法院的违法请托等不利因素。参见陈瑞华《现代独立审判原则的最低标准》，《中国律师》1996 年第 3 期。

主体应当落脚到审判人员个人。审判人员作为独立的自主个体，在具体案件的裁判过程中，以事实为依据，以法律为准绳，服从职业良知和法律规定，不受包括来自法院系统内部以及法院系统外部等外界因素的干预。审判独立原则的核心应该是审判人员独立，即国际文件所称的"实质独立"。所谓"实质"，也就是说，各国同样将法官独立裁判视为最低司法独立标准中最为关键的内容，是实质性部分、主体性领域。这样，我国的审判独立原则便在与司法独立国际标准的对比中找到了解释学上的贯通性，两者具有了实质统一性。仔细审视国际标准四项要素的内在结构后不难发现，实质独立处于结构的圆心，而身份独立、集体独立和内部独立则是实质独立的必然要求，它们拱卫在实质独立的周围，保护实质独立免受来自各方的侵蚀和削弱。①

三 独立行使权力、独立承担责任：审判独立的努力方向

（一）现状

为了保障司法公正，我国现行《宪法》以及《人民法院组织法》和"三大诉讼法"等法律的相关规定，确立了我国"法院独立审判"的司法原则，即"审判独立"原则。② 中共十一届三中全会以来，"保证法院依法独立行使审判权"始终是执政党领导政法工作强调的重心，是执政党执政能力建设的重要内容。③

然而，宪法法律和执政党对于独立审判的强调本身并不等于独立审判

---

① 张志铭：《对当下中国审判独立的认识》，《中国应用法学》2017 年第 1 期。
② 《宪法》第 126 条规定："人民法院依照法律规定独立行使审判权，不受行政机关、社会团体和个人的干涉"。
③ 《十一届三中全会公报》明确要求："检察机关和审判机关要保持应有的独立性"。中共中央《关于坚决保证刑法、刑事诉讼法切实实施的指示》第"二"项规定，"加强党对司法工作的领导，最重要的一条就是切实保证法律的实施，充分发挥司法机关的作用，切实保证人民检察院独立行使检察权，人民法院独立行使审判权，使之不受其他行政机关、团体和个人的干涉"。中共十三大也强调"保障司法机关依法独立行使审判权"。中共十四大对此予以再次重申。中共十五大在确立"依法治国"基本方略的同时，提出"推进司法改革，从制度上保证司法机关依法独立公正行使审判权和检察权"的任务，将独立审判列为司法改革的目标，既为审判机关深化改革指明了方向，也为审判独立原则的彻底实现铺就了制度路径。中共十六届四中全会《中共中央关于加强党的执政能力建设的决定》明确指出："加强和改进党对政法工作的领导，支持审判机关和检察机关依法独立公正地行使审判权和检察权"。中共十七大和十八大持续深入推进司法改革，始终将"确保审判机关依法独立公正行使审判权"放在突出位置，给予特别关注。

的实现。当前,审判未能充分独立的症结在于,来自内外部的干涉力量积叠交结,严重妨碍法院独立行使审判权,导致司法公信力流失,司法权威被削弱。

在此必须强调的是,受法院内部和外部多方面因素的综合影响,"审判未能充分独立"必然涵盖着两个层面:"审判权力未能充分独立行使"与"审判责任未能充分独立承担"。具体而言,难以充分独立担责是难以充分独立行权的必然结果;而难以充分独立行权则是难以充分独立担责的直接原因。没有独立的审判权力,谈何独立的审判责任?既然如此,那么,"审者不判、判者不审"等"权责不明、难以追责"系列问题的出现,也就不足为奇了。

案例之一:"呼格吉勒图案件"纠错赔偿之后对相关办案人员的追责

1996年4月9日,内蒙古自治区呼和浩特市一女子被掐死在公厕内。该案件的报案人、18岁的呼和浩特市毛纺厂职工呼格吉勒图被公安机关认定为犯罪嫌疑人。

1996年5月,呼和浩特市中级人民法院判处呼格吉勒图死刑。

1996年6月5日,内蒙古自治区高级人民法院核准死刑。同年6月10日,呼格吉勒图被执行死刑,距离案发只有62天,办案效率之高实属罕见。

2005年10月23日,系列强奸、抢劫、杀人案的犯罪嫌疑人赵志红落网,其供认1996年在呼和浩特市某一家属院公厕的杀人案系自己所为;其间,该案的重新调查程序迟迟无法启动,而因办理呼格吉勒图案的相关办案人员却得到升迁,遂引起社会舆论强烈反弹。

2006年3月,内蒙古自治区党委政法委组成案件复核组对案件进行调查;并于2006年8月,得出了"呼格吉勒图案件确为冤案"的复核结论。

2014年12月15日,内蒙古自治区高级人民法院作出再审判决,以原审判决和裁定"事实不清,证据不足"为由,宣告原审被告人呼格吉勒图无罪。

2015年11月12日,呼格吉勒图家人为其修缮墓地,完成骨灰迁移,中国政法大学终身教授江平为呼格吉勒图的墓碑题写墓志铭。

2015年12月30日,呼格吉勒图的家人获得国家赔偿金共计205万余元。

2016年年初,内蒙古自治区的公检法等有关单位启动对呼格吉勒图案件相关办案人员的追责调查程序。

2016年1月31日,内蒙古自治区有关单位依法依规对酿成呼格吉勒图错案负有责任的27名办案人员进行了追责。

笔者以为,呼格吉勒图案件,是典型的草菅人命的冤错案件。但在针对该案所涉及的27名办案人员的追责环节中,最终只有1人被追究刑事责任,而且还是基于同该案完全不相干的其他事由;其他的26人,4人被给予"党内警告"处分,7人被给予"党内严重警告"处分,3人被给予"行政记大过"处分,5人被给予"行政记过"处分,7人被给予"党内严重警告"和"行政记大过"的党纪政纪双重处分。很显然,这一备受社会高度关注的冤错案件的追责工作,无法令社会大众感到满意。[1]

实事求是地讲,对这26名办案人员要追究刑事责任已无任何法律上的可能,刑事法律有关"追诉时效"的相关规定,是不可能逾越和违背的。然而,问题在于,尽管不能追究相关办案人员的刑事责任,但还是完全可以依照《公务员法》以及公安机关、检察机关、审判机关所在系统内部的追责相关规定,对办案人员给予"撤职"和"开除"等相较于"记过""记大过"和"严重警告"而言更为严厉的处分。但非常遗憾的是,即便是这样的追责结果也还是没有出现。众所周知,对冤错案件办案人员进行追责的目的,无非在于能对其他办案人员起到警示作用,以防止其重复性地再犯前者已经犯过的错误,进而从根本上维护司法公正、维护当事人合法权益。这也完全契合"让犯错误者为其错误而付出相应代价"这一基本的法治精神。如果追责工作搞形式、走过场,习惯于实施"将板子高高地举起、然后轻轻地落下"这样的"重责轻问",那么,我们的国家必然还会继续出现类似于呼格吉勒图案件、聂树斌案件这样的冤假错案。

现在需要回答的问题是,究竟是什么原因,导致如此追责结论,在执政党强力推进国家法治建设、高调宣示"实行办案质量终身负责制和错

---

[1] 《呼格案追责:犯了国法给了家规》,载http://news.sina.com.cn/zl/2016-02-01/doc-ifxnzanh0508674.shtml,最后访问时间:2017年3月4日。

案责任倒查问责制"① 的时代背景下，还能够呈现于大众面前？笔者以为，以下因素的客观存在，导致了上述情形的出现：

首先，是源于无处不在的部门利益。相关办案单位源于部门利益作祟而产生的"护犊子"的不良心态，单位内部"一荣俱荣、一损俱损"的整体观念，将领导阶层、问责主体和办案人员形成一个很难被打破的"利益共同体"，进而导致其主观上不愿意、客观上更不可能，去实实在在地对有问题的办案人员实施追责问责。

其次，是源于不合理的考核机制和不纯正的办案动机。众所周知，呼格吉勒图案件发生于1996年，此时正处于特定的"严打"时期。在此时段，从上到下的公检法各级办案单位都秉持着"从重从快"的办案理念与工作模式。在这一时代背景下，办案单位及其办案人员为了应付类似于"破案率"和"命案必破"等一系列不合理的考核评价机制，自然会导致办案人员仓促办案进而违法办案，案件质量低下也就成为在所难免的现实状况。更何况，在此进程中，也不能排除这样的可能性：个别单位、个别政法干警甚至领导干部，充分利用这一时段"从重从快"的整体性办案导向，其根本动机在于通过"快办快结"从而满足他立功受奖、提拔进步这样的一己私欲，而非单纯为了完成办案任务。源于上述客观原因和主观动机而产生的冤错案件，不要说是对办案人员进行追究问责，即便是对错误的原案件结论进行纠正，都是障碍重重，都必然会受到原办案单位的百般阻挠。因此，我们就可以看到一系列咄咄怪事的接连发生：尽管导致呼格吉勒图蒙冤而死的1996年呼和浩特"4.9"一案的真凶赵志红，早在2005年10月23日就已落网，并主动交代其犯罪行为且指认犯罪现场，但该案的重新调查程序却迟迟无法启动，甚至因办理呼格吉勒图案件的相关办案人员还照常继续升迁；尽管2006年3月内蒙古自治区党委政法委就已组成案件复核组对案件进行调查，并于2006年8月，就已得出了"呼格吉勒图案件确为冤案"的复核结论，但同年11月呼和浩特市中级人民法院对赵志红涉嫌强奸、抢劫、杀人等系列案件进行的不公开审理，依旧对1996年"4.9"女尸案只字未提。最终直到2014年11月，内蒙古高级人民法院才启动呼格吉勒图案件的再审程序，并于同年12月，才作出呼格吉勒图无罪的再审判决。

最后，是源于违背基本司法审判规律的司法权力运行机制。客观地

---

① 参见"十八届四中全会《决定》"有关规定。

讲，依据当前的责任追究制度，来对发生于 20 年前的错案进行责任追究，既有合理之处，更有不合理之处。

追责的合理之处在于，非法侵夺当事人财产、自由甚至生命等合法权益的枉法裁判，为法律明文禁止，此乃世界各国之通例。因此，无论是基于法治精神的基本法学理论，还是基于司法实践的现实要求，不但是酿成冤错案件的、行使司法权的具体办案人员应当承担不可推卸的办案责任，而且还应该追究对案件行使审批核准等行政权的领导人员的责任。

而不合理之处则在于，如果办案单位对办案人员采取给予刑事处分等较为严厉的追责措施，这必然会引发案件具体承办人员的强烈不满，甚至造成整个办案单位的极度恐慌，进而会严重影响政法队伍内部的稳定。原因就在于，造成冤错案件的原因是多种多样的，而绝非办案人员枉法裁判这样简单。特别是在新一轮司法改革启动之前的过往几十年，在案件办理特别是重大刑事案件的办理过程中，无论是在公安系统，还是在检察系统，或是在审判系统，普遍存在着集体领导、集体研究、集体决策以及自上而下对案件进行审核批准、甚至还需党委政法委"领导把关"的行政化工作模式。因此，在这一传统办案模式下，必然会产生下述无法避免更会引发严重负面后果的一系列"难题"：

第一，审核批准案件的相关领导人员或组织形式，是基于事实和证据对案件所作的实质性的严格判断，还是只限于形式上的审查？就司法审判实践而言，基本上都是形式层面的审查。

第二，如果这些经过审核批准的案件最终被有权机构定性为"问题案件"甚至成为冤假错案，行使审核批准权的领导人员是否承担责任？承担何种责任？就司法实践而言，领导人员几乎不承担办案责任，即便承担责任，也几乎都是"点到为止"。

第三，经过集体研究、集体决策的案件，如果最终被有权机构定性为"问题案件"甚至成为冤假错案，如何确定办案责任？如果是集体担责，集体如何担责？如果是具体办案人员或是集体中某一成员担责，如何确定其责任？确定的依据是什么？就司法实践而言，实际上是集体决策、集体负责而引发的无人负责的状况。因为，审者不判、判者不审，没有任何办案人员可以独立地承担办案责任，特别是在错案出现后，相关责任难以划清甚至无法划清。

综上所述，过往很多冤假错案的产生，更主要的不是源于办案人员的个人因素，而是源于违背司法规律的司法权力运行机制。具体而言，就是类似于"审者不判、判者不审、有权无责、有责无权"等一系列客观存在的制约司法能力、影响司法公正的突出问题。而且令人忧心的是，直到今日，这一系列尖锐的突出问题尚未完全得到解决。

（二）努力方向

审判独立原则既是手段又是目的。就手段而言，审判独立具有提升国家和社会生活品质的功效；就目的而言，独立审判已经成为一个国家司法制度合理合法的标志。就中国目前的司法现状而言，应当努力在审判独立与司法公正之间创造出良性循环的态势，切实融入我国的政治和经济生活之中，塑造我们期望的法治社会。因为，归根结底，审判责任制度体系的建构，最终还是应该以审判人员拥有独立审判权为基本前提。就法院系统而言，避免冤假错案的最根本途径就是确保审判权力的独立行使。因为，只有独立地行使审判权力，才能独立地承担审判责任。

毫无疑问，新一轮司法改革所确定的"让审理者裁判、由裁判者负责"的基本价值追求，以及旨在解决影响司法公正和制约司法能力、积习已久的"司法行政化"与"司法地方化"等突出问题的一系列改革举措，正是真正践行"审判独立"即"独立行使审判权力、独立承担审判责任"，进而实现"谁办案谁决定谁负责"这一基本方向的具体努力。

第二节　审判责任制度的基本内涵

审判责任可分为两个层次：一是审判组织和审判人员依法应当承担的法定职责；二是因其审判行为不当引起的依法依规应当承担的不利法律后果。[①] 详而言之，审判责任制度具有以下内涵：

一　审判责任制度是与审判权运行机制互为依托的制度设计

建构审判责任制度体系首当其冲的问题是：究竟是谁作出的裁判？如果审判主体不确定，审判问责也将无从谈起。在过往的审判机制中，办案人员在审判工作中缺乏基本的人格独立性和权力主体性，已然沦为"司法民工"。[②] 尽管新一轮司法改革的目标是真正赋予审判人员办案的独立

[①] 丁汀：《司法责任，需问责也需激励——访海南省高级法院院长董治良》，《人民日报》2015年6月10日第17版。

[②] 陈昶屹：《入额法官的思维蜕变》，《人民法院报》2017年3月21日第2版。

自主权，但为了防止滥用裁量权，必须跟进完善责任追究制度；为防止落入传统承包责任制的窠臼，审判责任制度必须符合审判人员居中判断、了结案件须遵循司法程序等基本司法规律。①

审判责任制度主要涉及两个基本命题：一是放权与监督能否有机结合的问题；二是谁审理谁裁判、谁裁判谁负责的问题。就后者而言，谁审理、谁裁判是前提、也是过程，谁裁判、谁负责是保障、也是结果。实质上，是通过审判责任的承担（和豁免）以倒逼审判权力的合理运行。② 而上述这些问题，也正是审判权运行机制改革的核心内容。③ 相对而言，谁审理、谁裁判更为容易实现，只需要落实相关诉讼制度就可以了；而谁裁判、谁负责即审判责任制度的构建，既是审判权运行机制改革的难点，更是"责任制度"问题上升成为新一轮司法改革"牛鼻子"的根本缘由。④

二　审判责任制度是以构建"权责利"平衡机制为重心的制度设计

建构"权责利相统一"的平衡机制，这是完善审判责任制度必须坚持的一项核心原则。实践证明，之所以出现审者不判、判者不审、审判效率低下、责任推诿扯皮等情形，与权责不明晰、权责不一致有很大关系。而审判人员裁量权过大，缺乏有效的监督制约机制，又给权力寻租和司法腐败留下了空间。合理的审判责任制度，必须通过严格的责任标准和程序保障来确保审判人员依法履职的独立性和司法程序的自治性，从程序上防止他人滥用追责规定或以其他方式非法干预司法活动。完善审判责任制度，要坚持权责明晰，制定清晰的权力清单和职责清单，促使审判权依法规范运行；要坚持权责统一，实现权责相匹配、有权必有责、失职必担责；要坚持监督有序、制约有效，办案问责机制和惩戒机制必须有序运

---

① 季卫东：《司法体制改革的目标和评价尺度》，《人民法院报》2017年4月5日第2版。
② 重庆市高级人民法院课题组：《审判管理制度转型研究》，《中国法学》2014年第4期。
③ 中共十八届三中全会《决定》明确将"司法权力运行机制改革"纳入全面深化改革的重要任务。为适应公正司法的要求，最高人民法院确定了7家中级人民法院以及若干基层人民法院作为试点法院，从2013年开始了为期两年的审判权运行机制改革试点工作。参见最高人民法院《关于审判权运行机制改革试点方案》。有关理论分析参见蒋惠岭《建立符合司法规律的新型审判权运行机制》，《法制信息》2014年第4期。
④ 孟建柱于2014年在上海调研司法体制改革工作时强调，"司法责任制"是司法体制改革的关键。参见徐隽《抓好司法改革各项任务落实》，《人民日报》2014年4月20日第7版。

行,严格依纪依法追究违法审判责任。同时,科学合理的审判责任制度,必须以健全可行的审判人员职业保障为基础。审判人员拥有了必要的保障,才能有效行使审判权力,才能独立承担责任。

三 审判责任制度是以违法审判责任追究而非错案追究为本质的制度设计

近年来一系列冤错案件的曝光和纠错,使得错案追责的问题迅速成为社会舆论关注热点。对办案人员究竟追不追责?因何原因追责?追谁的责?如何定责?如何追责?这都是必须思考和解决的重大问题。不可否认,错案追责制度有其存在的社会基础,其价值取向与司法规律也具有一定的"同质性"。其实,我国在近二十年前就已开始追究审判人员的错案责任。最高人民法院《追究办法》和《处分条例》,建立了全国范围的错案追究制度。① 此后,不少地方人民法院为贯彻上述规范性文件,又制定了实施细则,错案追责制度实践不断得到丰富。

然而,结合实践来看,这一具有良好初衷的制度设计,存在着随意设定规则、违背司法规律等一系列突出问题。② 正是基于上述原因以及其他原因,最高人民法院《司法责任意见》并没有界定"错案"和"错案责任",而是回避了这一在建构审判责任制度过程中必须解决的重要问题。③ 很显然,最高人民法院如此处理,其出发点无非是突出其对"审判责任制度"之本质系"违法审判责任追究制度",而非"错案追究制度"的基本态度。但是,错案毕竟是客观事实,因裁判结论出错而倒查审判人员责任,也绝对无可厚非。因此,就错案及其错案责任问题,必须秉持正确的态度。

---

① 最高人民法院《追究办法》多项条款规定"导致裁判错误"的特定情形。第14条更是明确规定"故意违背事实和法律,作出错误裁判;……因过失导致裁判错误,造成严重后果"等追究违法审判责任的特定情形。在最高人民法院《处分条例》中的第83条则规定了"因过失导致错误裁判……"的特定情形。

② 魏胜强:《错案追究何去何从——关于我国法官责任追究制度的思考》,《法学》2012年第9期。

③ 在最高人民法院《司法责任意见》的起草、讨论过程中,"错案责任"遭受严重质疑。普遍认为,"错案"本身不是严格的法律概念,认定错案的标准模糊不清,且范围难以界定;错案责任追究不当,会使法官时常处于被追责风险之中,有形无形地影响审判行为的独立性,进而影响法官独立品格的塑造,等等。因此,最高人民法院《司法责任意见》最终删去了对错案和错案责任定义的条款。最高人民法院司法改革领导小组办公室编著:《最高人民法院关于完善人民法院审判责任制度的若干意见读本》,人民法院出版社2015年版,第221页。

一方面，不能因为"错案"在概念上难以界定，就无视错案的客观存在；更不能因为审判责任制度之本质是违法审判责任追究制度而非错案责任追究制度，就否认追究错案责任的必要性。但另一方面，不能因为错案的客观存在，就在司法实践中对错案进行无限放大，将一切有问题的案件都视为错案；更不能因为错案责任的客观存在，就弱化甚至否定审判责任制度之本质系违法审判责任追究制度而非错案责任追究制度的客观事实。[①]

四 审判责任制度是以办案机关内部追责而非国家赔偿外部担责为内容的制度设计

国家赔偿责任是国家为合法权益因国家机关及其工作人员职权行为而受损之公民、法人和其他组织承担过错、提供救济的赔偿责任。审判责任是审判人员因其违法审判行为依照法律规定向国家承担的过错责任。国家赔偿以违法归责原则为主，以结果归责和过错归责原则为辅；而审判问责一般实行违法过错原则。一般而言，国家赔偿责任在前，个人过错责任在后，两种责任可能存在竞合现象。因此，应该建立国家赔偿责任与个人审判责任的衔接机制。

五 审判责任制度是追求放权与控权相平衡的制度设计

在司法改革的大背景下，在中央反复强调各级党政机关和领导干部要支持法院依法独立公正行使职权的大背景下，[②] 就应当坚持放权与控权相统一，两者都不可失之偏颇。笔者于2016年年底先后参与了中央政法委和最高人民法院组织的司法改革督察工作，发现了一些突出问题。一些地方人民法院在司法改革中有两种错误倾向：一种倾向是瞻前顾后，不敢放权，担心一放就乱。另一种错误倾向是撒手不管，放任自流，放权以后不愿监督、不敢监督、不会监督的现象比较突出。其实，这方面的教训早已有之：在1999年启动的法院系统的"一五改革"中，就已经开始了"还权于合议庭"的探索和尝试。但是改革未能推进太久，下放给合议庭的权力又逐渐被收回了。为什么被收回？就是因为在普遍放权后，案件审判质量急剧下

[①] 葛磊：《法院错案追究制度分析》，《中国司法》2004年第4期。
[②] 十八届三中全会《决定》明确提出，"……确保依法独立公正行使审判权检察权"。十八届四中全会《决定》也明确提出，"……完善确保依法独立公正行使审判权和检察权的制度"。

降。① 为什么会下降？就是因为只强调了放权，却忽视了控权。显然，新一轮司法改革必须避免重蹈覆辙，真正实现放权与控权的有机平衡。

笔者以为，在某种程度上，当下司法不公的存在并不完全是所谓的"地方化和行政化"造成的，而是源于司法人员自身的腐败。要防止这种腐败，就必须从内外两个方面对放权后的审判人员加强管理和监督。其中，院庭长的管理监督就是非常重要的一种内部监督手段。简言之，完善审判组织及其审判人员的责任制度与建立健全审判管理制度和审判监督制度并不冲突。为避免出现过往改革之中"一放就乱、一收就死"的困局，此次审判责任制度改革应当坚持放权与控权相统一，妥善处理放权与监督的关系，两者不可偏废。一方面要做到放权到位，落实新型裁判文书签署机制，取消案件审批或变相审批，确保审判人员办案主体地位，倒逼审判人员提升能力素质；另一方面要实现监督到位，不能再走过去审批制的老路，必须研究建立适应新型审判权力运行机制的审判管理监督机制，做到放权不放任。②

案例之二：M 省 L 市中级人民法院院领导监督管理案件遭当事人举报

2017 年 5 月，M 省 L 市中级人民法院某合议庭就一起民事案件依法作出了裁判结论。对此结论极度不满的该案件当事人，没有通过法定诉讼程序寻求法律救济，而是先在该中级人民法院"缠访缠诉"，继而以该案件办理工作曾经受到该中级人民法院分管副院长"违规干预"为由，认为该副院长不但违反了中央办公厅、国务院办公厅联合出台的《领导干部干预司法活动、插手具体案件处理的记录、通报和责任追究规定》的基本精神，而且也违反了中央政法委印发的《司法机关内部人员过问案件的记录和责任追究规定》的有关要求，故而将该副院长举报至 M 省 L 市纪律检查委员会。M 省 L 市纪委对此事高度重视，遂于第一时间联合 L 市党委组织部、党委政法委组成专门调查组展开调查。调查后得知，因该中级人民法院合议庭所办理的这一起民事案件，系案情重大复杂甚至可能影响社会稳定的"涉众型"案件，该中级人民法院副院长曾经依照相关

---

① 顾培东：《再论人民法院审判权运行机制的构建》，《中国法学》2014 年第 5 期。
② 王敏远：《破解司法责任制落实中的难点》，《人民法院报》2015 年 9 月 26 日第 2 版。

规定，明确要求该案合议庭主审法官向其报告案件办理情况。而该案件当事人在从该合议庭内某一审判人员处获悉这一细节后认为有机可乘，于是声称正是由于分管副院长对此案的"干预"，才导致合议庭作出了对其不利的裁判结论，并以此为由进行举报，进而企图改变原裁判结论。联合调查组据此认定，该中级人民法院副院长系正常依规履行其必须履行的审判管理和审判监督职责，而绝非违规"干预"案件，这一正常的履职行为应该给予充分肯定和鼓励。同时，联合调查组责成L市中级人民法院对该案件当事人做好说服教育和释法明理工作，督促其服判息诉罢访。

可以看到，在上述案例中，该民事案件当事人所依据的，正是2015年中央两办和中央政法委先后印发的有关防止司法机关内部和外部干预、插手案件的规范性文件。这些规范性文件进一步明确了不得非法干预司法审判权力的基本法治原则，皆为贯彻落实执政党十八届三中全会《决定》与十八届四中全会《决定》的具体措施。因此可以说，它们既是司法审判机关依法独立公正行使司法审判权力的重要保障，也是司法机关以及其他非司法机关开展监督管理工作时必须遵循的行动指南。而且，在此之前，M省党委政法委已经于2014年会同省纪委、省委组织部制定出台了《关于党政机关及其领导干部支持司法机关依法独立公正行使职权的规定》。这也正是M省L市纪委联合党委政法委、党委组织部组成联合调查组，进而对举报事项进行调查核实的基本工作依据。毫无疑问，上述规范性文件的先后出台与实施，就在该项工作领域构成了一套较为全面、较为完整的制度体系。

然而，在贯彻落实这一系列文件的过程中，部分审判人员甚至领导干部由于学习不够深入，理解不够透彻，对"支持""干预""监督"和"过问"这些概念的理解和认识存在着偏差。而有些人也趁混作乱，认为"支持"就是"不干预"，"不干预"就是"不监督"，就是"不过问"；反之，所谓"监督"就是"插手"，所谓"过问"就是"干预"。进而声称，要取消法院内部的审判管理和审判监督，以及法院外部的党委政法委执法监督等监督模式。至于上述案例中举报副院长的那位案件当事人，则是怀揣着推翻原裁判结论的不良动机，此乃趋利避害的本能之举，与是否正确理解中央决策精神无关。

实际上，该案例中法院副院长所实施的审判监督具有充分的司法政策依据。最高人民法院《司法责任意见》明确规定，对于牵涉群体性矛盾纠纷、可能危及社会和谐稳定、具有较大社会影响的重大疑难复杂案件，各级人民法院的院庭长有权要求案件办理人员及时报告案件的进展情况以及最终的评议结果。① 基于新一轮司法改革基本精神和前述司法政策性规定，再结合当前审判实践中客观存在的突出问题，可以想见，端正思想认识、准确把握改革精神，已成为当务之急。显而易见，不干预决不是不监督，不插手也决不是不过问。法院院庭长以及审判管理机构在法律、政策框架内开展的对审判人员及其审判活动实施的审判管理和审判监督，既不是干预，也不是插手，而是最大的支持，最有力的保障，是实施放权与控权有机统一的具体体现。各级审判机关应该把握好这个界限，实现更高层次的、符合司法规律的审判管理和审判监督。

特别需要注意的是，为了确保审判人员始终能够依法独立公正行使审判权，审判管理权所针对的权力客体，始终不得超出"程序性事项"的特定范围，任何与审判人员事实认定、法律适用等相关的"实体性事项"，均不在审判管理权的权力范围之内。

六 审判责任制度是兼顾履职保障与失职问责的制度设计

科学合理的审判责任制度应该让权责之间比例相当、责任保障相互匹配。甚至可以说，只有保障到什么程度，责任才能落实到什么程度。② 习近平总书记明确指出，"多推有利于增添经济发展动力的改革，多推有利于促进社会公平正义的改革，多推有利于增强人民群众获得感的改革，多推有利于调动广大干部群众积极性的改革"。③ 在新一轮司法改革中，需要一系列能够调动审判人员改革积极性的真招实策，使之成为推进审判责任制度改革的有力保障。具体而言，一是加快审判人员单独职务序列改革。此项改革从源头上解决基层人民法院办案一线法官和审判辅助人员职业发展空间有限、政治待遇不高、职业尊荣感不强的问题。目前全国已基

---

① 参见最高人民法院《司法责任意见》第 24 条规定："对于有下列情形之一的案件，院长、副院长、庭长有权要求独任法官或者合议庭报告案件进展和评议结果：（1）涉及群体性纠纷，可能影响社会稳定的；（2）疑难、复杂且在社会上有重大影响的；（3）与本院或者上级法院的类案判决可能发生冲突的；（4）有关单位或者个人反映法官有违法审判行为的。"

② 王敏远：《论加强司法人员的职业保障》，《中国司法》2015 年第 5 期。

③ 新华社：《习近平主持召开中央全面深化改革领导小组第三十次会议》，《人民日报》2016 年 12 月 6 日第 1 版。

本完成法官等级套改工作，下一步要加快推动员额法官和审判辅助人员单独职务序列落地，着力兑现改革红利。二是尽快落实法院人员工资制度，加大向一线人员倾斜力度，防止搞成"大锅饭"。三是严格保障审判人员履职。在中办、国办 2016 年联合发布《保护司法人员依法履行法定职责的规定》（下文简称为："中央《保护依法履职规定》"）后，最高人民法院也于 2017 年出台《人民法院落实〈保护司法人员依法履行法定职责规定〉的实施办法》（下文简称为："最高人民法院《保护依法履职办法》"）。各级人民法院应该遵循上述规范性文件，加强对审判人员的人格尊严、人身安全、财产安全、个人隐私的保护，提升其职业尊荣感。

七　审判责任制度是兼顾惩戒问责与责任豁免的制度设计

建构与完善审判责任制度，既要建立健全审判问责机制，又要科学构建审判责任豁免机制。决不能以侵害审判独立为代价，将审判责任制度异化为一把高悬于审判人员头顶之上的"达摩克里斯之剑"，否则，其制度的最终实践效果必然是南辕北辙。因此，就追责、惩戒、豁免等相关问题而言，现已有业内人士明确主张，建构审判责任制度，一般还是应该借鉴域外法治国家有关制度设计的基本原理和实践，以"责任的豁免"为基本原则，以"责任的追究"为一般例外。[①] 可以说，这种认识是非常有道理的。

八　审判责任制度是内部同行评议与外部异体追责并行不悖的制度设计

首先，应当建立违法审判责任追究的同行评议机制。由于刑事、民事、行政案件的专业性，以及案件质量评判标准的复杂性，因此，对于审判人员因其违法审判行为，可能需要承担办案责任的有关情形，应当实行同行评议，避免出现"外行评议内行"的反常现象。其次，为防止有责不追或者滥用追责权等不当现象的发生，应当建立理性的追责程序和符合审判职业特点的惩戒程序。这也正是新一轮司法改革设立法官惩戒委员会的根本初衷。在新一轮司法改革之前，由人大及其常委会负责审判人员的任免，

---

① 相关问题的论述和分析，可参见傅郁林《解读司法责任制不可断章取义》，《人民论坛》2016 年第 24 期；胡仕浩：《论人民法院全面推开司法责任制改革的几个问题》，《法律适用》2016 年第 11 期。

由法院内部的监察部门负责审判人员的惩戒。然而，从基本司法审判规律出发，司法改革的基本方向应该是建构权责独立、内部调查权和决定权相互分离的"惩戒委员会"。

因此，建立健全针对审判人员的惩戒委员会，就成为保障审判责任追究落地生根的重要制度设计。两高《惩戒意见》的核心亮点也就正在于对这一价值追求的及时回应。其中就明确提出要求，设立省级法官、检察官惩戒委员会。[①] 就法院系统而言，待条件成熟时，应当分别设立以资深法官为主的"国家级"和"省级"两个层级的法官惩戒委员会。

[①] 两高《惩戒意见》第四项规定，"在省（自治区、直辖市）一级设立法官、检察官惩戒委员会"。当然，该项规范性文件也有亟待修正的不尽完善之处，详见后文论述。

第二章

审判责任制度改革实践分析
——以东中西部 S、H、G 三省市为例

当下涵盖审判责任制度改革的新一轮司法改革，以特定地方人民法院改革为试点，采取"建构与试错相结合"的方案，鼓励地方人民法院在不违背现行法律规定的前提下进行探索和尝试。笔者以为，审判责任制度改革的"地方样本"具有极为重要的代表意义和研究价值。

因此，详细梳理和比较东中西部 S、H、G 三省市等不同地方改革试点的成果和经验，特别是对其中具有普遍性的共性问题和具有地域特色的个性问题及其成因，给予客观评价和深度分析，为后文提出破解之道树立基本的前提和目标，就成为本章的主要内容。

第一节 改革的阶段性成效

新一轮司法改革特别是"长春会议"之后，全国各地普遍加快了改革进度，法院系统对审判责任制度改革的重视程度也在逐步强化，应该说，改革已经取得了明显的阶段性成效。在 2017 年 7 月贵阳召开的全国司法体制改革推进会上，中央政治局委员、中央政法委书记孟建柱披露的一系列"司改成绩单"，就充分地印证了这一点。[①]

[①] 在总编制未增加的情况下，全国基层人民法院、人民检察院 85% 以上的司法人力资源配置到办案一线，办案力量增加 20% 以上，人均办案数量增长 20% 以上，结案率上升 18% 以上；法院系统一审服判息诉率高达 89.2%，二审服判息诉率达 98% 以上。陈叶军：《"司改成绩单"曝光—审后服判息诉率提高 10% 以上》，载 http://www.toutiao.com/i6441434946199355917/，最后访问时间：2017 年 7 月 13 日。

一 夯实审判责任制度改革的基础——法官员额制度改革的推进

（一）前提与基础：法官员额制度改革之于审判责任制度改革

可以说，法院系统能不能真正把优秀业务骨干遴选为员额法官，进而言之，选出的员额法官能不能更多地办理案件、能不能高质量地办理案件，将直接关系到员额制度改革能不能得到业内认同，最终将与审判责任制度改革能不能落到实处、见到实效密切相关。① 简而言之，所谓的"法官员额制度"，就是在将法院内部司法人员分为法官、审判辅助人员和司法行政人员，并采用有别于普通公务员管理模式的基础上，"根据法院辖区经济社会发展、人口数量（含暂住人口）、案件数量、案件类型等基础数据，结合法院审级职能、法官工作量、审判辅助人员配置、办案保障条件等因素，科学确定四级法院的法官员额"。② 归根结底，法官员额制度旨在制定一套标准，通过严格考核，确保综合业务素质最好、审判工作能力最强、具有审判资格的人员最终成为员额法官，从而保障审判队伍的公正高效权威。③ 因此，一方面，从强化法官尊荣感及其身份认同的角度出发，"员额法官"自然就成为国家层面给予审判人员最高规格的一种制度性确认；另一方面，从持续深入推进改革的角度出发，作为不同于普通公务员制度的司法审判职业制度，无论是备受关注的审判人员单独职务序列改革，还是牵动人心的审判人员工资制度改革，都须以员额法官制度改革作为必要的铺垫。④

很显然，作为法院系统司法改革重中之重的审判责任制度改革，必然深刻影响着法官员额制度改革的进度，而法官员额制度则是建立审判责任制度的前提性、基础性和辅助性制度。⑤ 法官员额制度之所以会成为重要的

---

① 屈向东：《以案定编与法官员额的模型测算》，《现代法学》2015 年第 3 期。
② 中央政法委《司改框架意见》第三项之规定以及最高人民法院《四五改革纲要》第 49 项之规定。
③ 最高人民法院白皮书《中国法院的司法改革》，人民法院出版社 2016 年版，第 37 页。
④ 对此问题的分析和论述，可参见陈晓聪《员额制改革背景下的法官约束与激励机制》，《华东政法大学学报》2016 年第 3 期；严剑漪：《员额制改革：一场动自己"奶酪"的硬仗》，《人民法院报》2016 年 11 月 14 日第 6 版，等有关文献。
⑤ 谢鹏程：《员额制有利于实现司法专业化职业化精英化》，《检察日报》2015 年 12 月 7 日第 3 版。

"基础性制度",成为"实行审判责任制度的基本前提",① 原因就在于:

第一,在学理层面上,独立责任以独立权力为基础、为前提;偏重责任而忽视保障的权力不但相当脆弱、而且相当恐怖。因为没有保障,所以其他权力就可能随意干预甚至可能随意改变审判人员依据审判权作出的决定,审判权可能成为人见人欺的脆弱的权力。因为没有保障,所以审判人员为了维系和改善自己的基本生活,就可能贪赃枉法、徇私舞弊,最终导致司法腐败,审判权又可能成为伤天害理的危险的权力。司法是维护社会公平正义的最后一道防线。审判人员作为社会纠纷的终局裁判者,就是这最后一道防线的捍卫者。如果这道防线失守,那公平正义必然不复存在。因此,审判人员特别是法官理应具有较高素质、较高社会地位,并能获得较高物质保障,法官员额制度实质上也就包含着提高员额法官待遇、增强审判人员职业尊荣感的制度预期。②

第二,在实践层面上,新一轮司法改革启动之前,由于多种因素的影响,全国法院系统具有法官身份审判人员这一庞大的职业群体,可以说是参差不齐、鱼龙混杂,其中不少人并不具备基本的业务素质和办案能力,更不具备承担审判责任的现实条件。③ 如果法官队伍的职业准入门槛很高,法官的素质也很高,法官承担审判责任的可能性就微乎其微了。然而,如果法官的任职资格在实践中被打折扣,势必会产生一些根本就无法正确履行职责的法官。对于这部分法官而言,承担审判责任就是必然的。其实,对于法官来说,也是不公平的。这就势必造成法官试图分散责任、推诿责任、规避责任的情况,进而影响到审判权的公正高效权威运行。④

无论是学理层面的因素,还是实践层面的因素,充分表明,审判责任制度及其改革的价值取向,绝对不在于事后惩戒"问题法官",而恰恰在于事前培养"精英法官"。因此,只有对我国现行法官制度进行改革,才有可能落实审判责任制度。正是基于此,新一轮司法改革才大力推进法官员额制度改革,实现审判队伍专业化、审判权力规范化、审判责任合理化。

---

① 孟建柱:《坚定不移推动审判责任制度改革全面开展》,《长安》2016年第10期。
② 林振通:《员额制背景下审判团队配置模式与职责定位》,《人民法院报》2016年9月29日第5版。
③ 最高人民法院司法改革领导小组办公室编:《〈最高人民法院关于完善人民法院审判责任制度的若干意见〉读本》,人民法院出版社2015年版,第8页。
④ 胡仕浩:《论人民法院"全面推开审判责任制度改革"的几个问题》,《法律适用》2016年第11期。

（二）改革取得的成效

新一轮司法改革启动以来，各地牵头司法改革的党委政法委等相关单位，以及各级人民法院，都在普遍地进行着不断加大改革力度的尝试和探索。绝大多数地区均将全省的员额比例控制在中央政法专项编制的39%以内，在推进改革的同时，还为后续审判人员的入额预留了一定的空间。总体上，员额制度改革坚持"以案定额"，员额分配向中层、基层人民法院倾斜，优秀审判资源向办案一线集中，改革成效已经初步显现。至2017年6月底，全国地方各级人民法院已全面完成员额法官选任工作，包括最高人民法院，以及32个高级人民法院（包括新疆维吾尔自治区高级人民法院新疆生产建设兵团分院）、399个中级人民法院、3071个基层人民法院，共产生员额法官120138名。显而易见，相较于改革之前的约21万名法官，约有9万名已经具有法官身份的审判人员未能成为员额法官。这就表明，新一轮司法改革，是包括法院系统在内的司法机关，真正以"壮士断腕"的勇气"在革自己的命"。

至2017年3月，广东省法院系统一线审判人员较改革前增加17.3%。北京市人民法院系统在2016年年内先后组织了两批遴选入额，共选出2640名员额法官。其中，院长、副院长入额106人，占4%；庭长、副庭长748人，占28.4%。在此过程当中，北京市对法官员额比例并未机械地"一刀切"，而是依据高级人民法院、中级人民法院和基层人民法院的不同办案数量，实现了法官员额比例的差异化。其中，朝阳区人民法院由于办案任务最重（2016年，该法院的收案数量和结案数量，均达到10万件以上，人均结案数量则达到了413件），其法官员额比例接近49%。2016年，北京市包括员额法官和审判辅助人员在内的一线审判人员从6128人增加到7550人；辅助人员从2689人增加到4538人，增加68.8%。[①] 为解决审判辅助人员不足问题，北京市编办加大支持保障力度，使全市人民法院聘用制审判辅助人员的编制达到4257名。同时，市财政将聘用制审判辅助人员的保障水平从人均每年不足4万元提高到7.1万元，财政每年多支出2亿余元。

安徽省于2016年年内共有4856人进入员额成为员额法官，占全省法

[①] 参见《回归办案本位　充实一线力量——访最高人民法院司政办主任胡仕浩》，《人民日报》2017年1月11日第17版。

院政法专项编制的比例为36.56%。全省法院入额法官中共有政治部主任、纪检组长113人，截至2017年4月，已有55人完成岗位调整、26人辞去党政职务或退出法官员额，不能调整的，立即辞去党政职务或者退出法官员额。对于未进入员额的2864名审判员、助审员，已有1989人被确定到审判辅助岗位，担任法官助理，有363人确定到司法行政岗位任职。此外，少部分审判人员退休、调出、辞职。东部S直辖市基层人民法院编制数与中级人民法院、高级人民法院编制数比例从改革前的2.3∶1提高至3.1∶1，全市配置到审判一线的法官人数增加1.4%。西部G省法官遴选委员会先后两次组织开展遴选工作，全省113个法院有2923人成为员额法官，全省员额总体控制在中央政法编制的39%以内。总体看，除个别地区外，员额法官队伍学历层次、审判经验、年龄结构均有显著优化，公认度较高。①

S直辖市强调着力于以顶层设计破解体制性、机制性和保障性难题。原则上逐渐把"所有的"法院人员按照法官33%、审判辅助人员52%、司法行政人员15%的比例划入三大类，目的是把占比85%的绝对多数审判资源投放到审判一线。根据首批入额的情况，已成为员额法官的比例控制在27%左右，做到既选出优秀法官，又兼顾历史和现实，既保持队伍平稳过渡，又为今后法官助理的入额留有余地。② 同时，建立起宏观与中观管理兼顾、刚性与弹性并存的员额管理体系，强调对员额法官进行年度性的常态考核，对不合格的员额法官予以调整并退出员额，打破了员额的终身制。③

二 推进审判权运行机制改革

各地各级人民法院按照改革要求，从明晰权责边界入手，着手理顺审判权与审判管理权、审判监督权的相互关系。多个地区的试点法院结合自身实际，探索组建审判团队，合理配置人力资源，审判效率普遍提高。各

---

① 孙满桃：《最高法：全国27个省区市法院均已完成员额法官选任工作》，《光明日报》2017年2月14日第2版。

② S直辖市的法官员额从原有的49%降到33%，意味着全市将有729名法官无法入额，部分法官被退回到法官助理岗位。杨力：《中国司法体制改革的重大现实命题：司法体制改革试点的上海样本研究》，《中国社会科学评价》2016年第1期。

③ 何帆：《什么样的法官应当退出员额》，《人民法院报》2017年5月26日第2版。

地量化院领导入额办案最低要求,院庭长办案数量同比大幅上升。部分省市试点法院逐步废除裁判文书层层审批制度,建立院庭长"静默化监管"机制,推动审判监督指导全程留痕、有序运行。陕西省法院系统的院庭长直接办案数量占到了全省结案总数的37.64%,各级人民法院的审判委员会讨论案件数量普遍下降了40%以上。湖北省各级人民法院审判委员会讨论案件数量同比总体下降10.44%,同时,大力推进"案件繁简分流"和"刑事速裁程序"改革试点,实行"简案快审、繁案精审",一审案件简易程序适用率达64.9%。① 内蒙古自治区高级人民法院决定,审判管理办公室评查工作的重点由判前评查转为判后评查。② 在改革后的S直辖市人民法院系统,直接由独任法官、合议庭裁判的案件比例为99.9%,依法提交审判委员会讨论的案件仅为0.1%。③ 2016年,S全市人民法院系统的院庭长办理案件14.14万件,同比上升20.4%;湖北省法院系统院庭长办理案件数量占结案总数的64.7%。

北京市人民法院系统2016年收案数量增长了8.3%,结案数量增长了20.6%,未结案数量下降了2.8%,员额法官(含部分未进入员额法官)人均结案数量198.9件,同比增加了24.8%,反映审判质量的核心指标均同比持平或好转。其中,北京市高级人民法院制定完善了"专业法官会议工作规则",将专业法官会议定位于为法官、合议庭处理案件提供咨询意见的平台。北京市第三中级人民法院召开专业法官会议230余次,讨论案件2000余件。北京知识产权法院自改革全面推开以来,院庭长审批案件减少了24.9%,审判委员会讨论案件减少了44.9%。此外,各地还通过多种途径不断增加和补充审判辅助人员。还有些省份,法院系统持续加强与大专院校、律师协会等单位广泛且深度的合作,建立了实习法官助理制度。④

三 推进审判职业保障制度改革

多个省区市已完成法官的职务套改工作,员额法官单独职务序列业已

---

① 罗书臻:《湖北法院审判责任制度改革成效初显》,《人民法院报》2017年4月11日第1版。
② 王芳:《中国司法改革动态(4月)·内蒙古高院全面落实审判责任制度》,《法制日报》2017年5月8日第3版。
③ 陈卫东、程雷:《司法革命是如何展开的》,《法制日报》2017年7月10日第9版。
④ 李晓明:《构建法官与律师的新兴业务关系》,《人民法院报》2017年5月11日第5版。

确定。在工资制度改革方面，截至 2017 年 3 月 26 日，全国有 1939 个法院基本落实或通过预发形式落实法官工资改革，约占全国法院总数的 55%。其中，北京、天津、广东、海南的全部法院和山西的部分法院共 239 家法院，按照法官单独职务序列等级完成了法官基本工资套改，并依据绩效考核情况，落实了法院人员绩效考核奖金，约占法院总数的 6.8%；还有 1678 个法院以预发形式落实了法院人员部分工资待遇，约占法院总数的 47.9%。[①]

在东部的 S 直辖市，与法官员额制度改革相应，指向审判人员的"分类""浓缩"和"精英化"改革，为适时建立起符合中国审判职业特点的职业保障制度奠定了坚实基础，得到了 S 直辖市地方职能部门的支持。截至 2016 年 10 月，S 直辖市已建立起与法官单独职务序列配套的薪酬制度，将法官薪酬与法官等级挂钩。以 2015 年 S 市公务员人均收入 13.9 万元为基数，薪酬制度改革后全市人民法院员额法官人均薪酬约为 22.4 万元/年，较改革前增长 4.3 万元，增幅 23.8%，比公务员人均收入高出 61.2%；审判辅助人员人均薪酬约为 15.5 万元/年，较改革前增长 2.7 万元，实际增幅 21.1%，比公务员人均收入高出 11.5%（辅助人员整体职级相对较低）；司法行政人员人均薪酬约为 16.6 万元/年，较改革前增长 0.9 万元，实际增幅 5.7%，比公务员人均收入高出 19.4%。[②]

第二节　东中西部改革实践中的问题及其原因分析

截至 2017 年年底，新一轮司法改革已经取得阶段性成效，甚至许多关系到全盘成败的问题已经得到了初步解决。然而，改革进程中也遭遇到不少亟待攻坚的难题。可以说，这种状况在东中西部都有不同程度的表现。这一切，当然也毫不例外且淋漓尽致地体现在了审判责任制度改革的进程中。

[①] 何帆：《完善绩效考核办法实现员额"有进有出"》，《人民法院报》2017 年 5 月 31 日第 2 版。

[②] 《员额法官检察官月人均增收 3830 元》，http：//bbs.xuefa.com/forum.php? from = groupmessage&mod = viewthread&tid = 627041，最后访问时间：2017 年 5 月 4 日。

一 全局共性：东中西部共存的问题

虽然分布在不同地域，但因同属于法院系统，且受同一司法体制影响和制约，因此，审判责任制度改革进程中，在东部 S 直辖市、中部 H 省和西部 G 省，出现了一系列既属三省市共性、又属全国共性的问题，大致表现在以下三个方面。

（一）有关审判权运行机制与审判组织、审判人员权责的问题

1. 院庭长有序控权和放权落实不到位。改革实践中，出现了两种错误倾向：一是在"放权"方面，瞻前顾后，不敢放权，不愿放权，担心一放就乱。许多地区的院庭长"保姆式"管理的思想根深蒂固，他们担忧放权以后无法保障审判质量，无法确保裁判尺度统一，难以做到放权又放心，因而依然对未参与办理的案件进行审批。有的法院尽管表面上禁止院庭长审批案件，但仍通过所谓旁听合议、"裁判文书送阅制"、"院庭长旁听合议制"等方式实施变相审批。有的法院没有实质性动作，只是象征性地把小部分调解、撤诉裁判文书的签发权下放给员额法官。[①] 有的法院刑事审判不放权，民事审判审批权只从院长下放到庭长。有些法院的专业法官会议与庭务会在功能和界限的设置上还不够清晰。甚至在有些法院，大多数院党组成员均未入额（自己不报名），但其依然是审判委员会委员，依然在审签案件。二是在"控权"方面，一些试点法院的审判管理和审判监督机制还有待完善，在改革后领导干部要么是不愿管理、不愿监督，要么是对"管什么、怎么管"的认识不清，仍习惯于传统的"人盯人"监督模式，突出存在"老办法不管用，新办法不会用"的情况，不善于用制度机制管人、用信息技术管案，造成案件审判质量不尽如人意。

2. 院庭长"办案质量"亟待提升。此处的"质量"并非是指院庭长办理的案件在事实认定和法律适用上有什么问题，而是说在案件类型、办案方式等方面，距离司法改革对院庭长办案的制度要求还有很大差距。相对于院庭长办案数量同改革预期之间的差距（后文会对此进行论述），院庭长在办案"质量"上的提升空间更大。就院庭长办案这一制度设计的初衷而言，其实它更侧重于追求办案的"质量"，而非办案的"数量"。笔者梳理发现，尽管迫于改革大势院庭长开始重视办案了，随之也产生了

---

① 李少平：《当前深化司法体制改革的形势、任务及重点》，《法律适用》2016 年第 8 期。

一批由院庭长担任审判长、产生较大社会影响力的大案要案（诸如 2018 年 1 月，由最高人民法院党组成员、审判委员会委员孙华璞主持审理、由最高人民法院提审的原审被告人张文中诈骗、单位行贿、挪用资金再审一案；2018 年 1 月，由最高人民法院审判委员会专职委员、刑二庭庭长、第一巡回法庭主审法官裴显鼎主持审理、由最高人民法院提审的原审被告人顾雏军虚报注册资本，违规披露、不披露重要信息，挪用资金一案；① 2016 年 12 月，由最高人民法院副院长陶凯元主持审理的"乔丹"商标争议再审系列案件；2016 年 12 月，由最高人民法院第二巡回法庭庭长胡云腾主持审理的聂树斌故意杀人、强奸妇女再审一案；2015 年 12 月，由福建省厦门市中级人民法院院长王成全主持审理的蔡盘岭涉嫌危害公共安全一案；2015 年 6 月，由时任最高人民法院民四庭庭长罗东川主持合并审理的美国向艺实业有限公司等 3 名上诉人与被上诉人福建全通资源再生工业园有限公司股权转让合同纠纷两案；2015 年 5 月，由河南省高级人民法院院长张立勇主持审理的李三元故意杀人上诉一案；2015 年 4 月，由天津市第一中级人民法院副院长丁学君主持审理的周永康一案；2015 年 3 月，由湖北省汉江市中级人民法院副院长樊启城主持审理的蒋洁敏一案，等等），而且个别法院在这方面的工作成效也较为明显。② 但总体而言，很多院长、庭长在进入员额之后，其案件办理工作的类型和方式还是存在很大问题。③

（二）违法审判责任追究制度和审判责任豁免制度尚未建立——审判责任制度本身在改革中面临的问题

无论是依法及时合理地对审判活动中故意违反法律法规或重大过失造成裁判错误并引发严重后果的审判行为予以追责惩戒，还是对虽被投诉举报，但不具有惩戒情形的审判人员予以豁免，这都是审判责任制度设计的

---

① 罗书臻：《张文中、顾雏军再审案合议庭分别组成》，《人民法院报》2018 年 1 月 4 日第 1 版。

② 其中，S 直辖市 C 区人民法院明确办案指标，要求院庭长必须带头办理重大、疑难、复杂、新类型、发回重审等案件，而且院领导审理的案件一般应为合议制审判案件。自改革试点以来，S 直辖市第二中级人民法院已有 9 件案件被最高人民法院《公报》刊载或入选最高法指导性案例，其中 4 件为院庭长办理。院庭长的公信力和权威性，正是通过这种方式体现出来的。

③ 很多院庭长还是以办理危险驾驶、交通肇事、民间小额借贷纠纷、减刑、假释等简单案件居多，办理重大、疑难、敏感、复杂、新类型以及涉及改判、发回重审、非法证据排除、统一裁判标准、在法律适用方面具有普遍指导意义等案件的表率作用还是不够突出。

应有之义。然而，尽管最高人民法院《司法责任意见》已经明确了违法审判责任追究和审判责任豁免的原则和程序，但从全国的改革情况来看，绝大多数省份迄今尚未成立法官惩戒委员会。即便是在已经成立惩戒委员会的几个省份，除 S 直辖市外，① 辽宁省、福建省、河北省、北京市、浙江省等地区，也仅仅是颁布了"试行章程"，制度建构还是停留在纸面上，各地对此问题的注意力和关注度还很不够。诚然，司法改革试点并未把审判责任停留于抽象化的表面，而是充分考虑到了审判本身就具有"可错性"，比如，审级和再审制度的设立本身就是为了纠错。因此，前期的阶段性改革所设定的责任承担规则要点在于，除非故意违反法律法规或重大过失导致错案才予以追究，基于正常的理性不足和认知偏差导致的错误，绝大多数实行"责任豁免"，只列入绩效考核。但是，放权后的审判责任制度除了要理顺错综复杂的独任法官、合议庭、审判委员会等审判组织之间的权限划分和责任范围，还应当立足于既定的审判权运行机制及其内在规律，配套构建起比较立体化的违法审判责任追究的相应制度。② 由于缺乏对中央顶层制度设计的细化和完善，以至于在新一轮司法改革启动之后的审判实践中，对相关审判人员的追责惩戒也很不规范。

案例之三：M 省阳某故意杀人申诉案中的审判人员追责惩戒

1991 年，M 省 N 市 X 县的阳某想娶同村女子琼某为妻，遭其父母拒绝，阳某因此怀恨在心。1992 年 2 月 12 日，阳某至琼某家中行凶，砍伤其父，刺死其母。作案后，阳某负罪潜逃。2013 年 1 月，M 省公安机关抓获"阳某"。同年 4 月，M 省 N 市 X 县人民检察院以涉嫌故意杀人罪批准逮捕"阳某"。同年 12 月，M 省 N 市中级人民法院以故意杀人罪判处"阳某"死缓，剥夺政治权利终身。"阳某"未上诉。被害人家属不服附带民事部分，提出上诉。2014 年 5 月，M 省高级人民法院裁定驳回上诉，维持原判。"阳某"在服刑期间向所在监狱提出申诉，称自己系"袁某"，并非判决书和裁定书中所指的"阳某"。检察机关驻监检察室遂将该案逐级报至 M 省人民检察院。2016 年 3 月，M 省人民检察院在对案件进行调

---

① 卫建萍：《上海法官检察官遴选惩戒委员会成立》，《人民法院报》2014 年 12 月 14 日第 1 版。

② 陈海峰：《错案责任追究的主体研究》，《法学》2016 年第 2 期。

查之后向 M 省高级人民法院提出抗诉，认为原审裁判认定犯罪人身份发生错误，现在押申诉人并非"阳某"，而是"袁某"，因此要求法院尽快依法裁判。但 M 省高级人民法院认为，"阳某"与"袁某"是否为不同身份的两人依然存疑。随后，M 省党委政法委应 M 省人民检察院之提请召开案件协调会议，明确要求 M 省高级人民法院尽快开庭依法审理宣判；同时明确要求，如果原审裁判被撤销，M 省省级公检法三机关应该尽快依法依规启动对本系统内原办案人员的追责问责程序。2016 年 7 月，M 省高级人民法院作出再审判决，宣判申诉人无罪。该案宣判后，M 省高级人民法院以"尚未成立法官惩戒委员会""最高人民法院《司法责任意见》不适用于该案审判人员"为由，对法院审判人员的问责进度缓慢。最后经 M 省党委政法委反复督办，N 市中级人民法院和 M 省高级人民法院于 2017 年 2 月先后对本院有关审判人员作出处分决定。

究竟是何原因，造成"阳某故意杀人"一案中无罪之人被判死缓、身陷囹圄，有罪之人负罪潜逃、逍遥法外这样触目惊心的冤错案件？在该案办理过程中，特别是在"确认被告人身份"的重要环节上，公安机关的侦查工作、检察机关的审查起诉工作、法院的审判工作，办案人员均存在失职行为。特别是两级人民法院的审判人员，虽然在审判环节作出的死缓判决，保留了申诉人的生命，但依然导致其失去人身自由长达三年之久。那么，审判人员主观上究竟存在何种过错，客观上究竟存在何种违法办案行为？两级人民法院的惩戒问责是否规范？是否合理？下文结合上述问题，分别对 N 市中级人民法院和 M 省高级人民法院的《处分决定》进行分析。

1. N 市中级人民法院《处分决定》

N 市中级人民法院的《处分决定》认定：2013 年 8 月，N 市中级人民法院宋某在担任该案一审合议庭主审法官时，对案件事实证据审核不够全面，表现在三个方面：第一，对在当事人身份问题上存在的疑点虽然做了相应的排除工作，但未能依法要求侦查机关全面客观地补充证据。第二，对被告人供述与证人证言不一致之处，未能排除一切合理怀疑。第三，对侦查阶段证据收集和固定方面违反法定程序的行为未能依法给予否定，以致未能排除非法证据。上述因素导致了被告人身份认定乃至最终裁判结论的错误。

N 市中级人民法院认为，在一审程序中，主办法官宋某对事实证据审查不全面，应承担主要责任；合议庭职能发挥不够，应承担相应责任；审判委员会讨论时尽到了注意义务，不应承担责任。综上，N 市中级人民法院依照最高人民法院《处分条例》第 83 条、《人民法院监察工作条例》第 33 条之规定，经 N 市中级人民法院院长办公会议决定，给予宋某"警告"处分。"如对本决定不服，可自收到本决定之日起 30 日内向本机关提出复审"。另外，对由宋某等三人组成的一审合议庭进行通报批评。

笔者认为，N 市中级人民法院的《处分决定》有多处值得肯定的方面：第一，对法官宋某的违法审判行为进行了比较全面准确的认定。第二，对宋某作出处分决定，有明确的规范性文件及其条款作为依据。第三，为法官宋某维护其合法权利，提供了必要的救济途径，并明确了救济时限。第四，对"合议庭职能发挥不够，应承担相应责任"的定性基本准确。作为合议庭成员的另外两名审判人员在合议庭讨论中轻率地认为，"被告人身份问题已通过补查解决，案件的矛盾已经得到排除；同时，结合被告人供述与本案证据吻合度较高、被害人家属的辨认真实可信以及对作案工具的辨认等情节，因此，出庭被告人就是实施犯罪行为人"。第五，对"审判委员会讨论时尽到了注意义务，不应承担责任"的认定基本符合事实。在 N 市中级人民法院的审判委员会会议上，分管副院长提出身份问题还需进一步核实，应该让被告人的亲属与被告人见面，核实无误后再行宣判。某一专委也提出让同村邻居和亲戚见一下被告人以帮助确认身份。审判委员会其他成员同意以上意见，并形成决议。但很显然，这一决议并未得到有效落实。

然而，尽管有这样一些亮点，但通过仔细分析，依然可以发现这一《处分决定》存在问题：第一，从实体上看，"对由宋某等三人组成的一审合议庭进行通报批评"，这一处分的程度太轻，根本无法起到以儆效尤的作用。第二，从程序上看，"对由宋某等三人组成的一审合议庭进行通报批评"，这一处分没有明确处分的法定依据。第三，对于主办法官宋某处分结论的"避重就轻"。

毫无疑问，主审法官宋某的行为已构成失职，应受到惩戒问责。然而，在当前我国有关审判人员惩戒问责的各项生效法律和规范性文件中，究竟应该依照哪项文本惩戒法官的失职行为？可以明确的是，显然不能依据最高人民法院《司法责任意见》。因为，该项《意见》第 48 条明确规定,"本意见适用于中央确定的司法体制改革试点法院和最高人民法院确定的审判权力运行机制改革试点法院",而 N 市中级人民法院并非这两类试点法院中的任何一类。同样,也不能适用最高人民法院《追究办法》。因为,该《追究办法》尽管在"追究范围"中也通过第 14 条规定了"因过失导致裁判错误,造成严重后果"的追责情形;而且,落实该情形的罚则条款即第 32 条第 2 款也规定:"情节较重,应当给予纪律处分的,依照《人民法院审判纪律处分办法(试行)》给予相应的纪律处分"。但是,这里所依据的《审判纪律处分办法》在最高人民法院《处分条例》出台之后已经失效了。① 因此,N 市中级人民法院只能依据《法官法》和最高人民法院《处分条例》等规范性文件的有关规定进行惩戒问责。

就本案而言,《法官法》规定得非常清楚和全面。② N 市中级人民法院完全可以依据《法官法》这一国家立法的相关条款对法官宋某进行惩戒问责。然而,N 市中级人民法院并未依据《法官法》,而是依据最高人民法院《处分条例》作出了处分决定。为何如此?

笔者以为,这其中的原因就在于,《处分条例》第 83 条明确规定,"因过失导致错误裁判……,造成不良后果的,给予警告、记过或者记大过处分;造成严重后果的,给予降级、撤职或者开除处分"。两相比较,就"办案失职行为的性质"而言,《处分条例》中的"因过失导致错误裁判",都要比《法官法》中的"玩忽职守,造成错案或者给当事人造成严重损失"轻微得多。

在此基础上,N 市中级人民法院又在"《处分条例》第 83 条"这一定性较为轻微的条款中,避重就轻地选择适用了"造成不良后果"而非"造成严重后果";继而,又在选择适用"造成不良后果"的基础上,避重就轻地选择适用了"警告",而非"记过或者记大过"。

笔者调研发现,在一审环节,作为该案一审合议庭主审法官的宋某,虽曾打算通过 DNA 比对确定被告人身份,但因为存在"万一得不出结论、反而会给案件审理带来困难"的顾虑,最终未能付诸实施。这样一

---

① 最高人民法院《处分条例》第 111 条之规定。
② 《法官法》第 32 条规定,"法官不得有下列行为:……玩忽职守,造成错案或者给当事人造成严重损失……";第 33 条规定,"法官有本法第 32 条所列行为之一的,应当给予处分;构成犯罪的,依法追究刑事责任";第 34 条规定,"处分分为:警告、记过、记大过、降级、撤职、开除"。

起造成无罪之人被判死缓、身陷囹圄并因此患有严重疾病,有罪之人负罪潜逃、逍遥法外如此触目惊心的冤错案件,究竟是属于"不良后果",还是属于"严重后果"?即便是"不良后果",究竟是应该对造成此结果的审判人员给予最轻的"警告"的处分,还是给予程度稍重的"记过或记大过"的处分。答案应该是显而易见的。

至于 N 市中级人民法院所依据的最高人民法院《人民法院监察工作条例》第 33 条,纯属程序性规定,① 没有必要讨论。

2. M 省高级人民法院《处分决定》

M 省高级人民法院的《处分决定》认定,M 省高级人民法院刑三庭正处级审判员张某作为该案二审主审法官,最终裁定驳回上诉,维持原判。随后,M 省高级人民法院核准对被告人判处死刑,缓期二年执行,剥夺政治权利终身。后经 M 省高级人民法院再审,认为有新的证据证明在监狱服刑之人并非该案犯罪嫌疑人,故作出判决撤销 N 市级人民法院一审判决及 M 省高级人民法院二审裁定。张某因审查事实证据不够全面客观,对错误裁判的形成负有相应责任,不仅对申诉人造成了一定损失,也对法院形象造成了不良影响。

M 省高级人民法院认为,二审程序中案件主办人张某对事实证据的审查不够全面客观,应承担相应责任;合议庭其他成员尽到了注意义务,不应承担责任。综上,根据最高人民法院《处分条例》第 83 条之规定,经 M 省高级人民法院院长办公会议讨论决定,给予张某警告处分。同时规定,本决定自 2017 年 2 月 17 日起生效。如本人对纪律处分决定不服,可自收到本决定之日起 30 日内可向 M 省高级人民法院申请复议。复议期间不停止执行。

当然,M 省高级人民法院的《处分决定》也有值得肯定的方面:第一,对法官张某的违法审判行为进行了比较准确的认定。张某作为二审程序的主办法官,虽然注意到对被告人身份的确认是本案的核心问题,但认

---

① 该《条例》第 33 条规定,"对违纪人员的纪律处分按照下列规定进行:……对本院审判委员会委员、庭长、副庭长、审判员、助理审判员和其他工作人员,下一级人民法院院长、副院长、副院级领导干部、监察室主任、专职监察员,拟给予警告、记过、记大过处分的,由监察部门提出处分意见,报本院院长批准后下达纪律处分决定;拟给予降级、撤职、开除处分的,由监察部门提出处分意见,经本院院长办公会议批准后下达纪律处分决定。纪律处分决定以人民法院名义下达,加盖人民法院印章……"。

为被告人不上诉，一审所做的补查补证工作可以排除疑点；在提审被告人时也未对一审判决认定的事实提出异议，遂核准原判。甚至于张某也曾"考虑要求做 DNA 鉴定，经与一审法院沟通，认为作用不大"，也考虑到"万一在二审环节被告人翻供，就不得不进行详细核查，否则麻烦会更大"。第二，对张某作出处分决定，有明确的规范性依据。第三，为法官张某维护其合法权利，提供了必要的救济途径，并明确了救济时限。第四，对"合议庭其他成员尽到了注意义务，不应承担责任"的定性基本准确。合议庭讨论时，一名合议庭成员提出，被告人出逃多年，一审环节的各种辨认是否有效；另一合议庭成员则对死亡原因和凶器来源提出质疑。但经二审主办人张某对以上问题的说明解释，遂形成了驳回上诉、维持原判的一致意见。

但必须看到的是，M 省高级人民法院的《处分决定》依然存在问题。其中，最为明显的一点是，《处分决定》的"内在逻辑混乱"。M 省高级人民法院先是认定，之所以在审判监督程序中作出撤销 N 市中级人民法院一审判决及 M 省高级人民法院二审裁定的再审判决，是因为有"新的证据"证明在监狱服刑之人并非该案犯罪嫌疑人。但随后又在同一《处分决定》中认定，法官张某在二审程序中因审查事实证据不够全面客观，对错误裁判的形成负有相应责任。

这样一来，问题就出现了：对二审主审法官张某进行惩戒追责，究竟是因为张某在二审程序中审查事实证据不够全面客观，并造成了最终生效的错误裁判？还是因为直到审判监督程序中出现了新证据，并得以证明了原有生效裁判的错误？或是二者兼而有之？如果是因为前者，对张某进行惩戒追责无可厚非。但如果是因为后者，依据最高人民法院《追究办法》第 22 条"有下列情形之一的，审判人员不承担责任：……因出现新的证据而改变裁判的……"之规定，就不该对法官张某进行惩戒追责。M 省高级人民法院如此惩戒问责，能够自圆其说吗？能够赢得社会的认同吗？能够让被惩戒问责的法官当事人心服口服吗？上述问题的答案显然是否定的。

（三）与审判责任制度密切相关的配套性制度和保障性制度改革中的问题

1. 遴选委员会功能有待拓宽，构成和运作机制有待优化。法官遴选交由上级法院会产生审级异化，而交给其他权力机构，又可能难以实现审判独立。所以,设立相对独立、多方参与乃至以竞争方式组成的第三方委员会,专司荐任法官,已逐步为越来越多的国家所接受。① 不过,目前各地司法改革试点成立的遴选委员会的最大短板在于,在功能上只涉及初任法官的遴选和惩戒,缺少作为法院长远规划的智库和进行司法预算第三方评估等更多角色的担当;在构成上则基本以顶层设计部门的代表或专家为主,缺少更多下级法院和非法律代表的参与;此外,法官员额制度改革之初遴选的差额竞争又略显保守,伴随着法官员额遴选的常态化,亟待规范工作机制。

2. 入额遴选工作不尽科学和完善。在前期的遴选中,一些地方门槛过低,过于看重资历,将进入员额当作一种老资格应该享受的利益和待遇而非责任,以至于一些不具备办案能力、甚至根本就不具备办案意愿的人员混入了员额法官队伍。年轻业务骨干短期内看不到入额希望,对未来发展有顾虑,甚至出现流失现象。具体表现在:

一是法官遴选入额的标准和程序不合理、不规范:要么对审判员和助理审判员不加区分,一律采用"考试+考核"的遴选模式;要么考核中对新调入本院干警的调入前审判工作业绩没有连续计算,导致部分考试成绩颇佳的干警无法进入员额;要么考核审判业绩没有坚持"从事审判工作必须满一定年限"的标准,西部 G 省某基层人民法院年龄最小的员额法官仅为 23 岁,17 名获得审判资格不满一年的新任助理审判员竟然有 16 名进入了员额;要么担心分配的员额占不满会被省高级人民法院收回,以至于许多已临近退休年龄或其他不符合入额条件的人员充斥于员额法官队伍之列,导致审判责任制度无法落实。一些法院员额法官整体年龄偏大,且预留员额过低,年轻审判人员入额空间受限,也没有采取用来安置未入额人员、以调动其工作积极性的有效分流措施,更谈不上建立能确保办案考核不达标、能力素质不胜任的法官退出员额的工作机制。

二是遴选没有突出办案业绩和能力。一些地方在考核中民主测评、领导评议、表彰奖励等占比较大,审判业绩占比过低,仅占总成绩的 35%,

---

① 1992 年,波兰成立司法委员会。1997 年,匈牙利成立国家司法会议;葡萄牙成立最高司法委员会。1999 年,丹麦设立司法委员会。2000 年,比利时设立最高司法会议。2002 年,挪威设立法官任命委员会;荷兰设立司法委员会;俄罗斯设立法官资格委员会。2001 年,巴西设立司法委员会。2005 年,英国也设立了法官任命委员会,等等。参见何帆《法官遴选委员会的五个关键词》,《法制资讯》2014 年第 8 期。

未突出办案能力；一些法院在入额考试中，考核分数占最终成绩比例过高，存在考试不及格人员仍能进入员额的情况；遴选规则要求没有审判业务经验的要参加面试，但实际上没有执行，如中部 H 省的省会城市中级人民法院对非审判部门考核标准偏重主观评价，审判一线办案人员与非审判人员相比得分偏低，反而使部分一线办案骨干被淘汰；西部 G 省 W 市的市县两级人民法院，均以近三年全院年度考核平均成绩作为审判人员能否入额的主要衡量标准，就此标准而言，审判执行业务部门工作人员普遍低于非业务部门工作人员，使多年来没有在审判执行业务岗位工作的非办案人员被吸纳入额。

三是遴选公开程度不够。法院系统的入额遴选工作必须进行公示。然而，公示环节依然存在着诸多瑕疵，有些问题还比较突出，例如：对进入员额法官通过网络和报纸等新旧媒体进行公示，这是试点地区的普遍做法。但从公示名单中，无从判断员额法官是否是院庭长。而且，入额考试结束后，只公布最终排名，不公布具体成绩。这些问题都要尽快解决。一些地方的遴选委员会没有实质把关，缺乏面试环节，只对省级人民法院党组提交的名单进行了形式审核，导致部分干警质疑遴选委员会走过场。一些遴选委员会否定省级人民法院党组推荐的员额法官人选，但又不进行任何说明，而且缺乏异议或复核机制，引起部分未入额人员不满。部分法院入额考试只公布最终排名，不公布考试、考核具体成绩。

3. 审判辅助人员改革滞后，严重影响审判团队建设。很显然，只有将审判辅助人员配备到位，让员额法官专心致志于裁判工作，新型审判团队的建构才能达致预期目标，审判责任制度的各项要求才能落实到位。然而，很多地方因审判辅助人员缺口太大，至今在数量上和构成上无法组建符合审判工作需要和司法工作规律的审判团队，以至于很多地方员额法官的事务性工作负担并没有明显减轻。特别是普遍受制于严重的历史欠账，加之对审判辅助人员特别是对"法官助理"这一新生事物思考不深、创新不够，以至于各地人民法院的法官助理队伍尚未全面建立，法官助理的使用和审判流程的优化没有紧密结合，没有完全起到缓解员额法官办案压力的目的。尤其是作为审判辅助人员重要组成部分的书记员，[①] 在包括东部 S 直辖市在内的各地人民法院，均呈现出短缺的现状。高素质的书记

---

① 张文凌：《司法改革中的"细枝末节"值得关注》，《法制日报》2017 年 5 月 10 日第 9 版。

员，不仅能大大提高审判效率，还能有效节约司法资源，帮助员额法官节约时间和精力，从而全身心投入地去办理重大疑难案件。可以说，作为员额法官的左膀右臂，书记员可协助员额法官办理一系列审判辅助工作。总体而言，目前审判辅助人员的改革依旧存在着以下问题：

一是数量不充足。按照最高人民法院"四五改革"精神，员额法官、法官助理、书记员可按 1∶1∶1 配置，但是，各地人民法院尤其是中西部普遍受限于编制因素以及其他因素，审判辅助人员严重短缺。有些法院的法官助理不得不在编制内人员中解决，即从未入额人员、符合条件的书记员及行政人员中转任法官助理。同时，书记员短缺的问题，也一直困扰着中级人民法院特别是基层人民法院对审判权运行机制的改革和新型审判团队的组建。有些法院只能将法官助理配置到合议庭，或者依旧按照"一审一书"的模式配备，多个合议庭共用一名法官助理或书记员的情况较为普遍。[①]

二是配置不科学。一些地方不区分不同审级的不同特点，将基层人民法院审判团队的组建模式简单套用至高级和中级人民法院，完全不符合审级职能定位。特别是无视案件类型、案件数量等司法实践因素，机械照搬"1∶1∶1"的员额法官、法官助理、书记员的审判团队配比模式。不少法院简单地将"审判庭"改称为所谓的"审判团队"，实际上还是换汤不换药，层层审批照旧运行，审判团队"形式化"的现象比较突出；有的法院，审判团队专业化建设非常不足，未能将审判团队与案件的专业化分工有效结合起来。

三是职责不清晰。司法实践中，法官助理一般都很难就某一案件办理工作"从一而终"，往往是要同时或先后为多名员额法官从事"零敲碎打式"的辅助性工作，工作很不成体系。有时，甚至还不得不去从事书记员的纯事务性工作。在有的地方，书记员却从事的是法官助理的工作；但在有的地方，法院仅把书记员作为"速录员"使用。这种职责混同交叉、定位混沌不明的状态，一方面，必然导致法官助理们在审判工作中很难形

[①] 一般而言，审判辅助人员的配置应明显甚至成倍数高于法官比例，使之与审判效率成正比。例如，美国联邦最高法院每个大法官可以有 3 名法官助理、2 名秘书；上诉法院可以有 1—3 名法官助理、2 名秘书；地区法院法官可以有 2 名法官助理、1 名秘书，此外还有法庭助理；上诉法院还有法律顾问。周道鸾主编《外国法院组织与法官制度》，人民法院出版社 2000 年版，第 10 页。

成宏观视野，工作能力也很难有质的提高；另一方面，书记员们也无法形成对其工作职能责任的准确定位。加之，工酬不对等、考评不合理。久而久之，就不可避免地强化了审判辅助人员的不确定性和职业倦怠感。

四是人心不稳定。时至今日，全国范围内特别是在中西部地区，审判辅助人员依旧存在着"政法编""地方编""事业编""合同制"等多种模式，不同身份的各类人员普遍对职业发展通道和前景担忧。特别是，现有的未入额人员转任法官助理的意愿不是很强烈，影响了审判队伍工作的积极性和稳定性。另外，合同（聘用）制书记员工资待遇偏低，流动性强，队伍极不稳定，工作能力难以适应审判工作需要，保障也很不健全。

4. 审判人员履职保障机制需要进一步健全。就全国范围而言，目前依然存在审判人员履职保障机制不到位的诸多情形。一些地方人民法院工资制度改革推进相对较慢，员额法官工资待遇尚未落实，加强职业保障的经济基础无从谈起。西部 G 省 2016 年 10 月首批员额法官遴选完成后，按照员额法官1200 元，审判辅助人员和司法行政人员各 350 元的标准，预发了基本工资的改革增资部分，但仅发一个月便停止了，直到 2017 年 5 月中央政法委组织的司法改革督察组到来之际，才又恢复正常发放。特别是，跟踪、侮辱、威胁、骚扰甚至伤害包括审判人员在内的法院工作人员的事件绝非个例。同时，一些地方党委政府依旧向法院安排部署超出其法定职责的事务性工作，等等，不一而足。

案例之四：审判人员履职保障不到位的系列案件

——2010 年 6 月 1 日，湖南省永州市零陵区人民法院庭长赵户林、副庭长蒋启东、书记员黄兰在法院办公楼内被凶犯朱某枪击身亡，另有 1 人重伤、2 人轻伤。凶犯朱某系该法院曾经受理并结案的案件当事人。

——2015 年 8 月 11 日，浙江宋城集团以编排"舞台剧"并将剧照置于官网和微信的方式，举报浙江省高级人民法院院长齐奇"失职渎职，干扰司法公正"。后虽有宋城集团执行总裁黄鸿鸣就此事前往浙江省高级人民法院致歉，但其造成的严重负面影响已无法挽回。

——2015 年 9 月 9 日，湖北省十堰市中级人民法院法官刘坦、郑飞、刘占省、胡韧被前来法院领取劳动争议案件二审判决书的上诉人胡某刺伤。

——2016 年 2 月 26 日，北京市昌平区人民法院法官马彩云在自家小区被两名不法分子杀害。其中一名不法分子李某是马彩云法官审理的一起案件的当事人。

——2017 年 1 月 26 日，广西壮族自治区玉林市陆川县人民法院退休法官傅明生在自家住所门口，被其 1994 年审理的一起离婚案件的当事人龙某持刀杀害。①

——2017 年 2 月 17 日，江苏省沭阳县人民法院法官周龙在上班途中被长期缠访闹访的被执行人胡某刺伤。后经医院全力抢救，最终脱离生命危险。②

——2017 年 3 月 29 日，河南省兰考县人民法院法官张本巍因长期超负荷工作，导致多器官衰竭，最终抢救无效而离世，年仅 34 岁。③

——2018 年 1 月 9 日，最高人民法院刑事审判第三庭审判长王锋永法官因心脏病突发医治无效去世，年仅 48 岁。

上述一系列伤害审判人员身心乃至生命以及英年早逝的悲剧性事件，对于树立司法权威和确保法官队伍的稳定造成了极大的负面影响。特别是实行审判责任制度改革后，法官审判责任更加重大，但相关的配套保障机制并没有跟上。

二 局部共性：中西部共存的问题

虽然同属于法院系统，且受同一司法体制影响和制约，但因东中西部经济社会发展水平差异明显，并受其他因素的影响，因此，审判责任制度改革进程中，出现了一些突出存在于中部 H 省、西部 G 省的问题，大致表现在以下两个方面。

（一）与审判责任制度密切相关的配套性制度和保障性制度改革中的问题

1. 员额比例偏高，分配不够合理。"长春会议"明确要求严格控制员额比例，只有对案多人少矛盾突出的基层人民法院，才能扩大员额基数、

---

① 徐隽：《最高法发布人民法院落实保护司法人员依法履行法定职责规定的实施办法》，《人民日报》2017 年 2 月 15 日第 18 版；中国法官协会法官权益保障委员会：《对广西陆川法院傅明生法官遭报复杀害事件的说明》，《人民法院报》2017 年 2 月 7 日第 1 版。

② 崔佳明：《江苏沭阳法院遇袭法官已脱离生命危险系蓄意行凶》，载 http://news.eastday.com/s/20170218/u1a12727.html，最后访问时间：2017 年 3 月 9 日。

③ 宋向乐：《兰考县 34 岁法官因病离世生前曾加班至深夜》，《大河报》2017 年 4 月 2 日第 3 版。

适当提高比例。但一些地方在执行中把关不严，工作不细，出现了不符合中央改革精神的问题。

一是部分地区人民法院整体核定员额比例与该地区案件数量相比偏高。如在西部 G 省地广人稀的某民族自治州，该自治州辖 1 市 7 县，面积达 40201 平方公里，2016 年全自治州人口仅为 75 万。其辖区内两级人民法院 2016 年共受理案件 3793 件，审（执）结 3342 件，在员额制度改革前有审判员、助理审判员共计 210 名，但进入员额的法官竟然多达 128 名；该自治州中级人民法院 2016 年共受理案件 448 件，审（执）结 391 件，在员额制度改革前有审判员、助理审判员共计 45 名，进入员额的法官则多达 28 名。

二是部分地区人民法院员额分配搞平均主义，审判资源动态调配制度有待完善。不同地区、不同层级的各个法院办案压力不同，对于法官员额的需求也不同，加之立案登记制改革后，法院受理案件量呈上升态势，部分法院人案矛盾更加突出。但当前的员额分配没有在省级层面综合考虑不同地域之间案件数量差别，没有充分体现案件难易程度等情况，没有充分突出"以案定额"，更没有健全的省级层面的法官员额动态调剂机制，特别是没有向案多人少问题突出的基层人民法院适度倾斜，忙闲不均的问题没有得到缓解，省内各法院之间人案比例差异过大。中部 H 省、西部 G 省等省份在员额的省级统筹上虽然也做了一些工作，如核算各法院具体员额数时按案件数量因素占 50%，编制因素占 35%，人口、面积等社会因素占 15% 确定，但主要采取的还是调整员额比例的方法，而未采取根据案件数量调配各法院编制的办法，效果较为有限，同时考虑案件数量因素权重偏低，考虑现有编制数、人口、面积等非案件因素偏多。①

2. 院庭长入额占比畸高、办案畸少，引发一系列问题。从基本的司法规律出发，作为一般意义上的法院内部优质审判资源，院庭长只有通过自身切实办案，才能充分有效落实司法改革顶层设计中关于院庭长履行审判监督权与审判管理权的职能，才能真正对全法院或全审判庭整体审判业务进行规范和指导。然而，当前很多地区人民法院的员额法官中，院庭长等领导干部入额占比畸高不下，而且入额之后，办案数量又极少。很显

---

① 何帆：《什么样的法官应当退出员额》，《人民法院报》2017 年 5 月 26 日第 2 版。

然，这不符合改革决策层的基本要求。① 另外，政治部主任、纪检组长也入额，虽然提出入额后要调整岗位或免除行政职务，但因未设定期限，实际上落实得并不好。G 省某地级市 8 个基层人民法院的院领导、政工科长、纪检组长全部入额。院庭长入额占比畸高的现状引发了一系列负面后果。

就员额法官必须办案的问题，中央政法委进行了明确规定。② 客观地讲，相较于之前，新一轮司法改革启动后的院庭长办案数量有大幅提升。以 2016 年的湖北为例，全省法院系统院庭长办案数占该省法院全年结案总数的 64.7%。③ 然而，相较于新一轮司法改革的总体预期和全院办案情况而言，院庭长办案数量在横向方面的差距还是显露无遗。尽管许多法院对领导干部入额后的办案问题作出了量化要求，但缺乏刚性约束机制和具体考核程序。中部 H 省首批 9 个试点法院入额院领导占员额法官总数的 12.24%，承办案件仅占受理案件数的 2.7%。在西部的 G 省，这个问题就更加突出了。

3. 未入额人员尚未妥善分流安置。法官员额制度改革全面推开后，全国大约有 6.7 万名审判人员不能进入员额。未入额人员因其自身未能进入员额，其相关的核心利益必然受到实质性的重大影响。因此，尽快建立健全一套平稳有序的"过渡性"工作机制，实现这部分人员的转岗、分流和安置，尽力降低其因未能成为员额法官而产生的负面情绪，以及因此可能会对法院系统推进司法改革带来的冲击和影响，④ 就成为当务之急。毫无疑问，对于中西部来说，这是一项解决难度较大的问题。

4. 相关配套机制还需进一步完善。首先是许多法院尚未建立健全符合司法规律的考核评价体系。这就必然无法充分彰显新一轮司法改革

---

① 中央政法委《关于司法体制改革试点中有关问题的意见》第一项规定："担任法院领导职务的法官办案要达到一定数量"。最高人民法院《司法责任意见》第 7 条规定："进入法官员额的院长、副院长、审判委员会专职委员、庭长、副庭长应当办理案件"；且对办案数量作出了原则性规定。最高人民法院《四五改革纲要》第 27 项也规定："完善院、庭长、审判委员会委员担任审判长参加合议庭审理案件的工作机制"。

② 中央政法委《关于司法体制改革试点中有关问题的意见》第一项明确规定："进入员额的法官必须在司法一线办案，担任法院领导职务的法官办案要达到一定数量"。

③ 罗书臻：《湖北法院审判责任制度改革成效初显》，《人民法院报》2017 年 4 月 11 日第 1 版；何帆：《什么样的法官应当退出员额》，《人民法院报》2017 年 5 月 26 日第 2 版。

④ 王梦遥：《李少平：最高法将健全司法改革问责机制》，《新京报》2017 年 3 月 11 日第 1 版。

"权责利有机统一、有机平衡"的基本价值取向。特别是针对审判人员审判绩效的科学评价体系也很不完善,考核方法相对滞后。其次是如何调动综合部门工作积极性,面临严峻考验。各地人民法院普遍反映,法官员额制度改革让部分综合行政部门的优秀人员回归审判一线,综合行政部门人数减少后工作处于超负荷运行状态。研究室、审管办等综合部门配备法官员额后,具体办案机制、工作方式以及如何进行考核管理,需要进一步明确。

以上问题的综合存在,所产生的直接后果就是,不但不能有效地缓解本就突出存在的"人案矛盾",甚至还因为类似"有牙板的没锅盔、有锅盔的没牙板"[①]这般状况的突出存在,反倒是进一步加剧了"案多人少"的人案矛盾:有办案意愿的人因未能进入员额而无资格办案;但已进入员额因而有资格办案的人却不大愿意办案,甚至没有能力办案。显然,这与当前司法改革的基本价值追求严重相违。

(二) 贯彻落实改革精神不到位的其他问题

笔者以为,从当前司法改革进程中反映出的一些突出问题来看,对改革精神的解读和宣传亟待加强。由于对司法改革,特别是对员额制度改革和审判责任制度改革的宣传和解读不到位,导致有些法院的审判人员甚至领导干部对司法改革的主要内容、基本精神及其重要意义的认识还存在着偏差,甚至谬误。

有些地方、有些法院的领导干部甚至主要负责人在口头上大讲改革、特讲改革,但实际上思想观念还完全停留在改革之前的状态,还存在着等待观望的不良现象。有些地方人民法院的入额遴选标准和计算方法在本院的"内网"进行公示后,没有再做跟进式的、有针对性的解读,以至于许多审判人员以及其他干警对遴选计分的方法不甚了解,更谈不上思想认识层面的认知和认同,事后的思想政治工作也很不到位。有些审判人员甚至领导干部将法官员额制度改革错误地理解为"入额涨薪、释放红利",甚至公开宣扬所谓"一切不以涨工资为目标的改革都是要流氓",而未认识到司法改革所必然内含的"权责利有机统一"的

---

① 系我国西北地区的一句俗语。"锅盔"又叫干馍,是西北的一种主食大饼;"牙板"就是一副好牙齿。该俗语的字面意思为:有一副好牙齿的人没有锅盔吃,有锅盔吃的人却没有好牙齿。喻指有能力干事的人没有事干;有事干的人却无能力干事。

基本要求。有些审判人员将审判责任制度改革片面地理解为"错案终身追究",而未认识到其本质为"明确审判组织权限,建立健全符合司法规律审判权力运行机制,增强法官审理案件亲历性",从而最终体现为"权责对等"这一基本原则。甚至于仍有一些审判人员不了解2016年"长春会议"的基本精神,对最高人民法院《司法责任意见》的基本内容及其核心精髓也不掌握。这一系列认识层面的缺失、曲解甚至误读,会进一步强化审判人员特别是未进入员额人员的后顾之忧,最终必然会严重影响司法改革的效果。

三 东中西部 S、H、G 三省市的个性问题

除了上述"共性"的问题之外,分属于东中西部不同地域的 S 直辖市、H 省和 G 省,在审判责任制度改革的进程中,也分别呈现出了一些极富地方特色的"个性"问题。

(一) 东部 S 直辖市的问题

1. 员额分流之后骨干流失严重且未能得到有效补充。相对于其他地方,S 直辖市的审判人员,在司法审判机关之外选择其他高薪职业的可能性,要高出很多,改革以来审判中坚力量流失的"不良"势头,迄今尚未得到有效遏制。同时,S 直辖市为解决上述问题,有意采取的从高校学者和优秀律师中选任法官的改革举措,也因为职业模式、工作薪酬等多种因素,以至于广大学者和律师始终对审判职业"敬而远之",致使该项工作举措远远未能达到最初的预设目标。[①] 以 2013 年为例,S 直辖市人民法院系统离职流失人员达 74 名,某业务庭甚至出现"集体出走"的现象。据笔者调研所知,S 直辖市人民法院系统 2015 年辞职人数为 53 名,2016 年这一数字略有下降,为 47 名。[②] 尽管这其中缺少了 2014 年的数据,就已经获取的 2015 年、2016 年这两年的数据而言,也呈现出审判人员流失人数略有下降的良好趋势,但其中所存在的重大隐忧,还是无法让人就此乐观起来。而且,更令人忧心的是,上述问题不是单单存在于 S 直辖市,

---

① 杨力:《中国司法体制改革的重大现实命题:司法体制改革试点的上海样本研究》,《中国社会科学评价》2016 年第 1 期。

② 陈琼珂:《沪去年 70 多名法官辞职生存状态引发"退出潮"》,《解放日报》2014 年 3 月 12 日第 3 版。

而是普遍存在于 S 直辖市所在的整个东部地区。①

2. "案多人少"问题尚未有根本性改观。相对于中西部，案多人少一直都是 S 直辖市面临的突出矛盾。尤其是 2016 年，S 直辖市人民法院系统受理案件数已达 71.49 万件，同比上升 14.8%，创历史新高；全年审（执）结 71.09 万件，同比增加 15.7%；特别是，全年员额法官人均审（执）结案件数高达 228.39 件，同比增加 19.2%，较之改革之前 2013 年的 131 件，增幅更是高达 73.4%。为推进法官员额制度改革，S 直辖市人民法院系统自 2013 年以来已经停止任命新的助理审判员和审判员。虽然截至 2017 年年初，S 直辖市已经先后开展了两批法官遴选入额工作，但主要还是从现有已经具备法官身份的审判员、助理审判员中遴选员额法官，自新一轮司法改革开始后并没有增加新法官。同时，由于退休、辞职等客观因素，法官数量实际上减少了 151 人。因此，案多人少的矛盾进一步凸显。在总体编制不变的条件下，仅通过内部人员结构的优化，并不足以从根本上解决案多人少的矛盾。

（二）中部 H 省的问题

1. 司法改革背景下院庭长职能作用发挥不当。新一轮司法改革启动后，在 H 省的个别试点法院内部，同时出现了两种现象：第一，进入员额的院长和庭长的办案数量，分别达到了一线员额法官的 60% 和 80% 左右。当然，这一现象只存在于个别地区，与前文所述的"整体上院庭长入额占比畸高、办案数量畸少"的问题并不矛盾。第二，个别试点法院的院长放弃进入员额。在 H 省的 J 市中级人民法院、L 区人民法院、P 县人民法院等试点人民法院，院长为将更多的机会让予年轻法官，均未参加员额考试，主动放弃入额。分析后发现，上述两种看似应给予肯定的现象，却潜藏着与审判责任制度改革目标相违背的突出问题。就第二种现象而言，如果院长不进入员额，也就无须办理案件。当前大部分法院的院长

---

① 北京市 39 岁法官张伟的辞职在业内带来了较大震动。当然，张伟并非法官辞职的第一人，更不会是最后一人，但却是近年来法官辞职潮的一个缩影。自 2008 年至 2012 年间，广东全省各级人民法院调离或辞职的法官人数超过 1600 名。离职法官中很多都是高学历、法学功底扎实、司法经验丰富的中青年业务骨干。与此同时，报考法官的积极性也受到打击。据《南方周末》不完全统计，2015 年 4 月中旬，在我国多数地方公务员考试报名工作结束之际，至少有 8 个省份出现了法院岗位无人报名或因人数不够而取消考试的情况，出现了一定的法官荒现象。孙静：《一名辞职法官的遗憾》，《北京青年报》2014 年 7 月 19 日第 4 版；任重远等：《法官荒，法院慌：事情正在起变化》，《南方周末》2015 年 4 月 17 日 A3 版。

均为长期办案的法律科班出身,那么,作为全院最为优质的审判资源,完全不办理案件的院长如何落实顶层设计中关于"院长履行审判监督权与审判管理权"的重要职能,如何对法院整体审判业务进行规范和指导?实际上,第一种现象也存在类似问题。进入员额后的院庭长,其办案数量几乎与一线的员额法官不相上下,显然并不完全是好事。尽管顶层设计要求进入员额的院庭长必须办理一定数量的案件,但并非越多越好。如果院庭长们一味追求办理案件的绝对数量,必然会疏于对业务庭室和审判团队以及其他审判人员的管理和监督,以至于出现监管的真空。如此不良状况,不但落实"党风廉政建设责任制度"的基本要求势必被局限于纸面之上,而且连最高人民法院关于各级人民法院院庭长,特别是院长加强审判监督和审判管理的制度设计和制度要求,也完全可能会落空。

2. 非中央政法编制以及超编等因素造成的历史遗留问题。由于历史形成的原因,H 省的中基层人民法院尤其是基层人民法院存在着较大数量的事业编制、地方行政编制等非中央政法编制的审判人员。这类人员多数是在 20 世纪 80 至 90 年代进入法院系统,已在法院工作 20 年以上。其中的 292 人于 2002 年之前已被任命为"审判员"或"助理审判员"。依照现行《法官法》的规定,实际上他们都已经具备了"法官"的特定身份,[①] 甚至其中的部分人员已经成为庭长、副庭长这样的中层负责人,且多数在一线办案。这类人员,与另外由于超编等原因具有中央政法编制的 209 名审判人员,均由于身份问题,未能于 2006 年进行公务员登记,故均无法参加新一轮司法改革所要求的法官职务套改与员额法官选任。显而易见,这两类审判人员的身份问题,均系历史性遗留问题,如何对其进行转岗分流,如何对其进行妥善安置,都是迫在眉睫、亟待解决的突出问题。[②]

(三) 西部 G 省的问题

在审判责任制度改革实践中,存在于其他东、中部地区的问题,均存在于西部的 G 省。同时,西部的 G 省也并不存在本省独有而其他地域不存在的问题。

---

① 依据现行《法官法》第二条之规定,"法官是依法行使国家审判权的审判人员,包括最高人民法院、地方各级人民法院和军事法院等专门人民法院的院长、副院长、审判委员会委员、庭长、副庭长、审判员和助理审判员"。

② 笔者调研发现,此类问题在西部的 G 省也存在,只不过程度略轻而已。

四 对引发东中西部个性问题的原因分析

前文所述的东中西部共性问题，不论是全局共性问题，还是局部共性问题，暂且不予讨论。仅就东中西部S、H、G三省市所发现的区域性问题而言，在对其进行分析和梳理的基础上，可以发现，尽管引发上述个性问题的原因有很多，但大致而言，主要表现在以下两个方面：

（一）经济社会发展不平衡方面的原因

尽管说，不论是"员额分流之后骨干流失严重且未能得到有效补充"，还是"'案多人少'问题尚未得到根本性改观"，实际上，这些问题在东中西部都存在。相对而言，东部地区特别是S直辖市还是要明显突出很多。造成这种状况的根本原因就是，东部S直辖市的经济社会发展水平，要明显高出中西部一大截。正是因为经济社会发展水平高，各领域、各系统的职业群体建设也就会得到较为均衡性的发展，几乎不存在一种或少数几种职业群体明显优于其他职业群体那种"傲视群雄、居高临下"的极端现象，即便是存在也不是非常明显。因此，基于行业之间的职业特征各有优劣、人员之间的价值取向各有侧重的基本态势，自然就会产生较强的互动性，继而人才的流动性也就因此被强化起来。同理，也正是基于较高的经济社会发展水平，在频繁的经济社会活动中，必然会产生较多的矛盾纠纷，其中的众多纠纷最终都会以案件的形式进入到司法诉讼领域之中，"案多人少"的问题也就在所难免。

至于中西部"非中央政法编制以及超编"等因素造成的历史遗留问题，也是受此较为低下滞后的经济社会发展水平所赐。在经济社会发展落后这一根本性因素的作用下，特别是在20世纪八九十年代，很多人都将自身的安身立命之业寄托在了"吃皇粮"之上。加之，相较于东部地区，中西部地区的"官本位"思想历来根深蒂固。而且，由于当时还没有建立并实施国家统一的司法职业资格考试制度，因此，就全国范围而言，进入司法审判机关的门槛普遍比较低。更何况，这一时段，在中国进入转型社会的特定时代背景下，社会矛盾纠纷出现了井喷式的态势，面对诉讼案件数量呈几何级数增长的严峻现实，法院系统也的确非常需要大量的人手来有效地缓解这一现状。于是，在上述多种因素的综合作用下，大量人员一起涌向了"大门洞开"的法院系统。而这时，在中央政法编制严重不足的同时，公务员登记制度也尚处于初创阶段，既不规范，也更不完善，以至于很多人员虽然已经被同级人大机关任命，而且其在法院系统内部也谋得了"助理审判员""审判员"等法官身份，但却始终未予正式的公务员登记。待到公务员制度建设以不可逆转之势走向"规范化"之时，面对"较真且僵硬"的制度和机制，面对"死板且机械"的组织人事部门及其工作人员，这些人员的"身份"问题就不可避免地产生并遗留到了今天。

显然，这些问题都是源自于客观性的环境、制度、政策的重大影响和制约。要从根本上有效解决这些问题，还需要进一步优化司法环境、明确甚至调整国家政策、细化相关制度，从而实现对改革的统筹推进。

(二) 对改革基本精神认识不到位、改革基本要求落实不得力等方面的原因

很显然，类似于"院庭长职能作用发挥不当"这类问题，其产生的根源就在于对新一轮司法改革精神的认识还不很到位，甚至说还存在认识上的偏差。在一些地方，特别是在中西部地区的一些法院，无论是作为法院领导的院长、副院长，还是执掌具体业务庭的庭长、副庭长，要么就是干脆不进入员额，自然就不用考虑办理案件的问题；要么就是即便进入员额，也是使尽浑身解数不予办案或者说尽量少办案；要么就是将自己"混同于普通员额法官"，以至于办案数量几乎与一线员额法官等量齐观，全然不顾自己还承担着院庭长义不容辞的审判管理和审判监督职责。总之，不论何种情形，都是游走于极端之间。造成上述状况的内在核心因素还在于，院庭长们不能对自己在审判机关及其审判工作中应该扮演的角色、应该发挥的作用、应该履行的职责，进行正确的定位。

至于其他诸如员额遴选机制不科学，资格上论资排辈，比例搞平均分配；院庭长放权不彻底、不到位，甚至实施变相审批，等等诸如此类相关问题的存在，如果追根溯源，其实都是源于思想认识层面和改革力度、改革举措方面的因素。因此，要有效解决这些问题，还是要在头脑意识层面下功夫、做文章。宣传、培训、教育和辅导，自然都是不可或缺的。如果还不能凑效，必要时，还须有"不换思想就换人"的改革魄力和改革举措才行。

第三章

违法审判责任追究制度及其改良

旨在贯彻落实中央司法改革基本精神的最高人民法院《司法责任意见》和两高《惩戒意见》，可以说是指导全国法院系统建构并实践违法审判责任追究制度的"纲领性和指导性文件"。[①] 前者较为完整地明确了有关审判责任制度的前提、基础、范围、规则、程序、保障等基本制度环节，特别是较为清晰地确定了追究违法审判责任的情形和程序、不得作为错案进行责任追究的情形、审判责任承担的原则等基本内容；后者则就惩戒基本原则以及惩戒委员会的组成结构、基本职责和运行模式作了原则性规定。当然，由于种种主客观因素的综合作用，最高人民法院《司法责任意见》和两高《惩戒意见》在制度设计层面，依然存在着一些亟待修正的环节。对于这些制度性缺陷，都需要立足于改革实践加以研究分析解决。继而，在分析改革实践、吸纳域外先进经验的基础上，在理论层面上对违法审判责任追究制度进行改良，特别是对惩戒委员会进行科学的建构和完善。

第一节 制度实践层面的弊端与制度设计层面的不足

通过对比新一轮司法改革启动前后有关违法审判责任追究的制度设计和制度实践，可以使当前改革中存在的问题更为明晰化。因此，笔者于下文将先行梳理过往改革实践中的制度弊端，再行论述当前改革之中的制度缺陷。

[①] 最高人民法院司法改革领导小组办公室编：《最高人民法院关于完善人民法院审判责任制度的若干意见读本》，人民法院出版社2015年版，"序"第2页。

一　新一轮司法改革启动前后制度实践中的弊端

新一轮司法改革（法院系统即为"四五改革"）启动之前，根据《法官法》这一国家立法以及最高人民法院出台的相关规范性文件之规定，司法实践中对涉嫌实施违法审判行为的审判人员实施调查和问责的主体，主要还是各级人大及其常委会与各级人民法院（包括法院院长、监察部门和考核部门）。根据实施惩戒者和接受惩戒者之间的相互关系，可分为"同体惩戒"和"异体惩戒"。从制度设计层面的应然角度看，我国审判人员惩戒制度在主体设置上，显然是异体惩戒与同体惩戒并存。

所谓"同体惩戒"，即实施惩戒者和接受惩戒者属同一组织或系统，是审判机关内部的自律式惩戒。所谓"异体惩戒"，即实施惩戒者是接受惩戒者所在审判机关之外的组织或系统，是其他公权机关对审判机关所属审判人员实施的他律式惩戒。无疑，异体惩戒所产生的制度效果，要远远优于同体惩戒。然而，遗憾的是，尽管已有如此较为理想的制度设计，但在实然层面却依然是弊端多多：

（一）异体惩戒形同虚设

尽管各级人大机关拥有针对部分高级法官的罢免权和撤职权，但基本上属于其他部门调查之后的、被坊间称之为"马后炮"的"事后程序"。同时，实践中一般也不会接受民众对审判人员的控告而主动介入具体案件。因此，可以说，"罢免权"和"撤职权"这两项重要权能基本上处于"休眠"状态，在实践中很少被行使。[①] 作为实施异体惩戒的唯一主体，各级人大及其常委会处于如此状态，异体惩戒形同虚设也就在意料之中了。因此，制度设计上的"异体惩戒"早已被虚化，而与此同时，"同体惩戒"被不断强化的趋势并未得到有效遏制，法院内部的自我惩戒依然大行其道，发挥着极其不当的突出作用。

（二）同体惩戒效果低下

在"异体惩戒"被严重虚置的情况下，"同体惩戒"的制度效应更是糟糕。源于制度设计得不合理与"部门主义、部门利益"观念作祟，加之"护犊子"的不良心态，很多法院很难对客观存在的违法审判行为甚

---

① 谢小剑：《人大下设司法纪律惩戒机构的制度架构》，《广州大学学报》（社科版）2013年第9期。

至是犯罪行为实施应有的惩戒处罚。如此作为，不但导致惩戒制度所预设的震慑审判人员的制度效应无法企及，而且使得不论是已经被发现有问题的、还是虽有问题但尚未被发现的、或是暂且无问题的审判人员都一致认为，所谓的惩戒制度，充其量就是一个成色十足的"稻草人"而已。所以，"内部惩戒机制，极有可能造成法官群体内部的官官相护，腐败劣迹的隐瞒，出现更多的司法腐败产生源和增长点"。①

(三) 极易引发恶性循环

司法实践中，同体惩戒经常会从一个极端走向另一个极端。也就是在无法"遮丑""护短"的情况下，特别是面对案件当事人不论有理无理的缠诉缠访，或是接到上一审级法院或其他强势部门的有关指令，法院往往会从"维护稳定""安全保卫"等法律之外的视角出发，通过"舍卒保车"的应对策略，无谓牺牲有关审判人员的合法权益，进而从"有责不惩""重责轻惩"的极端，迈向了"轻责重惩"甚至"无责而惩"的极端，以此换得"息事宁人""和谐稳定"的局面，进而维护法院机关在党委政府主要负责人心目中的良好形象，并保住自己的乌纱帽。② 这种严重破坏法治原则、违背司法规律的惩戒，不但严重侵犯涉事审判人员的合法权益，更是严重损害审判独立和司法权威。合法权益已经被侵犯或可能被侵犯的审判人员，则将基于自身现实利益的考虑，又会继续在审判实践中违背司法规律、破坏法治原则。如此循环往复，无休无止。最终受害的只能是审判独立和司法权威，进而则是国家治理全局。

案例之五：河南省王桂荣法官以"玩忽职守罪"被判处有期徒刑

2002年8月，时任河南省周口市川汇区人民法院刑事庭庭长的王桂荣，开庭审理了"被告人于海哲诈骗一案"。2003年1月9日，作为主审法官和审判长的王桂荣法官在一审判决中判处于海哲有期徒刑十年，并处罚金2万元。于海哲不服，提出上诉。周口市中级人民法院二审裁定，驳回上诉，维持原判。2007年5月14日，经周口市中级人民法院院长发现并经审判委员会讨论，决定由该法院依法另行组成合议庭对"于海哲诈

---

① 徐显明、齐延平：《论司法腐败的制度性防治》，《法学》1988年第8期。
② 全亮教授认为，"事实上，法官惩戒与法官独立性之间存在一种内在张力，如果对法官惩戒机制设置失妥，不当惩戒泛滥，就会对法官独立性造成严重损害，职位的不稳定将从根本上摧毁法官独立的外部根基"。全亮：《法官惩戒制度比较研究》，法律出版社2011年版，第29页。

骗一案"进行再审。2007年6月27日,周口市中级人民法院再审改判于海哲无罪。于海哲被释放后继续申诉,最终获得国家赔偿。①

  2007年7月,河南省漯河市舞阳县检察院以涉嫌玩忽职守对王桂荣立案侦查。2011年6月13日,王桂荣被漯河市舞阳县检察院取保候审。同年10月19日,王桂荣经漯河市舞阳县人民法院决定被逮捕。2011年12月,漯河市舞阳县人民法院启动一审程序。一审法院经审理认定,"……被告人王桂荣身为国家机关工作人员,工作中严重不负责任,致使国家和人民利益遭受重大损失,其行为已构成玩忽职守罪……"。同时,一审法院对王桂荣在自我辩护中所持的"在工作中认真履行责任,只是因业务能力有限造成工作失误,且不应受刑事追究"的辩护理由,以及辩护人的辩护意见均未予采纳。一审法院同时认定,被告人所作的审理报告,严重误导了其所在的川汇区人民法院审判委员会和周口市中级人民法院,进而导致二者先后作出错误决定。最后,一审法院判决"被告人王桂荣犯玩忽职守罪,判处有期徒刑一年九个月……"

  王桂荣不服河南省漯河市舞阳县人民法院的一审判决,向漯河市中级人民法院提出上诉。2017年11月,漯河市中级人民法院在二审程序中认定,上诉人"……错误认定案件事实,导致案件被告人于海哲被错误追求法律责任,……其行为已构成玩忽职守罪"。同时认定,"原判认定事实清楚、证据确实充分,定罪准确。根据王桂荣在错案形成中的责任以及王桂荣自首的情节,原判量刑过重,二审予以纠正。"二审法院最终作出二审判决"……王桂荣犯玩忽职守罪,判处有期徒刑一年零六个月……"②

  在上述案例中,王桂荣法官最终锒铛入狱、身陷囹圄的根本原因就是,在其所主审的一审程序中被判有罪的案件被告人,于再审程序中被改判无罪并最终获得国家赔偿。而先后审判王桂荣法官的两级人民法院

---

  ① 河南省舞阳县人民法院:《刑庭庭长玩忽职守罪刑事判决书》((2011)舞刑初字第167号),载 http://www.cqlsw.net/case/criminal/2015062616737.html,最后访问时间:2018年1月2日。

  ② 河南省舞阳县人民法院:《刑庭庭长玩忽职守罪刑事判决书》[〔2011〕舞刑初字第167号〕,载 http://www.cqlsw.net/case/criminal/2015062616737.html,最后访问时间:2018年1月2日。

均认定，王桂荣之所以会将一名本该判决无罪的被告人判处十年有期徒刑，就是因为其在审判工作中，"严重不负责任"，其行为已构成玩忽职守罪"。

权且不论王桂荣法官本人以及其辩护人在庭审环节的辩护理由能否成立，单就审理王桂荣法官的河南省漯河市舞阳县人民法院在一审环节查明的事实来看，王桂荣法官在其主持的合议庭内部就被告人是否构成犯罪、构成何种犯罪、是否既遂等问题产生分歧后，既向院领导作了汇报，又将案件提交至审判委员会；既邀请审判委员会委员前来庭审现场旁听，又向周口市中级人民法院进行了请示，又怎么能说是"严重不负责任"呢？如果说王桂荣办了一起错案，那么其所在法院的审判委员会以及维持原判的上一审级的周口市中级人民法院能脱得了干系吗？漯河市舞阳县人民法院认定，王桂荣法官的审理报告严重"误导（周口市川汇区人民法院）审判委员会和（周口）市中级人民法院"，以至于该二者先后"作出了错误决定"。笔者以为，审判委员会应当充分全面地讨论案件，二审法院也应当就一审判决认定的事实和适用法律进行全面审查，如果审判委员会以及二审法院，只是单纯依据主审法官或合议庭的审理报告来判断案件，那就是严重的失职甚至渎职行为。对于这样的行为，为什么不予追究呢？

因此，笔者认为，尽管王桂荣法官在其主持审理的一审程序中，存在着"对公诉机关的撤诉申请口头予以裁定"这样的不正确履行职责的行为，但即便如此，该类行为也绝对不属于"严重不负责任"。如果说，之所以2011年能够形成对王桂荣法官的一审有罪判决，主要还是源于其时司法责任制改革尚未启动、符合司法规律的违法审判责任追究制度依旧付诸阙如，如果对此尚且情有可原的话，那么，时值新一轮司法改革已经中央决策层高调推进、最高人民法院《司法责任意见》出台实施已经两年之久的2017年，能够形成对王桂荣法官的二审有罪判决，就实属惊人之举了。河南省漯河市中级人民法院的所作所为，着实令人困惑！

"本是同根生，相煎何太急？"尽管舞阳县人民法院在一审判决书中也有对王桂荣"无论其工作态度上如何尽力，程序如何完善"的肯定性表述，但这样的表述能够与同一判决书中对王桂荣在工作中"严重不负责任"的定性形成逻辑上的自洽吗？因为，无论如何，漯河市两级人民法院针对这位尽职尽责行使职权、严格依照法律裁判的同道中人，还是作出了同司法责任制改革基本精神背道而驰的有罪判决，还是未能避免使之沦为阶下囚的悲剧性结局。可以毫不夸张地讲，前述案例反映出的有关违法审判责任追究的这种制度理念和制度实践，如果不能加以及时修正的话，那么，王桂荣法官就绝对不会是类似悲剧的最后的主角，更不会是唯一的主角。

（四）难以消除社会质疑

"当法律规定与根深蒂固的态度和信念之间拉开鸿沟时，法律就不能改变人们的行为"。① 显而易见，即便法院是严格依法依规对涉嫌从事违法审判行为的审判人员进行惩戒问责，但由于"同体惩戒"制度在法理层面的本质缺陷，以及制度设计本身所具有的天然的劣根性，依旧无法消除社会舆论对同体惩戒制度实践中可能会出现的"上下其手""暗箱操作""官官相护"等突出问题的合理性怀疑。这无疑会加剧社会大众对审判机关及其审判人员的不信任，并进而损害司法审判权威。②

二 新一轮司法改革启动之后制度设计层面的不足

必须看到，新一轮司法改革启动之后，我国针对审判人员违法审判行为的责任追究制度，在程序设计上已经取得了重大进步。但客观地讲，制度设计上存在的问题特别是程序性问题依然不容忽视。毫无疑问，这些问题必然会直接危及该项制度的预期效果。

就"违法审判责任追究制度设计"而言，最高人民法院《司法责任意见》和两高《惩戒意见》依然存在着一些明显的不足和缺陷。对于这些不足和缺陷，在实务界和理论界，已多有分析和讨论。③ 其中，

---

① ［美］亨利·埃尔曼：《比较法律文化》，贺卫方、高鸿钧译，生活·读书·新知三联书店1990年版，第277页。

② 崔晓鹏：《从"同体惩戒"到"异体惩戒"》，《山东审判》2016年第3期。

③ 有关问题的论述和分析，可参见朱孝清《错案责任追究与豁免》，《中国法学》2016年第2期；王敏远：《破解审判责任制度落实中的难点》，《人民法院报》2015年9月26日第2版；崔永东：《法官责任制的定位与规则》，《现代法学》2016年第3期；周长军：《审判责任制度改革中的"法官问责"：兼评〈关于完善人民法院审判责任制度的若干意见〉》，《法学家》2016年第3期；陈光中、王迎龙：《审判责任制度若干问题之探讨》，《中国政法大学学报》2016年第2期。

傅郁林教授认为，现行最高人民法院《司法责任意见》第四部分"审判责任"中第25条至第28条等条款所规定的相关内容，可能会令人产生误读。特别是对"审判责任范围"的原则性表述，可能会引发对审判人员个人责任（问责）的扩大性解释；另外，无论是需要问责的情形，还是不得问责的情形，都是通过列举式的规定予以明确，这种立法技术也很值得商榷。① 除上述问题之外，笔者以为，最高人民法院《司法责任意见》和两高《惩戒意见》在制度设计层面，还存在着其他不足。

（一）惩戒制度的程序配置与主体设置存在冲突

此处所指针对审判人员的"惩戒制度"，即为国家通过法定机构，经由法定程序，对违反法定义务和法定职责的审判人员，进行责任追究与警戒惩罚的制度设计。② 任何制度的程序性设计，最终都是为了实现特定制度的实体性目标。然而，在设计具体程序的过程中，如果宏观定位失准、微观设计跑偏，就很容易扭曲制度实体目标的初衷。设置独立的惩戒委员会，其制度预期就在于改变前文所述及的法院内设机构惩戒审判人员，即同体惩戒游走于极端之间的非法治化状态，进而提升惩戒制度的权威性和公信力。在新一轮司法改革启动之前的惩戒制度及其程序中，对审判人员进行惩戒的最终决定权实际上掌控在法院的院长和审判委员会手中，③ 同体惩戒的根本性弊端也正是源于此。就此而言，作为独立于各级人民法院、专司惩戒问责职能的"法官惩戒委员会"模式，被社会舆论特别是审判职业群体普遍寄予厚望。因此，就制度设计本身的应然意义而言，审判人员的惩戒工作应由特定法院与法官惩戒委员会分工负责：各级人民法院及其内设的监察部门负责对涉事审判人员的受理、立案和调查，惩戒委员会则负责涉事审判人员的审理和裁决。然而，在实然意义上，惩戒委员会原本具有的独立性在具体程序中却遭到了严重损害，惩戒主体在程序配置上，相对于制度初衷出现了严重偏离。

就我国审判人员的惩戒制度而言，最高人民法院《四五改革纲要》

---

① 傅郁林：《审判责任制度的重心是责任划分》，《中国法律评论》2015年第4期。
② 全亮：《法官惩戒制度比较研究》，法律出版社2011年版，第10页。
③ 于秀艳：《论我国法官惩戒程序及其改革》，《法律适用》2003年第9期。

尽管也有明确要求，但对其设置模式、权能定位及程序运作均未作具体规定。① 最高人民法院《司法责任意见》则规定：法院的"监察部门经调查后，认为应当追究法官违法审判责任的，应当报请院长决定，并报送省（区、市）法官惩戒委员会审议"。② 这实际上就确立了"法院监察部门调查→法院院长决定→惩戒委员会审议"的追责模式。很显然，在一定意义上，这一模式实现了事实调查权实施主体和最终决定权实施主体的相对分离，然而，其终究还是未能完全摆脱"同体惩戒"的窠臼。③ 随后出台的两高《惩戒意见》，也未能改变这一状况：法院负责对涉嫌违反审判职责行为的审判人员进行调查核实；惩戒委员会不直接受理举报、投诉，也不直接作出惩戒决定，仅根据法院的调查，依照程序审查认定审判人员是否违反审判职责，然后再提出是不是存在故意或重大过失或一般过失违反职责等惩戒事由，或者不存在惩戒事由等具体审查意见；审判人员所在法院根据法官惩戒委员会的意见作出最终的处理决定。其规定的惩戒工作模式依然为：相关法院负责调查核实→惩戒委员会负责提出审查意见→相关法院根据惩戒委员会审查意见负责作出处理决定。④

如此程序设计产生的问题就是：有权作出惩戒决定的机构，究竟是惩戒委员会，还是涉事审判人员所在的法院？根据上文所说，法院的惩戒决定可以理解为根据惩戒委员会的"审查意见"作出，好似只具有形式上的意义，但情况实际上并非如此。两高《惩戒意见》明确规定，涉事审判人员如果不服惩戒决定，可申请复议至作出决定的法院，并有权申诉至上一级法院。⑤ 那么，根据这一规定可以推理

---

① 最高人民法院《四五改革纲要》第56条规定："在国家和省一级分别设立由法官代表和社会有关人员参与的法官惩戒委员会，制定公开、公正的法官惩戒程序，既确保法官的违纪违法行为及时得到应有惩戒，又保障其辩解、举证、申请复议和申诉的权利"。

② 最高人民法院《司法责任意见》第36条规定："高级人民法院监察部门应当派员向法官惩戒委员会通报当事法官的违法审判事实及拟处理建议、依据，并就其违法审判行为和主观过错进行举证。当事法官有权进行陈述、举证、辩解、申请复议和申诉。法官惩戒委员会根据查明的事实和法律规定作出无责、免责或者给予惩戒处分的建议"。

③ 江必新：《关于法官审判责任追究若干问题的探讨》，《法制日报》2015年10月28日第9版。

④ 两高《惩戒意见》之第7、8、10条等相关规定。

⑤ 两高《惩戒意见》第11条规定："当事法官、检察官对惩戒决定不服的，可以向作出决定的人民法院、人民检察院申请复议，并有权向上一级人民法院、人民检察院申诉"。

出"上级法院可以撤销或改变惩戒决定"吗？如果不可以，那么这条规定并无实际意义；如果可以，那么惩戒制度乃至违法审判责任追究制度的主体是否依然是回归原来为人诟病的行政化模式，惩戒委员会的独立性势必会变弱，甚至只是法院"内设监察部门"的一个翻版。①

（二）有关违法审判责任制度调整对象的规定缺乏系统性

新一轮司法改革启动之后，为落实中央有关改革的顶层设计，最高人民法院或单独、或联合最高人民检察院等其他相关单位出台了很多规范性文件。为了稳步有序推进改革，切实有效落实中央改革精神，这些规范性文件在对同一问题、同一事项进行规定时，应该在基本原则、基本精神上前后一致，唯一的差异只能是在细化程度、具体程度上的差异。然而，不知出于何种原因，就在"违法审判责任制度调整对象"这一问题上，一方面是最高人民法院《司法责任意见》内部规定混乱；另一方面是最高人民法院《司法责任意见》与两高《惩戒意见》这两项最为重要的规范性文件之间前后不一：

1. 最高人民法院《司法责任意见》内部的问题

毫无疑问，就法院系统内部规定"承担违法审判责任"的现行规范性文件来讲，最高人民法院《司法责任意见》无疑是在新一轮司法改革背景下出台的时间最近、且效力最高的一项规范性文件。但不可否认的是，该项文本存在的一个突出问题就是不够规范、不够统一，特别是在"承担违法审判责任主体"层面上，表现得更为突兀。

一方面，该项文件所规定的内容涉及多个方面，有关审判人员的问责并不是唯一甚至不是最重要、最核心的主题。另一方面，有关审判人员问责的篇幅很少，只有第25条、26条和28条三个条款。② 而且，调整范围也很有限，特别是在调整对象上，显得非常无序和凌乱：

第25条规定，"应当对其履行审判职责的行为承担责任、在职责范

---

① 侯学宾：《法官惩戒制度的中国式难题及其破解》，《法律适用》2017年第7期。
② 最高人民法院《司法责任意见》第25条、26条和28条。

围内对办案质量终身负责"的主体是"法官"。根据第 45 条之规定,①这里的"法官"显然不包括"审判辅助人员"在内。

但第 26 条则规定,具备特定情形、应当被依纪依法追究违法审判责任的主体是"相关人员"。究竟何谓"相关人员",却指向不明。

至于第 28 条关于"具备特定情形、导致案件按照审判监督程序提起再审后被改判、不得作为错案追究责任"的规定,则根本没有明确究竟是哪类主体。

特别是第 45 和第 46 条明确规定,关于审判责任的认定和追究只适用于法院的员额法官以及院庭长;而审判辅助人员的责任认定和追究则需"参照执行";至于技术调查官等其他审判辅助人员的职责,则不在调整之列,需要另行规定。

可以看到,最高人民法院《司法责任意见》就"承担违法审判责任主体"的规定非常无序甚至有些随意,类似这样制度设计层面的缺陷和不足,必然会给司法实践带来操作层面的混乱。

2. 最高人民法院《司法责任意见》与两高《惩戒意见》之间的矛盾

前者在明确惩戒问责适用于员额法官的同时,也明确规定同样"参照"适用于审判辅助人员。② 这就明确了不论是员额法官,还是包括法官助理和书记员在内的审判辅助人员,在惩戒问责方面,均适用于同一项规定。而后者在明确惩戒问责适用于员额法官的同时,却明确指出,对审判辅助人员的惩戒问责不适用于该项规定。③ 这就造成了对员额法官的惩戒问责与对审判辅助人员的惩戒问责,即便是他们属于同一审判、即便是源于同一诉讼案件、即便是因为同一事由进入惩戒问责程

---

① 该条规定:"本意见所称法官是指经法官遴选委员会遴选后进入法官员额的法官"。

② 最高人民法院《司法责任意见》第 45 项规定:"本意见所称法官是指经法官遴选委员会遴选后进入法官员额的法官"。该文件第 46 项规定:"本意见关于审判责任的认定和追究适用于人民法院的法官、副庭长、庭长、审判委员会专职委员、副院长和院长。执行员、法官助理、书记员、司法警察等审判辅助人员的责任认定和追究参照执行。技术调查官等其他审判辅助人员的职责另行规定。人民陪审员制度改革试点地区人民法院人民陪审案件中的审判责任根据《人民陪审员制度改革试点方案》另行规定"。

③ 两高《惩戒意见》第十二项规定:"本意见所称法官、检察官,是指实行法官、检察官员额制后进入员额的法官、检察官。对司法辅助人员违法违纪行为的责任追究,依照有关法律和人民法院、人民检察院的有关规定办理。"

序，却要适用两类不同的规则体系。

尽管可以将上述两项规范性文件与国家层面的立法进行"生硬地"类比；尽管也可以将对审判权运行机制、审判人员职责权限、司法职业保障和审判责任认定追究等法院系统司法改革多项内容，进行全面性规定的最高人民法院《司法责任意见》视为"一般法"，而将只对司法人员惩戒问责问题进行专门性规定的两高《惩戒意见》视为"特别法"；尽管还可以援引"特别法优于一般法"这一法律适用原则，来说明并解决惩戒问责承担主体中的问题，但这种就同一问题时而适用同一规则、时而适用不同规则前后不一的做法，却难以避免制度实践中出现的混乱：在实施具体惩戒问责事务的过程中，无论是作为惩戒实施主体的惩戒委员会以及各级人民法院，还是可能会成为惩戒问责承担主体的涉事审判人员，都必然会感到无所适从。

毫无疑问，对于以上违法审判责任追究制度设计层面存在的缺陷和不足，都需立足于改革实践，尽快加以研究解决。

第二节　对域外法官惩戒制度合理要素的借鉴吸收

毫无疑问，惩戒委员会制度是违法审判责任追究制度的重中之重。根据最高人民法院《司法责任意见》和两高《惩戒意见》，法院系统设立惩戒委员会。遴选制度从入门环节对审判队伍进行把关，从源头保障审判职业群体的素质；惩戒制度则能够确保对审判人员的追责更加符合司法规律，既体现出对审判人员的严格要求，更体现出对审判人员的权益保护。可以说，惩戒委员会制度通过特定惩戒机制的实际运行，究其根本，其主要目标并不局限于对审判人员进行惩罚和约束，而是旨在充分实现违法审判责任追究制度所蕴含的强化"审判职业之预防"和"审判职业之保障"的功能，旨在充分实现提升审判机关司法公正和司法公信的功能。

综观当今世界法治国家对法官惩戒制度及其惩戒事由的不同规定，可以看到源于不同治国理念、不同政治制度、不同文化传统和不同社会背景所形成的不同"历史性合力"，对于司法事务和审判职业群体所显现出的不同性质、不同内容的制度关怀。大陆法系和英美法系的法治国家有着较为成熟的司法制度，与此相应，作为重要司法事务的法官惩戒制度及其运行也相对完善。尽管各国的制度设计各有不同之处，但基于法官独立审判与独立责任等司法制度基本要素的存在，其法官惩戒制度运行背后所依托的内在规律基本相通，非常值得我们深入研读和认真借鉴。

一 惩戒主体中的合理要素

何种机关掌握惩戒权力对惩戒制度能否良好运作具有重大影响。依法设立独立的惩戒机构不仅是国际司法准则的要求,[①] 而且也是现阶段国内司法环境的迫切要求。就此问题，有两点值得关注：第一，惩戒主体是否具有足够的权威性，即该机构掌握的惩戒权力是否能对行为失范的法官发挥实际的制约和威慑作用。第二，能否有效防止惩戒机构对法官裁判的干涉，即不能因为该机构导致法官因害怕受其惩戒而顺从该机构的意志，进而损害审判的独立与公正。从域外看，执掌法官惩戒权的主要是立法性机构、司法性机构和专门性机构这三类主体，而鲜有行政机关。[②]

就我国而言，最高人民法院《司法责任意见》和两高《惩戒意见》都只是笼统规定设立省一级的法官惩戒委员会，并未明确其法律地位和隶属关系。结合我国的现实国情和基本的司法规律，未来的惩戒委员会可设为两个层级：国家级和省级，可分别设置在全国人大常委会与省级人大常委会之下，且为单独设立，并非与"遴选委员会"合二为一。通过这一制度设计，以既利于人大行使监督权，也利于其独立进行对审判人员的惩戒活动。[③]

至于惩戒委员会的职权，应当修正最高人民法院《司法责任意见》和两高《惩戒意见》关于惩戒委员会只有"审查建议权"之规定，充分赋予惩戒委员会以相应的"惩戒决定权"，因为法律明确规定法官的

[①] 联合国《关于司法独立的基本原则》、司法独立第一次世界大会《司法独立世界宣言》以及国际法官协会《司法独立最低标准》要求法官惩戒机构应当为永久性法庭或委员会，其组成应以法官为多数，且应当独立于行政机关。谭世贵等：《中国法官制度研究》，法律出版社2009年版，第545页。

[②] 王世杰、钱端升：《比较宪法》，中国政法大学出版社1997年版，第299页。

[③] 陈卫东：《建构统一的司法官纪律惩戒委员会》，《人民法治》2016年第6期。

罢免权和追究刑事责任权分别由人大及其常委会和司法机关行使，因而惩戒委员会只能行使这些权力以外的权力。对于受理的投诉，惩戒委员会拥有调查取证、召开听证会听取审判人员申辩以及决定纪律处分的权力。纪律处分的执行权，出于方便施行的考量，则应由审判人员所在的法院行使。

二 惩戒事由中的合理要素

英国自1701年颁布实施《王位继承法》[①] 之后，英国对法官的惩戒事由就逐渐确立起不审查法官所作判决，而是审查法官行为举止的基本原则。[②] 美国联邦宪法对法官惩戒的主要方式是弹劾机制。[③] 弹劾机制下对法官应否予以惩戒，其考察着眼点是法官的重大罪行和不端行为。[④] 在减少对法官独立判断干涉的同时，英美两国以行为作为评价法官的重点，不仅没有降低对法官的要求，实际上还对法官职务内外的言行提出了更高、更严苛、更易操作的标准。[⑤]

与英美两国单纯以"不当行为"作为惩戒事由的一元论不同，德法两国采取"不当行为"和"错误判决"的二元论作为惩戒事由。德国禁止法官实施严重削弱公众对法院作为伸张正义机构之信心的司法行为，主要包括不当行为、使清白者蒙冤受刑之错误判决。[⑥] 法国法官的实质性裁判行为原则上不得成为惩戒依据，除非能证明是故意为

[①] 由英王威廉三世签署的《王位继承法》规定："法官的任命要看其是否公正廉洁，而不能以国王的好恶为定，议会两院有弹劾权。"怀效锋：《司法惩戒与保障》，法律出版社2006年版，第39页。

[②] 实际上，英国巡回法院至今只对一起法官不适当行为作出相应惩戒，即坎贝尔法官因利用游艇走私香烟和名酒进入英国，而被处以免除法官职务的惩罚。See Joshua Rozenberg, *The Search for Justice: An Anatomy of the Law*, Hodder & Stoughton, 1994, p. 368. 转引自怀效锋《司法惩戒与保障》，法律出版社2006年版，第57页。

[③] 张千帆：《西方宪政体系》（上册），中国政法大学出版社2004年版，第725页。

[④] 英美法官惩戒机制的任务是评价受到质疑的法官行为，而非评价法官判决结果对错，对判决的评判应由上诉法院通过司法程序完成，否则将对法官依法诚实作出判断构成影响。相关问题的分析，参见严仁群《美国法官惩戒制度论要》，《法学评论》2004年第6期。

[⑤] See William R. Anson, *The Law and Custom of Constitution*, Clarendon Press, 1907, p. 219. 转引自蒋银华《法官惩戒制度的司法评价——兼论我国法官惩戒制度的完善》，《政治与法律》2015年第3期。

[⑥] 徐静村、潘金贵：《法官惩戒制度研究——兼论我国司法弹劾制度的构建》，载浙江大学公法与比较法研究所编：《公法研究》（第2辑），商务印书馆2004年版，第347页。

之或重大过失所致，否则不得单纯以判决结果不正确为由追究法官责任。①

三 惩戒依据中的合理要素

"法无明文规定不为罪"系刑法"罪刑法定"原则的具体体现。同理，欲对审判人员因其审判行为进行问责惩戒，必须具有法定的惩戒依据。过去，我国法院对审判人员进行惩戒的规范性依据是最高人民法院《追究办法》以及由各级人民法院制定的实施细则。特别是由各级人民法院自行制定，主体不合法、程序不公正、内容不协调、归责不严谨的内部文件，经常沦为院领导"夹带私货"的工具。尽管当前违法审判责任追究制度的最高效力来源，系新一轮司法改革背景下出台的最高人民法院《司法责任意见》和两高《惩戒意见》，相较于过去，其规范性、合理性、科学性均大为改观。但说到根本上，还是司法系统内部的规范性文件。对内，其追究责任的权威性不足以被广大审判人员认同；对外，其对审判人员权益的保障不足以抗衡外来干扰。审判人员在此情况下既难以依法独立审判，又难以被合法合理惩戒问责。②

反观西方世界的法治发达国家，对法官进行惩戒问责的依据基本上均系国家层面的立法。德国于1952年出台实施的《德国联邦纪律法》第1条进行了开宗明义式的规定：本法"适用于受《联邦公务员法》调整范围内的公务员及退休公务员"。③依据此一条款，法官即在此一规范的约束与保障之内。法国的《宪法（1958年）》《新民事诉讼法典》《民法典》

---

① 对惩戒事由的二元关系应作如下理解：对于法官不当行为之惩戒，无须考虑行为主观因素，只要该行为足以导致公众对司法公信产生损害，有此"客观后果"就足以对法官施以惩戒，主观因素仅作为惩戒轻重的考虑因素。与此不同，对于法官错误裁判所致惩戒，因事关司法核心领域，德法两国均采主观归责，排斥客观效果论，即认为法官之裁判若确系根据其内心确信作出，谨慎履职且无恶意，即使被确定为错误，产生不良后果，也不应此因错误而受惩戒，但若法官之错误裁判非依内心确信而是出于徇私枉法或玩忽职守等主观故意或重大过失所致，则应对"错案"法官予以相应惩戒。相关问题的论述和分析，可参见仝亮《域外法官惩戒制度基本架构比较》，《社会科学家》2013年第11期；李贤华：《域外法官惩戒组织的设置及其运行》，《人民法院报》2015年7月3日第5版。

② 李贤华：《域外法官惩戒组织的设置及其运行》，《人民法院报》2015年7月3日第5版。

③ 怀效锋：《司法惩戒与保障》，法律出版社2006年版，第269页。

《司法组织法》对于司法惩戒也均有明确规定。①

因此，我国应该遵循基本司法规律和司法改革精神，积极借鉴上述各国的既有做法，实现从法院系统内部文件到国家正式立法的转向，在当前修改《法官法》的过程中，充分借鉴司法实践中的有益做法，吸取过去的经验教训，特别是吸收最高人民法院《司法责任意见》和两高《惩戒意见》的合理成分，最终修订完成一部体现上述思想、彰显上述原则的《法官法》，使之成为构建我国违法审判责任追究制度的最基本形式。②

四 惩戒程序中的合理要素

如果说对追责事由的规定是违法审判责任追究制度的实体规范，那么对追责程序的规定则是违法审判责任追究制度的程序规范。实体和程序缺一不可，甚至从某种意义上说，对审判人员追责程序的合理与否直接决定着违法审判责任追究制度的科学与否。

作为"免除不称职者公职的法律程序"，③ 弹劾是西方世界法定的法官惩戒程序，但实践中难以启动。④ 于是，各国尤其是美国各州在弹劾之外又创制了一般性的纪律制裁程序，即除弹劾等特殊追责机制外，最常见的，也是通常意义上理解的司法惩戒方式。⑤

在西方法治国家，无论是制度理论，还是制度实践，无论是弹劾还是一般纪律制裁，在程序层面都呈现出全方位的"司法性"。其中，法官惩

---

① 其中，《司法组织法》第 L. 781—1 条规定："全国司法会议根据举报，查处由司法部长提交的法官违纪案件"。英国 1971 年《法院法》正式规定，英国首席法官可以"基于无履行能力或不适当行为"免除巡回法院法官职务。怀效锋：《司法惩戒与保障》，法律出版社 2006 年版，第 357 页。
② 郑曦：《审判责任制度背景下英国法官薪酬和惩戒制度及其启示》，《法律适用》2016 年第 7 期。
③ ［英］戴维·米勒、韦农·波格丹诺：《布莱克维尔政治学百科全书》，邓正来译，中国政法大学出版社 1992 年版，第 348 页。
④ 因剥夺法官职位系最严厉惩戒，而基于司法独立要求法官又不被轻易去职，因此立法机关操作的弹劾往往程序复杂，手续烦琐。"它就像一门百吨重炮，需要复杂机械才能使其到位，需要大量火药才能令其开火，还需要一个巨型靶子供其瞄准"。［意］莫诺·卡佩莱蒂：《比较法视野中的司法程序》，徐昕、王奕等译，清华大学出版社 2005 年版，第 104 页。
⑤ 全亮：《域外法官惩戒制度基本架构比较》，《社会科学家》2013 年第 11 期。

戒程序更是采用审判（类）方式。① 西方各国基本达成共识，即惩戒程序中的法官须受到公正对待，须尽可能减少各种非理性干预，才能保障该法官的独立性，才能对其他法官坚守司法独立产生良好的示范效应。迄今为止，人类社会所能设计出的最公正程序就是司法审判程序。

我国当前违法审判责任追究制度中存在的突出缺陷，集中到一点就是按照行政思维去约束司法审判人员的司法审判活动，即按照行政思维来确定错案等问题案件，继而又按照行政思维来追究审判人员的审判责任。特别是现行《法官法》对惩戒的程序问题规定得很笼统，② 最高人民法院《司法责任意见》和两高《惩戒意见》规定得也比较粗疏，而且还有一些亟待修正的内容。如果程序规定过于抽象，且又不完全符合司法规律，不但会因为自由裁量空间过大，极易使得惩戒机关滥用惩戒权力，同时，更会出现与惩戒制度设计基本预期相左的情形。③

因此，当务之急是，明确且合理地规定惩戒委员会所应遵守的程序规则。具体而言，应当严格遵循正当程序原则，比照既有的司法诉讼程序，来设置我国惩戒委员会制度的基本工作流程。基于惩戒工作可分别从法院内、外部启动的实际状况，因此，惩戒委员会制度存在着内、外两套不同程序。

一是由外部启动的惩戒程序，即为受理④→调查⑤→决定（两高《惩戒意见》第七项规定，"惩戒委员会审议惩戒事项时，有关法院应当向惩戒委员会提供当事法官涉嫌违反审判职责的事实和证据，并就其违法审判行为和主观过错进行举证。"此处"有关法院"，不应是最高人民法

---

① 司法惩戒活动是司法活动，而非司法行政活动，更非行政机关的行政活动。蒋惠岭：《论法官惩戒程序之司法性》，《法律适用》2003 年第 9 期。

② 《法官法》类似这样的笼统规定还有多处，例如第 12 条规定，各级人民法院院长、副院长"应当从法官或其他具备法官条件的人员中择优挑出人选。"其中，"其他具备法官条件的人员"含义模糊，限制条件不明确，这就为将很多"不具备法官条件"的干部调到法院任领导开了方便之门。这些规定都应当进行适当修改。

③ 最高人民法院《司法责任意见》第 34 条规定，"由院长委托审判监督部门审查或者提请审判委员会进行讨论，经审查初步认定有关人员具有本意见所列违法审判责任追究情形的，法院监察部门应当启动违法审判责任追究程序"。笔者以为，这一文本规定显现的依然是"同体追责"的价值取向，不符合法官惩戒制度"异体追责"的基本精神。

④ 案件当事者、其他人员或组织可将审判人员直接投诉于惩戒委员会。如果法院接到此类投诉，也应在第一时间内直接转呈该惩戒委员会。

⑤ 惩戒委员会受理投诉后应当立即安排专职调查人员对被投诉事由进行调查，并依据被投诉事由是否涉嫌犯罪，分别按照刑事诉讼与民事诉讼的证据规则取证。

院《司法责任意见》规定的"高级人民法院",[①] 而应是涉事审判人员所在的法院,以彰显惩戒程序的司法性及亲历性)→送达[②]→执行。[③]

二是由内部启动的惩戒程序,即为发现和启动[④]→报送惩戒委员会[⑤]→调查→决定→送达→执行。这其中的"调查""决定""送达""执行"等程序,与前文所述的"外部启动的惩戒程序"相同。

上述内外部程序,均应当是在院长、审判监督部门或者审判管理部门提出初步意见后,统一由院长委托审判监督部门直接报送有管辖权的法官惩戒委员会。

五 惩戒措施中的合理要素

法官违纪违法的个案千差万别,所需的惩戒措施应当具备足够的延展性以便尽可能与个案具体情况相调适。西方法治国家针对法官的惩戒措施基本上包含较多层次,形成了一个由轻到重、逐级强化的有机制裁体系:警告性惩戒(训诫和谴责)、经济性惩戒(罚款和降薪)、职务变动惩戒(停职、调职、降职、降级)和职务剥夺惩戒(罢免和强制辞职、退休)。[⑥]

很显然,这一有关惩戒措施的制裁体系及其基本架构,既符合惩戒制度的一般性规律,同时,也符合司法审判职业的特定性规律,因此,非常值得我国积极借鉴与合理吸收。

---

① 最高人民法院《司法责任意见》第 36 条之规定。
② 惩戒委员会的审查意见应当送达当事审判人员和有关法院。对其作出调离、免职、辞退等处理,或者给予降级、撤职等处分的,应当按照法定程序进行。处理、处分决定应当以书面形式通知当事审判人员,并列明理由和依据。
③ 相关问题的论述和分析,可参见江国华、吴悠《完善我国法官惩戒制度的几点意见——兼议〈中华人民共和国法官法〉第十一章的修改》,《江汉大学学报》(社会科学版)2016 年第 2 期;崔晓鹏:《从"同体惩戒"到"异体惩戒"——法官惩戒委员会运行模式之构建》,《山东审判》2016 年第 3 期;侯学宾:《法官惩戒制度的"中国式"难题及其破解》,《法律适用》2017 年第 7 期。
④ 最高人民法院《司法责任意见》第 34 条规定了违法审判责任的内部发现机制和启动程序,即"需要追究违法审判责任的,一般由院长、审判监督部门或者审判管理部门提出初步意见"。
⑤ 王小光、李琴:《我国法官惩戒制度二元模式的思考与完善》,《法律适用》2016 年第 12 期。
⑥ 李蓉、邹梅珠:《西方法官惩戒制度的模式演变及我国的改革思路》,《湘潭大学学报》(哲社版)2015 年第 2 期。

第三节　对违法审判责任追究制度设计的完善

当前，法院系统应当严格遵循新一轮司法改革的基本制度追求和价值取向，从司法职业和诉讼制度的基本内在规律出发，建立健全一套科学合理的违法审判责任追究制度。针对前文所述最高人民法院《司法责任意见》存在的缺陷和不足，笔者以为，应该着重把握以下基本原则，进而对违法审判责任追究制度进行及时有效的改良。

一　错案责任追究法治化

（一）不宜简单否定"错案"及"错案责任"

"错案追究"制度长期以来受到广泛批评。在理论界和实务界，有不少学者和审判人员批评这一制度的不合理规定特别是实施过程中的不妥当做法。① 应当说，这些批评性质的观点和理由并非绝无道理，其中有些认识和主张，还颇受认同与肯定。而且，在新一轮司法改革的顶层设计，特别是最高人民法院《司法责任意见》中，对"错案"以及"错案责任"等重要概念所作的"技术性处理"，② 又进一步为错案责任追究制度的设计与实践，平添了更多的困惑，制造了实实在在的障碍。但笔者以为，基于我国的现实国情，无论是从过往的历史沿革、文化传统出发，还是就当

---

① 相关问题的论述和分析，可参见贺日开《司法权威的宪政分析》，人民法院出版社2004年版，第321—329页；谢亚平、崔四星：《对错案责任追究制度的理性思考》，《河南教育学院学报》（哲社版）2005年第2期；李卫红、李莹莹：《法院错案追究制度的困境分析与重构》，《河南公安高等专科学校学报》2007年第5期；崔敏、王乐龙：《刑事错案概念的深层次分析》，《法治研究》2009年第1期；魏胜强：《错案追究何去何从——关于我国法官责任追究制度的思考》，《法学》2012年第9期。在实务界，北京市第一中级人民法院2005年取消错案追究制度，代之以"法官不规范行为认定"制度。参见黄海霞《北京第一中级法院取消错案追究制认为有碍公平》，《青年时报》2005年11月21日第3版。

② 该文件只是出现了"错案"概念，但未明确界定"错案"和"错案责任"及其构成要件。可以发现，多年以来，尽管各地关于错案责任追究的实践探索十分活跃，但最高人民法院出台的相关文件中几乎从未使用过"错案责任"的表述。可以说，最高人民法院《司法责任意见》为避免错案追究的扩大化和滥用，也是费尽了心思。相关问题的论述和分析，可参见周长军《审判责任制度改革中的"法官问责"：兼评〈关于完善人民法院审判责任制度的若干意见〉》，《法学家》2016年第3期；傅郁林：《审判责任制度的重心是责任划分》，《中国法律评论》2015年第4期。

前的国家治理和司法实践而言,[①] 目前如果对"错案""错案责任"以及"错案责任追究制度"等问题持简单否定的态度,都是极不合时宜的。

特别是在近年来一系列冤错案件被陆续曝光并被严格纠错的现实背景下,对于有关冤错案件办案人员进行责任追究的问题,豪不夸张地讲,早已成为社会的舆论热点。中共十八届四中全会《决定》以及中央政法委《司改框架意见》的有关规定和要求,也正是对此社会情境所作的及时的制度性回应。[②] 最高人民法院院长周强更是在 2017 年全国两会上,明确重申实行"办案质量终身负责,设立惩戒委员会,强化错案责任追究"。[③] 更何况,错案虽然可通过上诉、再审、国家赔偿等制度给予救济,但这是国家承担的责任,并不能因此否定对审判人员追责的必要性。[④]

综上所述,对于错案责任追究制度以及相关概念切切不可以简单地否定并废弃,而是应遵循基本的法治原则与司法规律,对其进行必要的改良,使之适应审判实践乃至国家治理的现实需要,发挥应有作用。一方面,应当特别注重前端工作,从源头上预防错案,逐步取消诸如"改判率""发回重审率""调解结案率"等明显违背司法规律的考核指标,确保审判人员能够正确行使审判职权;另一方面,应当格外注重末端处置,正确面对已经发生的错案,严格依法依规,进行科学合理的纠错问责。[⑤]

(二)"错案"及"错案责任"的概念界定

客观地讲,"错案"以及"错案责任",并不是严格的法律概念,而是更具有"政治性用语"的味道。笔者以为,尽管分歧很大、争议很多,但并不能因此而采取"鸵鸟政策",无视问题、回避问题,更不能简单地否定错案及错案责任的客观存在。出于建构并完善违法审判责任追究制度的基本考虑,应该在立足于新一轮司法改革基本精神和严格遵循司法规律

[①] 相关问题的论述和分析,可参见周长军《审判责任制度改革中的"法官问责":兼评〈关于完善人民法院审判责任制度的若干意见〉》,《法学家》2016 年第 3 期;马渊杰:《完善错案责任追究法律制度》,《人民法院报》2017 年 5 月 8 日第 2 版;周赟:《错案责任追究机制之反思——兼议我国审判责任制度的完善进路》,《法商研究》2017 年第 3 期。

[②] 两项规范性文件均在规定"办案质量终身负责制"的同时,又明确要求必须实行"错案责任倒查问责制"。

[③] 2017 年 3 月 12 日周强在十二届全国人民代表大会第五次会议上的《最高人民法院工作报告》,《法制日报》2017 年 3 月 20 日第 2 版。

[④] 马渊杰:《完善错案责任追究法律制度》,《人民法院报》2017 年 5 月 8 日第 2 版。

[⑤] 周赟:《错案责任追究机制之反思——兼议我国审判责任制度的完善进路》,《法商研究》2017 年第 3 期。

的前提下,准确地界定其内涵和外延。[①] 特别需要强调的是,特定案件如果是只存在单纯的程序上的瑕疵和问题,或者审判人员在审判活动中有其他不合审判职业道德和纪律的行为,甚至是引发了涉法涉诉信访乃至群体性事件等严重后果,切切不可轻易地将其定性为"错案",以至于出现"错案扩大化"的不良现象。因为,如此情形必然会加剧社会公众在错案问题上的认识谬误,更会由于惩戒问责无法实现合理预期而致审判职业群体在心理上产生不应有的"凄凄惶惶"。

笔者认为,作如下界定较为适宜,即错案是指在刑事、民事、行政诉讼中,审判人员在案件的事实认定和(或)法律适用上出现重大差错,进而导致裁判结果错误,并被最终生效裁判完全改变或撤销的案件。其重心在于裁判结果明显错误。如果程序违法,但尚未导致实体处理错误,一般不称其为"错案"。事实认定错误包括三种情形:一是存在虚假事实;二是由于证据不充分而不能确定是否为错案,即疑案,按照现有法律规定也是无罪,也是错案;三是部分错、部分不错。法律适用错误分为定性错误和法律责任确定错误。就刑事案件而言,就是错误确定罪名和量刑畸轻畸重。

所谓"错案责任",即因故意违反法律法规以及因故意或因重大过失导致裁判结果错误的"错案",经法定组织遵循法定程序决定应当由相关审判人员承担的法律责任和纪律责任。

(三) 有关"错案责任"的具体问题

需要明确的是,对于案件虽然被认定为错案,但具有豁免事由的,也不应追责。[②] 对此,最高人民法院《司法责任意见》也给予了制度性的确认。[③] 除此之外,还涉及以下四个具体问题:

第一,务必明确承担错案责任的主体,不能仅局限于行使审判权的主体,还应该包括行使审判监督权的主体和行使审判管理权的主体。不论是就推进司法改革而言,还是就日常审判实践而言,如果只放权不监督,既

[①] 特别是仅仅存在程序违法或者法官不当行为甚至导致了群体性信访等后果的时候,是决不能扩张解释为错案的,否则容易模糊公众对错案的认识,也会由于问责不可预期而引发法官的心理恐慌。周长军教授认为,最高人民法院《司法责任意见》应该重视实践中长期困扰审判人员的"信访责任"问题,不该避而不谈。周长军:《审判责任制度改革中的"法官问责":兼评〈关于完善人民法院审判责任制度的若干意见〉》,《法学家》2016 年第 3 期。

[②] 张建伟:《错案责任追究及其障碍性因素》,《国家检察官学院学报》2017 年第 2 期。

[③] 该文件第 28 项明确规定,"因下列情形之一,导致案件按照审判监督程序提起再审后被改判的,不得作为错案进行责任追究"。

不合理更不现实。①

第二，务必厘清"错案责任"与"违法审判责任"之间的相互关系。"错案"一定是审判人员在认定事实或法律适用上出现错误，并导致错误裁判；如果审判人员没有"故意违反法律法规"或"重大过失"等主观过错，即便裁判错误，也不能因其为"错案"而追究其"错案责任"；如果办案过程中有"故意违反法律法规"等主观过错，即使裁判结论无误，也决不可放过其"违法审判责任"。

第三，务必正确认识"终身追责"。必须明确的一点是，"终身"是一个相对意义上的概念。终身负责不是无边无际的负责，同理，终身追责也不是无边无际的追责。基于"权责对等"的法治基本原则，无论是追责，还是负责，均必须受到法律时效规定和具体情形的约束与限制。尽管审判人员是行使公权的国家公务人员，但从其实施违法甚至犯罪行为这一角度来讲，审判人员同普通公民不存在区别，不能因为其身份特殊而对其区别对待，还是应当遵循法律适用的公平性原则。② 尽管目前的行政处分等问责制度还没有时效方面的规定，但这些问题可以通过后续工作加以完善解决。其实，不论是立法初衷，还是该项制度的初衷，都希望错案越少越好，都希望被追责的司法人员越少越好。如果实施一项责任制度的最终结果，是导致一个职业群体惶惶不可终日，那这绝对是一项失败透顶的制度设计。③

第四，务必强化错案责任追究的程序保障。依据《刑法》及《刑事诉讼法》规定，当前主要依靠申诉、抗诉和审判监督程序来认定错案。新一轮司法改革将是否为错案的最终认定权交由惩戒委员会。与追究普通公民的刑事责任一样，如果审判人员涉嫌办理错案而因此被追究错案责任，都必须"以事实为根据，以法律为准绳"，不能舍此另立规矩。④ 发现错案必须纠错，绝不能因怕追责而不纠正；对错案必须追责，绝不能只纠错了事；同时，追究错案责任必须实事求是、公平合理。需要特别强调的是，"错案"与"错案责任"是不同的两个问题，一定要明确分离。如

---

① 樊崇义、徐歌旋：《从聂树斌案谈错案的预防与纠正》，《中国司法》2017 年第 2 期。
② 陈光中：《审判责任制度若干问题之探讨》，《中国政法大学学报》2016 年第 2 期。
③ 胡云腾：《审判责任制度是司法改革的牛鼻子》，《法制日报》2017 年 5 月 8 日第 3 版。
④ 根据两高《惩戒意见》第七项、第八项之规定，惩戒委员会审议错案责任，应当充分保障当事法官的陈述、举证、质证、辩解等程序性权利。唯此，才能确保对法官的惩戒更加审慎，也更具公信力。武健：《惩戒制度设计中的法官权益保障》，《法律适用》2017 年第 7 期。

果不加区分,则可能会影响错案的纠正。

(四)"错案责任"的救济途径

根据新一轮司法改革基本精神,错案责任追究应由惩戒委员会专门负责;如构成犯罪,则应由检察机关追诉。在发生错案之后惩戒有关审判人员时,都应当赋予当事人基本的救济渠道。如果要追究其刑事责任,其作为被告人可以聘请辩护律师、可以向追责单位反映其意见;如果其对惩戒决定不服,则还可以上诉;即使终审裁定生效,还可以继续申诉。[①] 总之,就制度设计层面而言,这一系列渠道应该保持畅通。

二 审判人员问责规范化

为确保审判责任制度改革顺利推进,特别是司法实践中违法审判责任追究工作有序可行,必须明确法院系统内部承担违法审判责任的主体。在新一轮司法改革的语境下,在审判活动中行使审判权的是"审判人员",而不单纯是"员额法官",还应该包括"审判辅助人员"。相应地,承担违法审判责任的主体也应该是包括"员额法官"和"审判辅助人员"在内的"审判人员",而非其他概念。

同时,提升审判人员问责的法治化和规范化水平。当务之急,最高人民法院应当遵循员额法官与审判辅助人员在司法实践中行使审判权力、从事审判活动的各自规律和特点,在此基础上,进一步明确惩戒机构对两类审判人员追究违法审判责任所应遵循的程序规则以及两类审判人员应当适用的担责方式、豁免情形、救济途径等规则体系,从而改变目前法院系统内部在违法审判责任追究工作方面主体不明、规则不清、混乱失序的局面。

三 审判问责标准科学化

客观地讲,最高人民法院《司法责任意见》已经初步规定了违法审判行为的问责标准。[②] 然而,这一问责标准还不够完备,需要进一步改良。

(一)兼顾"主观过错"与"客观行为"

欲对审判人员实施问责,则必须做到"主观过错"与"客观行为"

[①] 胡云腾:《到底什么算是错案?认定的程序和标准是什么?》,《中国法治新媒体》2017年第4期。

[②] 该项文件第25项规定:"法官在审判工作中,故意违反法律法规的,或者因重大过失导致裁判错误并造成严重后果的,依法应当承担违法审判责任"。

并行不悖，决不可偏废其中任何一个方面。

在客观行为上，审判人员办案工作中必须至少存在以下两类行为中的一类：一是违反法律法规的审判行为，不论是否导致裁判错误并造成严重后果；二是最终导致裁判结论错误并造成严重后果的审判行为。笔者以为，就客观行为而言，最高人民法院《司法责任意见》的规定基本可行。[1]

在主观过错上，审判人员必须至少存在以下两类过错中的一类：一是重大过失的过错。二是故意的过错，不但有违反法律法规的故意，也有导致裁判结论错误并造成严重后果的故意。笔者以为，在主观过错的问题上，最高人民法院《司法责任意见》的规定有重大遗漏："导致裁判结论错误并造成严重后果"的结局，既有可能是重大过失所致，更有可能是故意所致。但该规范性文件只考虑到了其中"重大过失"的情形，却忽略了"故意"的情形。因此，应该在原有规定基础上，补充规定"故意导致裁判结论错误并造成严重后果"这一类情形。

（二）兼顾"错案"与"其他违纪违法审判行为"

就"错案"的问责标准而言，审判人员很可能因错案而承担行政责任乃至刑事责任，所以必须从严设定标准，以改变实践中错案责任的扩大化现象。因此，应该规定只有在审判人员故意或重大过失导致裁判结论在审判监督程序中被改判或者撤销时，才能追究其错案责任。[2]

就"其他违纪违法审判行为"的问责标准而言，由于法官员额制改革的大力推进，审判职业队伍的准入门槛势必越来越高，不论是员额法官，还是其他审判辅助人员，其业务能力和职业伦理都在日渐强化，而且审判职业保障也将日臻完善。基于上述因素，导致错案的违法审判行为势必趋于减少，大量存在的则是一般化的"其他违纪违法审判行为"。对审判人员此类行为的问责，应当改变以往裁判被改变或者被撤销这种偏重裁判结论的导向，而主要考察审判人员的审判活动是不是违纪违法。[3]

---

[1] 周长军：《审判责任制度改革中的"法官问责"：兼评〈关于完善人民法院审判责任制度的若干意见〉》，《法学家》2016年第3期。

[2] 同上。

[3] 如果查明办案中存在违纪违法行为，且有主观过错，就应当问责。至于违纪违法办案行为是否产生不良后果，则仅影响责任的轻重。如果出现了裁判被改判或撤销的严重后果，且存在故意或重大过失，就要按照错案追责。

第四章

审判责任豁免制度及其改良

笔者以为，包括员额法官、法官助理、书记员在内的所有审判人员，均享有一定的审判责任豁免权。所谓的"审判责任豁免权"，是指审判人员在行使审判权力的审判实践中，对其依法实施的具有特定内容的审判行为、发表的具有特定内容的审判言论以及在此基础上作出的具有特定内容的最终审判结论，所享有的免受特定国家机关对其予以控告、追诉、审判、制裁的权利。[1] 很明显，国家机器赋予审判职业群体享有对其自身审判职业行为予以责任豁免的权利，其目的就在于为审判人员在不受外力干预的前提下，独立自主地行使审判权能提供基本的职业保障。

应该说，这是一种符合国际发展潮流和人类社会共识的做法，也是强化和落实审判职业保障制度的具体体现。最高人民法院遵循中共十八届四中全会完善确保依法独立公正行使审判权制度的基本精神，通过《司法责任意见》这一规范性文件作为载体，在规定追究违法审判责任情形的同时，也明确了不得作为错案追究责任的情形。通过如此制度设计来彰显和实践审判责任豁免制度是否全面与合理？如果不够全面，还需要弥补哪些漏洞？如果不够合理，如何修正才能达致合理状态？对于这些问题，均需从理论层面加以研究分析。同时，极有必要梳理归纳域外法官豁免制度的基本原则，特别是分析其制度内在运行机理，并吸收借鉴其中契合我国

---

[1] 除审判豁免权外，还有两项规则：一是禁止对正在进行的审判加以评议；二是禁止将正在被审理的案件或争端列入国会议程。前一规则主要在于防止新闻媒介滥用新闻自由，对法官审判活动任意评论或妄下结论，避免法官因受公众之左右而无法保持其实质独立；后一规则在于防止法官审判被立法机关所干预。相关问题的论述和分析，可参见［英］沃克《牛津法律大辞典》，李双元等译，法律出版社2003年版，第546页；朱孝清：《错案责任追究与豁免》，《中国法学》2016年第2期；陈雅丽：《豁免权研究》，中国法制出版社2011年版，第57页。

司法实践的合理要素。下文将围绕最高人民法院《司法责任意见》，结合对上述问题的分析而展开。

第一节 制度设计层面的基本内容及其缺陷

完善审判责任制度，既要从正面厘定责任追究范围，对违纪违法审判人员严格依纪依法追究审判责任，也要从反面明确责任追究界限，确保依法履行职责。立足于权限与责任相一致的基本原则，最高人民法院《司法责任意见》规定了审判人员免责的基本情形。

一 相关规定的基本内涵

最高人民法院《司法责任意见》第 28 项列举规定了"导致案件按照审判监督程序提起再审后被改判的，不得作为错案"对审判人员追究责任的八类情形。[①] 下面，逐一进行分析。

（一）关于"导致案件按照审判监督程序提起再审后被改判"的基本内涵

审判监督程序是我国司法诉讼制度体系中通过审判机关依法行使审判权能，以实现纠正错误裁判为基本职能目标的特殊审判司法程序，对于保护当事人合法权益具有重要意义。通常理解，如果启动审判监督程序，意味着原裁判可能有错误。申请再审的事由有很多项，但不论是从思想意识层面，还是审判实践层面，需要我们高度警惕的是，决不能将一切通过审判监督程序提起再审进而改变原有裁判的案件都当成错案看待，更不能动辄对参与办理这些案件的审判人员进行问责惩戒，关键还是要把握和坚持这样的根本原则，即造成原有裁判结论的根本原因究竟是什么？通过审判监督程序对原有裁判结论加以改变的理由究竟是什么？如果是审判人员在行使审判权力、实施审判行为的过程中存在违法犯罪的情形，审判人员依法应当回避而故意不回避，严重违反法定程

[①] 这八类情形包括：对法律、法规、规章、司法解释具体条文的理解和认识不一致，在专业认知范围内能够予以合理说明的；对案件基本事实的判断存在争议或者疑问，根据证据规则能够予以合理说明的；当事人放弃或者部分放弃权利主张的；因当事人过错或者客观原因致使案件事实认定发生变化的；因出现新证据而改变裁判的；法律修订或者政策调整的；裁判所依据的其他法律文书被撤销或者变更的；其他依法履行审判职责不应当承担责任的情形。

序,以及存在其他违法情形,则审判人员应当依法对于由上述因素造成的这一错案承担相应的责任。①

但实践中的情况非常复杂,甚至可以说很不乐观。在业内,对于"按照第二审程序审理的上诉案件被改判或者发回重审,不得作为错案追究责任"这样的观点,也存在着不同的认识。从诉讼制度的基本原理出发,上诉程序作为一道法定的救济程序之所以能够被设立,本身就意味着国家对裁判出现错误要有一定的宽容度。具体而言,就是需要建立一种科学合理的"容错机制"。因此,这也正是"导致案件按照审判监督程序提起再审后被改判的,不得作为错案"这一制度规定存在的法理依据。很显然,决不能简单地依据二审法院发回重审、改判或者再审发回重审、改判而认定某一案件为错案,更不能简单地依据判后信访、社会反映情况而认定某一案件为错案。也正是基于这一考虑,上诉改判的案件在最高人民法院《司法责任意见》中根本未作强调。②

(二)关于"不得作为错案进行责任追究"的基本内涵

实事求是地讲,就"法官依法履职的责任豁免事由"而言,已在业内成为共识,但对于"错案"与"错案责任追究"等概念则存在争议。在我国,"冤假错案"或"冤错案件"是一个很常见的概念。按照通常性的理解,政法机关在刑事诉讼中"错误拘留""错误批捕"以及"错误裁判"所引起的赔偿称为"冤狱赔偿",相应地,此类案件叫做"冤案"。"错案"则是正如前文所述的在刑事、民事、行政诉讼中,审判人员在案件的事实认定和(或)法律适用上出现重大差错,进而导致裁判结果错误,并被最终生效裁判完全改变或撤销的案件。应该说,"错案"这一概念的落脚点在于,审判人员作出的裁判结论存在明显的谬误和偏差。如果仅仅是违反法定程序的案件,而且最终并没有造成错误的实质性审判结论,一般不应当定性该案件为错案。最高人民法院《司法责任意见》运用"不得作为错案进行责任追究"这样的表述,意在强调当具有该项条款所列情形之一时,原裁判结论不能因此被定性为错案,更不能要求审判人员就此而承担相应的审判责任。③

---

① 朱孝清:《错案责任追究与豁免》,《中国法学》2016年第2期。
② 最高人民法院司法改革领导小组办公室编:《最高人民法院关于完善人民法院审判责任制度的若干意见读本》,人民法院出版社2015年版,第220—221页。
③ 王伦刚:《中国法院错案追究制运行的实证考察》,《法学家》2016年第2期。

(三) 关于第 28 项规定所涵盖"八类情形"的基本内涵

有关这八类情形基本内涵的一般性内容，已有其他文献进行了较为深入权威的论述，①本书于此不再予以赘述。这里关键的问题是第一类和第二类情形，需要特别予以说明。

很显然，第一类情形涉及审判人员对特定法律的适用；第二类情形涉及审判人员对案件事实的认定。这都是审判人员在审判实践中至关重要的两项基础性、关键性的审判职责。可恰恰是在行使如此重要职责的过程中，审判人员往往会受到大量的、来自于自身专业认知能力和职业良知之外其他客观因素的（重大）影响。特别是在认定案件事实，尤其是在认定反映案件事实证据的过程中，审判人员更是会受到案件当事人诉讼能力以及法定审限乃至其他因素的（重大）影响。在这种情况下，不同审判人员在具体案件审理过程中，产生不同的事实认定，也就在所难免。因此，源于此种情境而产生的审判责任，只要审判人员能够在法律这一专业认知的基础上，对于证据采信以及事实认定作出合情合理的解释，就应该对其责任予以豁免。然而，尽管理论分析是如此清晰明了，但在司法审判实践中，却往往与之大相径庭。轰动一时的、发生在广东省四会市"莫兆军案件"，就充分说明了这一点。

案例之六：广东省四会市法官莫兆军案

2001 年 9 月，作为独任法官的莫兆军，在其审理的李某诉张某夫妇借款纠纷一案中，自始至终严格按照民事诉讼的审判程序和证据规则进行审理，并未有任何违背民事诉讼法基本原则的行为。在庭审现场，原告举出了被告对其存在欠款的相应证据即"欠条"，而被告却未能就其主张的"原告所持欠条系原告威胁所写"这一事实举出应有的证据。结合这一实际情况，莫兆军根据原、被告双方提出的主张与抗辩，以及提交的相关证据材料，严格依据《民事诉讼法》所确立的"谁主张谁举证"这一基本诉讼原则，最终判决被告败诉并于特定时段内偿还相应的款项和利息。但就因被告张某夫妇败诉之后以自杀身亡这样的极端行为来向世人证明其清白，于是，有关检察机关认定，莫兆军法官在这一案件的办理工作中已构成玩忽职守罪，进而依法提起公诉。所幸，两级人民法院经先后审理均认

---

① 马渊杰：《认真看待审判责任制的新内涵》，《人民法院报》2015 年 9 月 30 日第 5 版。

定，莫兆军法官在案件办理过程中所实施的审判行为，完全符合民事诉讼法律的有关规定，最终宣判其无罪。①

如果细究这一案件，特别是从追求案件办理的"社会效果"和"政治效果"这一角度出发进行考虑的话，莫兆军法官在办案过程中也的确有其工作失误。具体而言，当其在庭审现场了解到被告有关"原告所持欠条系原告威胁所写"这一主张时，尽管被告只有口头上的主张而未能举出相应的证据，但他还是应该考虑到，此案当中存在着原告涉嫌实施"敲诈勒索"或涉嫌实施"抢劫"等违法甚至犯罪行为情形的可能性。基于这一现实状况，莫兆军法官所能采取的最为智慧也是最为稳妥的做法，不应当是机械地按照"谁主张谁举证"的民事诉讼规则，径行作出被告败诉并在一定时段内偿还欠款及其利息的判决，而是应当先行暂停这一有关债务偿还纠纷的民事诉讼程序，继而通知被告张某夫妇就其所主张的原告李某可能实施的违法甚或犯罪行为向公安机关报案，待公安机关等其他有权单位就被告主张的事实情况进行调查核实并依法进行定性之后，再行恢复该案的民事诉讼程序，最终作出相应的民事裁判。假若能够按照笔者如此"事后诸葛亮"的方式，来处理这一刑事与民事因素看似相互交错、但实际上并不复杂之案件的话，也许可以避免张某夫妇双双自杀亡命的悲剧。

当然，笔者在此指出莫兆军法官在审理本案中存在的（重大）失误，并不是要支持或赞同对其审判行为施以"玩忽职守罪"的定性。笔者还是坚持认为，即便莫兆军法官在案件审理工作中存在着前述失误，那也只是司法经验或司法理念方面的问题，类似这样的问题并不足以影响对其审判责任应有的豁免。因为，无论如何，莫兆军法官自始至终都是在严格按照民事诉讼法规定的办案程序进行案件的办理工作。

至于因法律的适用而产生的审判人员的审判责任及其豁免问题，与前述情境基本上大同小异。即便审判人员都有大致类似甚至完全相同的专业教育背景，并且都是通过类似甚至完全相同的途径成为审判职业群体的一分子，进而受到来自于这一职业群体之内类似甚至完全相同的职业熏陶，

---

① 因此，莫兆军的行为并不符合刑法所规定的玩忽职守罪的犯罪构成要件。然而，就是这样严格依照民事诉讼法定程序、履行责任法官职责审理案件的法官，却吃上了官司。相关问题的论述和分析，可参见干朝端、郭珣《论我国法官豁免制度的建立》，《法律适用》2003 年第 5 期；张慧鹏：《广东高院终审判决：莫兆军无罪》，《人民法院报》2004 年 7 月 1 日第 2 版。

但受制于审判职业所特有的"独立自主性"和"办案亲历性"等基本特征，以及法律规定相对于社会现实生活所具有的天然"滞后性"等多种客观因素的影响，还是无法从根本上避免他们对同一法律法规的理解和认识，产生差异甚至重大分歧。必须明确的是，这种现象是根本无法消除的。是故，尽管有这种差异甚至重大分歧的存在，但只要能够在其审判职业群体内，运用人所共知且人所共享的话语体系进行合情合理的解释，也应该毫无争议地豁免其审判责任。①

至于这八类情形中的第三至第七类，分别涉及新证据、当事人过错、法律修订、政策调整等问题，均是因为不可归责于审判人员主观因素的客观事实导致裁判被改判的情形，自然也不能对审判人员进行追责。这无论是在理论层面，还是在审判实践中，几乎没有什么争议。其中，就第三类而言，考虑到案件当事人因为将法律赋予的诉讼权利弃之不用，这必然会在一定程度上使得已经启动的诉讼程序或已经开始的诉讼阶段发生变化甚至"走样变形"，受制于此类特殊情势的影响和干扰，从而导致审判人员对案件法律事实的了解与案件客观真实的发生偏差。在这种情况下，如果原有已经发生效力的裁判结论经过审判监督程序被最终改判，审判人员的审判责任是应该被豁免的。

第八类情形是兜底条款，本文在此无须赘论。

二 审判责任豁免制度设计的缺陷

实际上，最高人民法院很早就开始尝试建构审判人员责任豁免制度，最高人民法院《追究办法》明确规定了审判人员不承担责任的五种具体情形。② 实践中，天津市河北区人民法院等部分基层人民法院对审判人员审判责任豁免制度的建构也有一些探索和尝试。③ 应当说，这都是各级人

---

① 陈卫东：《审判责任制度改革研究》，《法学杂志》2017 年第 8 期。
② 最高人民法院《追究办法》第 22 条规定：有下列情形之一的，审判人员不承担责任：（一）因对法律、法规理解和认识上的偏差而导致裁判错误的；（二）因对案件事实和证据认识上的偏差而导致裁判错误的；（三）因出现新的证据而改变裁判的；（四）因国家法律的修订或者政策调整而改变裁判的；（五）其他不应当承担责任的情形。
③ 天津市河北区人民法院将"确因社会稳定、民族团结等原因，而采取灵活变通的办法延期审理或改变裁判""在适用法律幅度或范围内的改判案件"等纳入法官免责情形。参见该法院《审理案件质量责任追究办法》，载 http://tjhbfy.chinacourt.org/article/detail/2014/04/id/12711.shtml，最后访问时间：2016 年 10 月 24 日。

民法院在长期司法实践中的有益试验,也具有一定的现实针对性,然而,其中出现的现实问题也不容忽视。

(一) 立法层级效力低

在我国的立法体系中,《宪法》和《法官法》实际上都可以成为建构审判人员审判责任豁免制度的立法依据。《宪法》第 126 条明确规定,"人民法院依照法律规定独立行使审判权,不受行政机关、社会团体和个人的干涉";《法官法》第 4 条也明确要求,"法官依法履行职责,受法律保护"。然而,这种规定实在是过于笼统和抽象,在审判实践中几乎没有可操作性。尽管最高人民法院《追究办法》立足于上述立法,也规定了审判人员责任豁免的具体情形,然而,作出这些具体规定的毕竟还只是最高人民法院,作出的还只是法院系统内部的规范性文件,无论是立法位阶,还是效力权威,都太低、太小,对于诸如公安机关和检察机关以及其他行业系统而言,根本就不具有约束力,以至于审判人员的责任豁免权利形同虚设,致使司法实践中屡屡发生审判人员因正当行使职权、履行职责反而被不当追责的情况。[①]

案例之七:江苏省东海县法官李健案件

1999 年 4 月,江苏省东海县检察院以东海县人民法院法官李健涉嫌在 1996 年审理的一起借贷纠纷案件中违反诉讼程序及审判纪律而以枉法裁判罪被逮捕。期间,因身患腰椎间盘突出,李健及其家人、律师要求取保候审,但东海县人民检察院以"李健的案子特殊"为由加以拒绝。后李健在江苏省灌云县看守所羁押期间遭到同所在押人员殴打,经法医鉴定为十级伤残。事发后,灌云县人民法院对李健采取取保候审措施。经过两次庭审,灌云县人民法院认为被告人李健在其案件办理工作中,其行为不构成枉法裁判罪,于 2001 年 10 月 15 日当庭判决李健无罪。灌云县检察院对此判决不服,向连云港市中级人民法院提起抗诉。经三名省人大代表呼吁,连云港市人大常委会要求有关单位依法尽快办结此案。连云港市中级人民法院认为,抗诉机关当庭出示的证据尚不足以证实原审被告人李健有故意违背事实和法律、进行枉法裁判的主观故意,因此,于 2002 年 11 月作出裁定对抗诉予以驳回、对原有判决予以维持。

---

① 陈海峰:《错案责任追究的主体研究》,《法学》2016 年第 2 期。

在该案中，从"法官审理案件"到"办案法官作为被告人被审理"，历时六年，尽管法律给了李健一个说法、并最终还其公道，但"妻离子散""物是人非"的悲惨结局，绝非法律和司法所能承受。特别是江苏省连云港市人民检察院在案件进入二审程序后，于法定时限内既不支持抗诉，也不撤回起诉，致使该案件历经 10 个月之久而迟迟不作决定，这是非常典型的违反法律规定的案件办理行为。① 同时，检察机关指控李健构成所谓"枉法裁判罪"的所谓犯罪证据，要么系未经立案即行使侦查权所获得，要么系刑讯逼供所获得，其均为非法证据。依据非法证据所认定的犯罪，岂能让人信服？

因此，有了如此触目惊心的前车之鉴，即便在新一轮司法改革中，最高人民法院《四五改革纲要》将审判人员"履行法定职责保护机制"作为审判人员职业化建设的重要内容，并将审判人员审判责任的"豁免"置于法院依法独立公正行使审判权的体系框架之内；随后的最高人民法院《司法责任意见》也明确列举了不予追究审判人员审判责任的情形。但究其本质，这一切都还是法院系统的"自说自话"，甚至是"自娱自乐"。指望这些内部规定而非国家立法来保障审判人员的合法权益，来确立审判责任豁免制度，毫不客气地讲，这绝对是"一厢情愿"之举。② 因此，尽管上述案例发生在多年以前，但该案例背后所暴露出的致命性问题至今尚未得到有效的解决。可以说，引发此类案例再一次发生，甚至使之情形更加严重、程度更加剧烈的制度性根源尚未得以消除，还是有可能在特定情形、特定条件下继续"作祟"。

（二）最高人民法院《司法责任意见》中存在的突出问题

最高人民法院《司法责任意见》在为完善违法审判责任追究制度，特别是在建构审判责任豁免制度方面作出历史性贡献的同时，也依然存在着一些缺陷，有些问题还比较突出。首当其冲的便是，其中的若干规定很有可能成为审判人员推卸审判责任、规避审判责任的工具（笔者将于后文对此问题进行论述和分析）。③ 除此之外，还有以下三个问题需要尽快

---

① 1996 年修订的《刑事诉讼法》第 196 条规定，二审法院受理上诉、抗诉案件，应当在一个月以内审结，至迟不得超过一个半月。

② 崔永东：《法官责任制的定位与规则》，《现代法学》2016 年第 3 期。

③ 有关这一问题的论述和分析，参见倪化强：《事实认定"难题"与法官独立审判责任落实》，《中国法学》2015 年第 6 期；金泽刚：《司法改革背景下的审判责任制度》，《东方法学》2015 年第 6 期。

加以解决。

1. 没有明确"豁免"这一概念。尽管该项规范性文件分别通过相关条款，列举式地规定了对审判责任进行问责的多种情形，并明确了不得问责的相关行为，但令人感到遗憾的是，在理论界和实务界对建构此项制度长期强烈呼吁的时代背景下，特别是在新一轮司法改革层级之高、力度之大、范围之广均系史无前例的有利形势下，最高人民法院还是没有能够拿出足够的"战略勇气"，迈出那历史性的一步。在这项规范性文件中，通篇自始至终都没有明确出现"豁免"这一概念，贯穿其中的还是"免责""不得进行责任追究"等类似这样"羞羞答答"的文字表述①。不能不说，最高人民法院的如此做法，不但着实令社会大众特别是法学理论界失望，更是令司法审判职业群体失望。

2. 缺乏原则性规定。基于前述同样的原因，在该项文件中，依旧没有对"以豁免审判责任为原则、以追究审判责任为例外"这一审判责任制度的基础性原则、这一契合于司法审判内在基本规律、这一符合人类社会发展潮流的世界性共识加以明确。可以说，这一"畏首畏尾"的理念和做法，有百害而无一利。最为致命的弊端就是，在已经列举出的八类免责情形中，有关"事实认定"和"法律适用"这前两类情形的解读方式和基本内涵，势必会受到其他因素特别是法外因素的影响，进而造成豁免事由被限缩、问责情形被扩大的局面。这显然会对新一轮司法改革基本预期的最终实现制造障碍，也不符合其基本价值取向。

3. 列举式规定存在弊端。最高人民法院《司法责任意见》第28项对审判责任免责情形进行了列举式规定。从纵向比较的视角来看，相对于之前在法院系统，乃至于整个司法系统内部此类具体性规定完全缺失的状况而言，这无疑是一种重大的跨越性进步。然而，尽管聊胜于无，但对其中的缺陷和不足，我们也不能熟视无睹。对审判人员责任豁免的事由和情形进行单纯地罗列，不仅可能"挂一漏万"甚至可能"以偏概全"。而且，有关免责条件的制度设计也很不周延，没有充分考虑到审判人员在主观过错和客观行为方面的违纪违法性，缺乏起码的科学性和合理性。②

---

① 参见最高人民法院《司法责任意见》第28项、第42项、第46项之规定。
② 傅郁林：《审判责任制度的重心是责任划分》，《中国法律评论》2015年第4期。

第二节 域外法官责任豁免制度的内在运行机理及其借鉴意义

从法制发展史来看，法官责任豁免的制度实践首先来自英国。随后，在美国、德国、意大利等两大法系国家不断实践与完善。[①] 就国外审判责任豁免制度的历史沿革与现实状况而言，尽管在豁免权利的范围以及"审判责任豁免"相对于"审判责任承担"的界限等方面，都有着不尽相同的制度发展历程、制度设计构想乃至制度实践，但英美法系国家与大陆法系国家总体上都呈现出审判豁免权利范围日渐扩大、审判职业保障内容日渐丰富、审判责任制度体系建构日渐充实的发展态势。迄今为止，西方法治发达国家均已基本确立了较为成熟的有关法官职业的"相对豁免权制度体系"。[②]

他山之石，可以攻玉。毫无疑问，我国应借鉴西方法治发达国家的先进经验，特别是高度重视并积极吸收其中契合于我国司法改革基本追求以及司法审判实践的现实合理要素，在审判责任制度建构中理直气壮、旗帜鲜明地确定审判人员所享有的"审判责任豁免权利"，并合理界定其内容、程序和范围等制度要素。

一 西方法官责任豁免制度的内在运行机理

可以看到，在西方世界创立法官责任豁免制度的初期阶段，该项制度的内在价值追求和外在现实功效，主要体现在对法官特定身份及其行使审判职权的保障之上。在此之后，通过对法官职业保障制度的不断完善，法

[①] 相关问题的论述分析，参见王利明《司法改革研究》，法律出版社2000年版；郭宁：《法官豁免权的存在空间及其限度——基于两大法系的比较视角》，《山东师范大学学报（人文社科版）》2013年第6期；陈雅丽：《豁免权研究》，中国法制出版社2011年版；宋雷：《意大利司法官责任法简介》，《外国法研究》1989年第3期。

[②] 西方世界支持法官不承担民事损害责任的案件，始于1607年由柯克勋爵判决的弗洛伊德诉巴克案。在该案中，柯克勋爵支持司法豁免的基础性理由是：（1）保持判决的终局性；（2）保护司法独立；（3）避免对最笃诚的法官的频繁中伤和受伪证之害；（4）保护司法制度的名誉不受损害。有关西方法官审判责任豁免的论述和分析，还可参见中国应用法学研究所《美国法官制度与法院组织标准》，人民法院出版社2008年版，第115页；谭世贵、孙玲：《法官责任豁免制度研究》，《政法论丛》2009年第5期。

官责任豁免制度的内容也在不断加以充实和丰富。毫无疑问，透过西方世界法官责任豁免制度的发展进程和基本实践，完全可以发现建构这一制度设计的内在运行机理。

（一）就完善政治权力架构而言，司法审判权的独立行使离不开法官责任豁免制度的有力保障[1]

作为当初西方世界新兴资产阶级挑战和冲击封建专制集权特别是防范其粗暴干预司法职权的"撒手锏"，在建立资产阶级政权之后，"司法独立"历史性地成为了西方各国"立法、行政、司法三权相互分立、相互制衡"这一建国理论体系之中无可替代的一项基本政治原则。与这一政治原则相呼应，建构并实践对于法官职业群体之责任的豁免制度，自然而然就成为西方各国捍卫和巩固其政权的根本措施。从美国联邦宪法的基本精神出发，要想确保国家的公权力架构自始至终处于稳定状态，要想确保国家治理体系始终能够良性运转，国家的司法权及其所在的司法体制就必须拥有独立地位。[2] 毫无疑问，这种司法审判权力上的独立和司法体制上的独立，就需要一系列成熟可行而且有效的制度措施来加以保障。而法官职业群体享有一定的审判责任豁免权，就是其中的重要一项内容。[3]

（二）就推进诉讼法律制度建构而言，各类诉讼制度、诉讼程序的健全和完善，离不开法官责任豁免制度的"倒逼"

作为中立的裁判者，法官即便始终都尽心竭力、无偏无私地去裁断案件，也不可能始终都能确保诉讼双方当事人都满意，更不可能确保任何裁判都公正无误。显而易见的是，任何一次裁判错误，无论错误程度如何，

---

[1] 这种为了保证司法独立而维护法官责任豁免的实例在西方国家一再发生。比如，2009年2月26日，《爱尔兰时报》（The Irish Times）报道了这样一起案件：一名男性Mr Kemmy因为强奸罪被判刑3年，后经上诉被改判无罪。Mr Kemmy起诉要求国家赔偿，高等法院（High Court）否定了赔偿要求。Bryan Mcmahon法官的理由是，政府不能保证在司法过程中没有任何错误发生，法官也是人，也会犯错误，通过提供上诉程序，政府已经完成了宪法要求的责任。爱尔兰法律已经明确规定了法官享有的免于起诉的权利，在此案中已经表明，审判法官已经诚实和谨慎地行使了司法权，尽管上诉法院有不同意见。转引自谭世贵、孙玲《法官责任豁免制度研究》，《政法论丛》2009年第5期。

[2] 相关问题的论述和分析，可参见 K. G. Jan Pillai：Rethinking Judicial Immunity for the Twenty - First Century, Hardvard Law Journal, Fall 1995. 转引自谭世贵、孙玲《法官责任豁免制度研究》，《政法论丛》2009年第5期。

[3] 相关问题的论述和分析，可参见谭世贵、孙玲《法官责任豁免制度研究》，《政法论丛》2009年第5期；王敏远：《完善审判责任制度系列谈：破解审判责任制度落实中的难点》，《人民法院报》2015年9月26日第2版，等有关文献。

都势必会给至少一方当事人带来实实在在的损害。在诉讼制度尚不健全、尚不完善特别是在法律还没有确立上诉制度的情况下，当事人可以通过启动国家对于法官及其错判实施经济层面的惩戒，来弥补自身损失。然而，此种做法的弊端也非常明显：法官会因为忌惮经济惩戒特别是缺失的基本职业保障，而丧失行使审判职能的积极性，进而会殃及国家司法权威。毋庸置疑，这种现状势必会持续不断地倒逼国家决策层必须尽快出台并完善相关制度设计，既能有效解决案件当事人救济途径缺失的问题，更能有效解决法官群体职业保障缺失的问题。最终，待诉讼制度特别是上诉救济程序健全完善之后，上述问题均迎刃而解，随之而来的制度效应便是，通过惩戒法官进而损害国家司法权威来抚慰案件当事人的制度设计也就完全没有了存在的价值。①

（三）就遵循司法内在规律而言，法官责任豁免制度的建构离不开对司法裁判的科学定位

各级人民法院的法官都是普通的人，而不是万能的"神"，任何一名审判人员都必须在遵循法定审理时限的前提下，运用特定的审判权能，按照特定的诉讼程序，依托特定的审判资源，受制于案件当事人所特有的诉讼能力和诉讼技巧，以及以此诉讼能力和诉讼技巧为基础提供的（永远都不可复原的）"事实"和（永远都伴随着甚至充斥着"选择性"和"局部性"的）"证据"，将看似清楚明确但又恒定滞后于现实的法律条文与千差万别的现实世界相结合，形成一个最终的司法裁判。这种普天之下几乎唯一"言出法随"的职业特征，就已经注定了法官形成的最终裁判，永远都不可能完全契合于客观事实（他们最大的、可期的追求就是达致与客观现实的无限接近）。当然，任何时代的国家治理都绝对不允许审判职业群体恣意行事。但当历史的车轮行进至当今现代法治国家这一重要节点，如果还依旧不能赋予审判职业群体一定的责任豁免权，这势必会危及司法权威，并最终损害国家治理全局。②

通过以上三个视角的分析和解读，可以看到，西方国家建构法官责任豁免制度，既有政治层面的考量，也有法治领域的权衡。总之，这是一项既有利于提升法官职业群体法治信仰、又有利于提升司法权威、更有利于

---

① 谭世贵、孙玲：《法官责任豁免制度研究》，《政法论丛》2009年第5期。

② 同上。

强化国家治理能力的优秀制度设计,值得我们用积极的态度和智慧的方式去科学地吸收和借鉴其中符合中国科学建构司法制度、有效推进国家治理的合理要素。

二　域外法官豁免制度对我国的启示和价值

作为法治化道路上保障司法公正、提升司法权威的重要举措,西方世界的法官责任豁免制度内容非常丰富。不论是英美法系,还是大陆法系;不论是其中的共同点,还是其中的差异性,都值得我们认真对待并借鉴吸收。具体而言,表现在以下几个方面:

(一) 审判人员责任豁免制度与各类国家之宪制具有高度兼容性

如果从欧美日等国"分权"与"制衡"的政治架构出发,其长期标榜并宣示的"司法独立"原则自然就是其题中应有之义。就此而言,赋予审判职业群体一定程度的豁免权,也就是这一价值追求所内涵的一项具体制度。就我国的政治架构而言,作为国家审判机关的人民法院向作为国家立法机关的同级人民代表大会负责并报告工作,并遵循国家宪法和法律开展审判工作。在这种宪制背景下,似乎不能赋予审判人员以豁免权。[①]但实际上,这完全是一种以偏概全的认识。在审判责任上,赋予审判人员这一特殊职业群体一定程度的豁免权,其核心价值追求是为了维护司法公正、提升司法权威,这一点不仅是现代司法制度的基础,也正为世界各国实施国家治理所尊奉。因此说,审判人员责任豁免制度与不同国家所特有的不同社会制度以及不同宪制架构无关。

(二) 审判人员责任豁免制度与审判人员责任追究制度对立统一

享有一定的权力,必须承担一定的责任;或者说,有多大的权力,就有多大的责任。这项"权责对等"原则,是任何公权力及其行使者都必须严格遵循的基本法治原则。对于这一原则,适用于各个职业群体,审判职业自然也不能例外。但有人却因此认为,如果从这一原则出发,就不应

[①] 就此问题,曾有学者认为,"中国的法律从来没有赋予法官以'司法豁免权'。中国没有'滥用诉权罪',为何不把那些剥夺和侵害人们诉讼权利和其他权利的法官送上被告席?法学家说:理想的法官是正义的化身,而缺乏公正意识的法官根本不是真正的法官。正义的词典里,我找不到法官司法豁免权的正当理由,但在现实生活中我们找到了审判剥夺、侵害人们诉讼权利和其他权利的法官的大法庭",故而反对在我国设立审判责任豁免制度。徐景和:《法官没有豁免权》,《法制日报》2002年11月7日第7版。

当在审判责任上赋予审判人员豁免权。① 毫无疑问，这同样是一种极为片面甚至错误的认识。事实上，赋予审判人员一定程度的责任豁免权，其直接目标是为审判人员依法独立公正行使审判职权提供必要的职业保障，而不是对审判人员故意违反法律法规的审判行为视而不见、听而不闻，甚至予以袒护。一项必须明确的基本原则是，该豁免时就应该充分豁免，绝不能迟疑不决；该追责时则必须严厉追责，绝不能姑息迁就。一言以蔽之，"审判责任豁免"与"审判责任追究"，二者之间相辅相成、相得益彰，彼此既不可替代，也不可僭越，它们正是科学建构审判责任制度体系不可或缺的一体两面。

（三）审判人员责任豁免制度必须明确其制度内容和制度边界

国外成败两方面的经验和教训告诉我们，对审判人员赋予审判责任上的豁免权，绝不是无原则的，更不是无限度的，否则必然会造成司法不公甚至司法腐败。具体而言，在审判人员责任的豁免问题上，决不能搞所谓的"绝对豁免权"，必须将审判人员的豁免权限定在一定的合理区间之内，进而做到对审判人员的豁免权与对审判人员的追责权之间的有机制衡，真正实现审判人员在权责利上的有机统一。实际上，这也正是西方法治国家近两百年司法发展史不断反复、不断总结，痛定思痛之后换来的正确认识。因此，为了避免重蹈西方世界曾经的覆辙，我国应该认真梳理欧美各国乃至日本的成熟做法和制度经验，尽快建立兼顾司法规律和中国国情的审判责任豁免制度。简言之，应该着重把握好以下几点：

第一，审判责任豁免制度所适用的"行为性质"，仅限于法院系统审判人员在行使审判职权过程中所实施的案件办理行为。

第二，审判责任豁免制度所适用的"责任类型"，仅限于法院系统审判人员的法律责任和纪律责任。

第三，审判责任豁免制度所适用的"人员范围"，仅限于在依法行使审判权力，且在主观上具有非故意、非重大过失之过错的审判人员。② 在

---

① 从法制发展史来看，我国传统中并不具有法官豁免思想的意识。建国之后的相当长时期内法官制度未能完整存在，直至改革开放后，尤其是司法改革推进以来，法官地位开始真正得到确认。何沛军、刘少军：《美国法官豁免制度及借鉴——兼论我国法官豁免制度的构建》，《净月学刊》2017年第4期。

② 相关问题的论述和分析，可参见郭宁《法官豁免权的存在空间及其限度——基于两大法系的比较视角》，《山东师范大学学报（人文社科版）》2013年第6期；朱孝清：《错案责任追究与豁免》，《中国法学》2016年第2期。

新一轮司法改革已经启动的时代背景下,就应当是员额法官以及包括法官助理和书记员在内的审判辅助人员。

第三节 完善我国审判责任豁免制度的具体路径

最高人民法院《司法责任意见》就审判责任豁免制度相关问题所作的规定,总体来讲,既有其充分的必要性,也有其一定的合理性。但就其具体内容而言,还是存在一些不足;同时,其立法层级显然太低,还不足以担负实现新一轮司法改革之基本目标和制度预期的重任。因此,应当采取宏观与微观相结合的方式,立足于最高人民法院《司法责任意见》,实现对审判责任豁免制度在立法层级上的提升、在基本内容上的修正。

一 明确适用豁免的行为责任类型及其理由

就我国审判责任豁免制度适用的行为责任类型而言,正如前文所述,从最高人民法院《司法责任意见》之基本规定出发,[1] 在审判活动中,审判人员在办案过程中所实施的故意和重大过失之外的审判行为,即一般过失行为和意外行为及其因之而产生的审判责任,应该予以豁免。之所以如此规定,就在于对审判职业及其从业群体所具有的特殊性的特殊考虑。审判人员最终作出一个正确的审判结论,需要立足于在此之前所进行的针对事实认定、证据采信、法律适用等一系列问题的准确认识。然而,不可改变的客观事实是,任何人的认识能力偏偏都是有限度的;而且,即便是面对同一案件事实,不同审判人员经常会出现"各有各的理解、各有各的把握"的情况。[2]

就国内而言,同样是面对"山东于欢辱母杀人案件",同样是国内的资深法学专家和实务工作者,其中,有人就认为于欢实施的行为应该被认定为"故意伤害",有人则认为其行为应该被认定为"防卫过当",有人更是认为其行为应该被认定为"正当防卫",即不构成犯罪。[3] 可以说,近年来

---

[1] 最高人民法院《司法责任意见》第25项规定:"故意违反法律法规或者因重大过失导致裁判错误并造成严重后果的违法审判行为,依法应当承担违法审判责任"。

[2] 沈德咏:《推进以审判为中心的诉讼制度改革》,《中国法学》2015年第3期。

[3] 梁治平:《"辱母"难题:中国社会转型时期的情—法关系》,《中国法律评论》2017年第4期。

发生于国内的争议性案例不胜枚举。再如轰动一时的"许霆案件",就"许霆通过 ATM 机拿走并非其所有的 17 万元人民币"这一行为而言,有人就认为许霆当然构成犯罪,但有人则认为许霆根本就不构成犯罪。① 显而易见的是,我们绝不能因此现状就形成这样的结论:这种重大分歧的出现,与相关学者的理论素养和学术水平存在着密切的"正相关性"。

就国外而言,在轰动一时、引起全球关注的美国"奥博格菲尔诉霍奇"这一案件中,在由九名大法官组成的美国最高司法机关——联邦最高人民法院内部,由五名大法官共同形成的"多数意见"最终成为生效裁定,正式宣布:"同性之间的婚姻"合法有效,而且适用于美利坚合众国全境。围绕这一宣布"同性恋可以结婚"的历史性裁定,安东尼·肯尼迪大法官代表多数派当庭发表了这一多数意见,其中的一段富于煽情的判词甚至被誉为"人类司法史上最唯美的判词"。然而,对于这一多数意见,首席大法官约翰·罗伯茨与安东宁·斯卡利亚、塞缪尔·阿利托以及克拉伦斯·托马斯等四名大法官都表示强烈反对。然而,这种以"五比四"一票之差形成最终裁判、突出显现大法官之间产生重大意见分歧的"美国式"的极端现实,在美国的法治进程中可以说是不胜枚举。这一案例乃至于其他相类似的一众案例都充分说明,不论是在不同审理层级还是在同一审理层级范围内,乃至在拥有最高权威的最高审理层级的审判职业群体中,在面对同一起案件时,无论是在对事实的认定方面,还是在对法律的适用方面,都会不出意外地产生完全不同的定性与认识,有时甚至是极端性的对立与冲突。这一切,同样与具体办案法官的素质和能力没有绝对的关联性。因为,可以毫不夸张地讲,联邦最高人民法院的这些大法官们,应该都是当之无愧的、全美国(甚至是全世界)最为顶级的法律人。

再加上,源于认识方式的间接性和逆向性,以及认识对象的特殊性、认识技术的滞后性和认识条件的受制约性,② 这就使得审判人员在案件办理工作中很容易在其内部发生分歧和冲突,有时这种分歧和冲突还极其尖锐;甚至于还会出现偏差和谬误,有时这种偏差和谬误还极其严重。总之,准确、理性地认识和界定一起诉讼案件的性质与细节,要比认识其他

---

① 在构成犯罪的意见中也存在分歧,有人认为构成盗窃金融机构罪,有人则认为构成普通盗窃罪。李晓:《许霆案轻判没有根本解决司法分歧》,《新京报》2013 年 5 月 22 日第 2 版。

② 谭世贵、孙玲:《法官责任豁免制度研究》,《政法论丛》2009 年第 5 期。

一般性的事物，要艰辛得多、困难得多、复杂得多。更何况，在审判人员的主观因素之外，还有很多审判人员自身无法从容应对、无法有效掌控、更无法实施微调或改变的客观因素，在持续性地对案件办理及其最终结论产生着（几乎是根本性的）影响，在不间断地发挥着（极为重大的）作用。有些时候，这种影响和作用，甚至是决定性或者说是致命性的。当然，除此之外，豁免审判人员在办案过程中所实施的故意和重大过失之外的审判行为，还有对司法审判内在规律、"权责一致"原则、当代刑罚理念等多种因素的综合考虑与权衡。

鉴于已有多篇文献就此问题进行了较为详尽和深入的论述分析，本文在此不再赘论。①

二 建立健全审判责任豁免制度的构想

简而言之，应该立足于我国审判责任制度改革的实践与国外的相关制度经验，有机融合前述违法审判责任追究制度、惩戒委员会制度乃至错案追究制度，来分析和建构审判人员的责任豁免制度。显而易见，就是要从主观与客观两个方面，明确审判人员及其审判责任的构成要件，并确保依照法定的责任主体、责任范围、责任程序以及责任形态，依法追究审判人员的审判责任。只有在实现依法"追究责任"的基础上，才能在权利保障层面上，有效确保审判人员依法享有职务行为上的"豁免责任"，并从根本上不致其因"无过失"或者"轻微过失"而被错误地追究审判责任。② 具体而言，应当从宏观与微观两个层面，同步推进我国审判责任豁免制度的建构与完善。

（一）微观层面的调整：对《司法责任意见》个别关键性条款的修订和补充

1. 必须明确规定"豁免"的概念。鉴于"豁免"这一概念所具有的"中性"内涵，最高人民法院应该与时俱进，彻底摒弃类似于"免责"

---

① 有关上述问题的分析和论述，可参见贺小荣《如何牵住审判责任制度这个牛鼻子》，《法务参考》2015 年第 19 期；何沛军、刘少军：《美国法官豁免制度及借鉴——兼论我国法官豁免制度的构建》，《净月学刊》2017 年第 4 期；郭宁：《法官豁免权的存在空间及其限度——基于两大法系的比较视角》，《山东师范大学学报（人文社科版）》2013 年第 6 期；朱孝清：《错案责任追究与豁免》，《中国法学》2016 年第 2 期；谭世贵、孙玲：《法官责任豁免制度研究》，《政法论丛》2009 年第 5 期。

② 谭世贵、孙玲：《法官责任豁免制度研究》，《政法论丛》2009 年第 5 期。

"不得进行责任追究"这样不清不楚的表述，毫不犹豫地消除顾虑，底气十足、立场坚定地在最高人民法院《司法责任意见》中明确规定"豁免"这一概念，并对审判人员审判责任"豁免"的内涵和外延，进行清晰明确的界定。

2. 明确规定审判人员不得实施的"行为禁区"。最高人民法院应该及时对《司法责任意见》以及其他相关规范性文件进行修订和补充，通过立法手段，将有关禁止审判人员实施一定审判行为的条款，以及与审判行为相对应的审判责任的有关条款，做到尽可能具体和细化，尽可能不要出现"其他……"一类笼统、抽象令人无从着手于实践的条文。通过上述措施，在制度层面为审判人员的责任豁免奠定扎实可靠的基础。

3. 将只针对"错案"的"免责"上升至针对"一般审判行为"的"审判责任豁免"。可以看到，最高人民法院《司法责任意见》尽管已经针对所谓的"错案"规定了"免责"制度，并在此基础上明确了相应的情形。但这远远不够，还远未达到充分契合新一轮司法改革精神的层次和境界。最高人民法院应该在《司法责任意见》中，尽快将有关"错案"的"免责"概念及其制度设计，上升到具有普遍意义的、针对审判人员及其审判行为的"审判责任豁免"的概念以及制度设计上来。原因很简单，"免责"制度只是狭隘地针对了"错案"这一类特殊的情形，而"审判责任豁免"制度除了针对"错案"之外，还对审判人员除"故意"和"重大过失"之外"一般性的不当审判行为"等情形，也有必要的兼顾和考虑。这种制度理念和制度实践，既符合基本的法治原理，更契合于当今的审判责任制度改革方向。①

4. 通过"概括+列举"式的规定明确审判责任豁免的情形。就审判责任豁免制度而言，最高人民法院《司法责任意见》应当先概括性地作出原则性规定，即审判人员就其行使审判职权过程中，在不具有故意和重大过失等主观过错的情况下所作出的审判行为，可以免除哪些责任类型。在此基础上，再通过列举的方式，明确规定其他一些具体的事由和情形，以实现审判责任豁免制度实践中的完整性和可操作性。②

---

① 周长军：《审判责任制度改革中的"法官问责"：兼评〈关于完善人民法院审判责任制度的若干意见〉》，《法学家》2016 年第 3 期。

② 同上。

5. 其他需要修订和补充的内容。除上述修订和补充之外，就最高人民法院《司法责任意见》的完善工作而言，还应该立足于该项规范性文件，在有关审判责任豁免的"具体情形"中，恢复过去最高人民法院《追究办法》的表述，即增补"对案件事实和证据认识上的偏差"这一条款。① 同时，明确废除最高人民法院《司法责任意见》中有关"证明力规则"的内容。② 另外，还应该重点关注因履行"疑罪从无"法定职责的责任豁免问题。③ 鉴于上述有关内容，因已有其他文献进行论述和分析，本文在此不予赘论。

（二）宏观层面的升华：国家立法对审判责任豁免制度有关问题的明确规定

可以说，在细化《法官法》第32条列举的13种"禁止性"行为的基础上，尽快推进对《法官法》的全面修改，将前述修正和补充之后的最高人民法院《司法责任意见》关于审判责任豁免的概念界定和有关规定上升到国家立法层面，以此来提升其立法层级，强化其法律效力，从而为审判人员履行职责及其豁免，提供明确具体且坚实有效的职业保障体系，这已成为当务之急。

首先，就享受审判责任豁免权利的"权利主体"而言，仅限于从事审判活动的审判人员，即员额法官与包括法官助理和书记员在内的审判辅助人员。

其次，就依法予以审判责任豁免的"权利行为"而言，仅限于审判人员履行审判职责时所实施的职务活动。④

最后，就有权决定审判人员之审判责任能否予以豁免的"权力机构"而言，仅限于中央和省一级的惩戒委员会。

在明确审判责任豁免制度上述三点基本要素的基础上，待将来法治体系趋向健全，特别是司法制度日臻完善时，《宪法》也应将审判责任豁免制度吸收进去。因为，这既是大势所趋，也是水到渠成的事情。

---

① 张太洲：《法官豁免的维度》，《人民法院报》2015年7月31日第2版。
② 侣化强：《事实认定"难题"与法官独立审判责任落实》，《中国法学》2015年第6期。
③ 有关论述和分析，可参见陈光中《完善审判责任制度》，《人民日报》2015年10月19日第7版；王敏远：《论加强司法人员的职业保障》，《中国司法》2015年第5期；颜娟：《我国法官刑事责任豁免权存在的问题和构建》，《四川师范大学学报（社科版）》2016年第5期。
④ 王梓臣：《深化司法改革背景下的法官责任豁免》，《全国法院第28届学术讨论会论文集（2017年）》。

第五章

审判责任制度体系外在制度环境的优化
——建构审判责任制度之前提和基础

结合新一轮司法改革实践，特别是审判责任制度改革实践中存在的现实问题，可以看到，在影响审判责任制度成效的多种因素中，除去"违法审判责任追究"和"审判责任豁免"等审判责任制度设计本身的问题即"内在因素"之外，还包括了一系列实际上规定并制约着审判责任制度及其选择空间、运行方式，并影响其制度功效的宪法秩序、思想文化、社会传统、国家治理体系整体布局定位等多种"外在因素"。[1]

毫无疑问，必须正确认识和解决改革实践中暴露出的审判责任制度在理念和实践中的缺陷，确保其契合于中央最高决策层所确定的基本改革精神。除此之外，还必须切实改善影响审判责任制度功效的相关外在制度要素。否则，针对制度设计本身即"内因"的"修修补补"则可能会徒劳无功，审判责任制度改革的基本初衷乃至于前期的所有努力和实践也可能会付之东流。因此，在建构完善审判责任制度、克服其内在固有局限的过程中，对与其相关的、客观存在且无时无刻不在施加影响的外在制度环境进行讨论和分析，进而服务于改革实践，就显得很有必要。因此，笔者将从"外围"着手，于本章内对与建构审判责任制度密切相关的外在制度环境进行深入地探讨和分析。

---

[1] 相关问题的分析，参见汪丁丁《制度创新的一般理论》，《经济研究》1992年第5期；蔡宝刚：《求解当代中国发展经济建设的路线图》，《江海学刊》2016年第1期。

第一节　提升审判制度以及审判责任制度在国家治理体系中的定位

一个可以具体感知的制度设计，如果没有一个虽然可能无法被感知但却客观存在的制度环境与之相对应，那就必然无法充分产生制度功效。[①] 更何况，审判责任制度改革既是司法改革乃至国家政治体制改革的重要组成部分，也是服务建构新时代中国特色社会主义事业的重要内容。因此，一定要将审判制度以及审判责任制度的建构置于国家治理全局来考量和权衡。国家治理体系以法治体系的建立为重要基础，推行法治是国家治理的重要方法。无论是小农经济时代，还是当今现代国家，无论是东方世界，还是西方社会，之于国家治理而言，司法审判制度及其具体建构安排都不可或缺，而且还要始终与时俱进地调适审判制度在国家治理进程中存在的方式和扮演的角色。就此而言，毫不夸张地讲，国家治理体系是否健全，国家治理能力是否强大，某种程度上就与国家的司法审判制度及其建设运行状况直接相关。

一　应然意义的视角：审判制度在现代国家治理中的独特作用

现代化的国家治理是法治化的国家治理，而司法审判制度是国家法治体系的重要组成部分。[②] 对于国家治理体系及其现代化而言，司法审判制度的重要价值和意义，突出体现在以下三个方面：

（一）社会的良性发展离不开国家司法审判制度

上至中央、下至乡镇，为何全国各地都要设置审判机关？其中的道理不言自明：审判机关的"全覆盖"，是维护社会基本秩序的现实需要。一名普通审判人员所实施的一项看似平常不过的审判行为，之所以能够对包括特定社会主体、特定社会秩序、特定社会规范、特定社会行为在内的社会元素产生影响，甚至是重大且持久的影响，就是在于它借助司法程序维护了社会的有序运行。就此而言，其他所有的公权行为，都无法做到这一

[①] 盛洪：《走向新政治经济学——前言之二》，盛洪主编《新制度经济学》，北京大学出版社 2003 年版，"前言"第 19 页。

[②] 程竹汝：《论司法在现代社会治理中的地位和作用》，《南京政治学院学报》2013 年第 12 期。

点。特别是与宗教信仰、道德教化等其他规范手段不同的根本点在于，司法审判是维护社会公平与正义的最后一道防线。"文化大革命"不堪回首的历史一再告诉我们，乱象丛生的社会时段，必然是司法审判严重缺位的历史时期。可以说，经济社会要发展，思想文化要繁荣，国防外交要强大，都离不开一套公正高效权威的司法审判制度。这也正是我们这个国家、这个民族，通过一个又一个惨痛的教训换来的正确认识。因此，必须痛定思痛，且行且珍惜。

（二）社会的有效聚合离不开国家司法审判制度

国家有序发展，所需要的是具有高度"凝聚力"而非"离心力"的市民社会。如何将市民与市民、以及市民与社会有效聚合在一起，始终是国家治理层面的重大问题。就此而言，审判制度发挥着独特的作用。审判机关的审判人员在履行审判职能的过程中所实施的一系列审判行为，以及要彰显的价值取向和要体现的法治追求，最终都浓缩在他反复权衡之后所作出的审判结论中。从行使"中央事权"的这一基本定位出发，代表国家利益的审判机关，既可通过审判结论与案件当事人的关联性，实现对公民个体合法权益的有效维护；又可通过审判结论所内涵的独立性和公正性，达到彰显社会整体公平正义的价值追求。显而易见，审判机关对强化社会凝聚力、弱化社会离心力所具有的功能，就充分体现于其具体审判行为在这种从个体到整体、从市民到社会或者从整体到个体、从社会到市民的频繁互动之中。[①]

（三）社会的科学治理离不开国家司法审判制度

无论是"国家治理能力的现代化"，还是"国家治理体系的现代化"，毫无疑问，科学有效的社会治理，都无可争议地是其题中应有之义。如果再将社会治理视为一个综合性的整体或系统，国家的司法审判制度则在其中扮演着极其重要的角色，发挥着极其重要的作用。相较于其他纠纷解决模式，司法审判制度其所依赖的诉讼规则具有严格的法定性，其所依托的审判主体具有高度的专业性，其所主导的诉讼过程具有完整的程序性，其所裁定的裁判结论具有合理的可期性。与其他社会治理方式相比较而言，可以说，司法审判制度是彰显"公平正义"这一社会治理核心价值追求

[①] 戴长林：《人民法院独立审判原则及其制度保障——从提高司法公信力角度的分析》，《中国党政干部论坛》2014年第4期。

最为有力、最为充分的制度安排。①

二 不尽如人意的司法实践——之于国家治理的现实需要

我国的司法改革已经实施了二十余年，至今已经取得了不小的成效，当然，囿于改革所固有且与之如影随形的"曲折性"和"反复性"，改革进程中也出现了实务界和理论界关于司法审判制度功能甚至司法审判责任制度改革具体路径等诸多重大问题的反复讨论。尽管常识告诉我们，审判机关的职能是化解矛盾、裁断纠纷。但同时还可以看到，就审判人员将具体案件视为工作对象，经历各个诉讼环节，遵循法定程序规则，并最终形成审判结论的整个流程而言，在依法认定事实、准确采信证据、科学适用法律的基础上，进而"形成特定的社会规范"，这也就成为了审判机关义不容辞的另外一项职责。除此而外，由于司法审判工作可以运用最优质的法定程序，并能产生（起码在形式意义上是）最为权威且最为终结性的裁判结论，因此，审判机关还能够借助于司法审查的方式，承担起监督和指导其他纠纷解决机制的重要职责。总而言之，对纠纷的化解、对法律的解释、对审判机关之外纠纷解决机制的规范，就成为审判机关最为重要、也是最为核心的三项基本职责。然而，国家治理的现实状况表明，审判机关有时并不能准确有效地履行上述职能。

（一）审判机关在国家治理进程中的失策和不当时有发生

就中国传统社会而言，历经数千年儒家思想的持续影响，"和为贵""中庸和谐"的处世之道深深地渗入了中国社会，在规约社会行为过程中长期占据主导地位的还是纲常伦理规范。毫无疑问，它在中国社会长期存在且发挥着重要作用。与此相对应的是，在中国传统文化中，"讼"乃不祥之物，且民众一般不耻于为物质利益而争讼。特别需要强调的是，传统社会中，规范社会秩序的基本价值取向是"无讼"，② 而非"司法公正"。很显然，在社会控制方面，现代司法审判制度与上述

---

① 相关问题的论述和分析，可参见 [美] 爱德华·罗斯《社会控制》，秦志勇、毛永政等译，华夏出版社 1989 年版，第 95 页；[美] 戴维·波普诺：《社会学》，李强等译，中国人民大学出版社 1999 年版，第 210 页；程竹汝：《司法改革与政治发展》，中国社会科学出版社 2001 年版，第 203 页。

② 孔子云："听讼，吾犹人也，必也使无讼乎！"语出自《论语·颜渊》。

情形大相径庭。可以说，在中国开启现代化之路的百余年历程中，特别是自实施改革开放以来，才真正开始进入了中国社会控制形式由政治控制为主要轨道转向以司法控制为主要轨道的时期。尽管建构多元化纠纷解决机制是大势所趋，但审判诉讼依然是目前社会控制构成机制的重要（甚至是核心）组成部分。

然而，当前的中国社会治理现状已经表明，尽管在形式意义上，可以将传统社会控制方式取而代之，但在实质意义上，直至今日，司法审判制度以及司法审判机关却因为能力有所欠缺、手段不够得力、效果不尽如人意，不但自身难以担此重任，甚至无法得到社会的充分信任。司法审判机关如欲充分履行其社会控制职能，必须既要具备同社会治理及其基本价值取向之实现相适应、相契合的规范化与理性化特质，更要具备将此特质转化为社会治理实践的能力。然而，令人遗憾的是，由于多种因素的综合作用，我国的司法审判机关既未完全具备上述特质，更未完全具备上述能力。甚至于，在当前的社会治理实践中，由于前述特质及其能力的欠缺，司法审判机关自身还会时不时地制造一系列有损甚至严重危及社会控制最终目标的"功能性障碍"。最为典型、也最具讽刺意味的突出表现就是，在司法审判过程中频频会出现"低级制度化"的不良现象，同时，还客观存在着绝非个例的司法不公和司法腐败。仅以人神共愤的司法腐败为例，近年来就有如下不良记录：

案例之八：近年来引发社会高度关注的法院系统腐败典型案例

——2003年，辽宁省高级人民法院原院长田凤岐以受贿罪被判处无期徒刑。

——2003年，广东省高级人民法院原院长麦崇楷以受贿罪被判处有期徒刑15年。

——2006年，湖南省高级人民法院除原院长吴振汉以受贿罪被判处死缓之外，同时该法院另有11名审判人员涉嫌多项犯罪。湖南省高级人民法院也因此被视为"司法腐败重灾区"，[①] 以至于最高人民法院副院长

[①] 参见程云杰：《我国在司法腐败"重灾区"湖南推行"账本式管理"》，载http：//news.sina.com.cn/0/2005-03-12/165353428175.shtml，最后访问时间：2017年5月3日。

江必新临危受命，过渡性出任湖南省高级人民法院院长。

——2006 年，广东省深圳市中级人民法院腐败窝案。

——2010 年，湖南省衡阳市中级人民法院腐败窝案。

——2010 年，最高人民法院原副院长黄松有以受贿罪被判处无期徒刑。

——2017 年，最高人民法院原副院长奚晓明以受贿罪被判处无期徒刑。

……

上述案例无一不是引发全国轰动之效应的腐败案例。之所以能够"轰动全国"，显然不单纯在于发生了严重腐败——"侵蚀国家肌体健康的毒瘤"，而是更在于腐败的主体皆是一个又一个被誉为"公平正义之化身"、高居司法神圣殿堂的法官，甚至是"国家二级大法官"。可以说，在各级审判机关基于其职能定位而大量消灭社会旧有问题的同时，上述因素以及其他因素的客观存在，也在不断引发甚至恶化新的社会症结，特别是严重的"社会良知"问题和"国家司法公信"问题。一个我们非常不愿看到的现象，还是真真切切地发生了：本来用以造就和维护社会秩序、巩固和提升社会治理成效的重要力量，反过来却催生了一系列无序且严重危害社会治理成效的负面后果。

案例之九：三级法院无法为电动自行车讨回公道

2015 年 10 月 10 日，浙江省杭州市市民潘洪斌当其驾驶一辆浙江湖州牌照的电动自行车行至杭州市区某路口时，突遇交警拦截查扣，理由是该路段禁止外地电动自行车通行，违者罚款并扣留车辆。潘洪斌不服，向杭州市拱墅区人民法院提起行政诉讼，要求认定交警扣车行为违法，并返还车辆、赔偿损失。其理由有三：

第一，交警处罚通知单载明，潘洪斌实施了"驾驶营运人力三轮车和公安机关交通管理部门规定的其他非机动车在禁止通行的道路上行驶"的违法行为。事实上潘洪斌驾驶的是电动自行车，而非营运人力三轮车。交警对此解释为，潘洪斌所驾车辆属于"其他非机动车"。至于"其他非机动车"都是什么车，交警答复为：其他非机动车就是外地电动自行车。警方本来只是执法部门，没有立法权，但通过对"其他"一词的任意解释，变相获得了部分立法权。

第二，《道路交通安全法》只赋予交警根据车流量大小和道路的通行能力设置禁行、违者罚款的权力，没有规定交警有强制扣车遣返原籍的权力，《杭州市道路交通安全管理条例》擅自规定交警可以强制扣留车辆由政府处置，违反了《道路交通安全法》和《行政强制法》等上位法，应当认定为无效。

第三，交警执法不满两人，未出示有效证件，执法程序存在明显的瑕疵。

但现实相当残酷。不但一审法院判决潘洪斌败诉，而且针对潘洪斌不服提起的上诉和申诉，后续的浙江省杭州市中级人民法院和浙江省高级人民法院也分别在二审程序和审判监督程序中，先后予以驳回并维持原判。然而，潘洪斌依然没有放弃，他致信全国人大常委会，要求其审查此案中交警对其作出处罚所依据的那项由杭州市人大制定的地方性法规，并且撤销该地方性法规中违反国家上位法的有关条款。全国人大常委会法工委经研究认定，该地方性法规中有关条款内容，的确违反了国家上位法，应当予以撤销。同时，全国人大常委会法工委要求《条例》制定机关即杭州市人大常委会修改《条例》，并按照有关规定向提出审查建议的潘洪斌作了书面反馈。直到此时，杭州市人大这才承认错误。

在该案中，尽管一线警察照章执法，但由于地方性法规违反上位法，最终导致其行政行为违法。一线执勤警察的法律素养相对有限；而最终认定地方性法规有关条款违反上位法的全国人大常委会的工作人员，其专业性可能也并不是太强。恰恰是作为司法圣殿里最精通法律的终极裁决者，"依法判案"的三级法院及其审判人员，对于下位法抵触上位法的明显立法错误，或是由于没有能力发现，或是由于虽有能力发现但却没有勇气纠正，以至于未能如民众所期待地去主持公道，直至最后行政相对人不得不诉诸全国人大常委会法工委来纠错，实在是令人遗憾。[①] 其实，法院在遇到地方性法规与上位法相抵触的立法冲突时，完全

---

① 杨维汉、陈菲：《一辆电动自行车牵动全国人大常委会》，载 http://news.163.com/17/0226/18/CE7IA17L7V5.html，最后访问时间：2017年2月27日。

可以按照《立法法》规定的"上位法优于下位法"的法律适用规则，判断和选择所应适用的法律规范，[①] 而决不能采用"无视法律、依照地方性法规迳行判决"这一既明显违背现行行政诉讼制度，又极大损害司法公信力的错误做法。

如果说上述案例还只是个别审判机关及其审判人员因源于对法律问题之不同理解、对事实问题之不同认识，所造成的问题案件，那么，下述案例则完全是违背基本常识、严重损害司法权威的低级错误。

案例之十：D省检察机关被错误列为行政诉讼之被告

2015年5月，D省C市人民检察院针对某一案件的当事人，依法作出了一项处理决定。该案件当事人因不服此项处理决定，表示要继续通过法律途径维护其合法权益。但由于其不懂相关法律规定，进而错误地提起了以C市人民检察院为被告的"行政诉讼"，并根据D省行政诉讼异地管辖相关规定，将C市人民检察院诉至D省E市中级人民法院。令人惊诧的是，D省E市中级人民法院竟然堂而皇之地"依照"《行政诉讼法》第51条之规定，对此诉求予以登记立案。而且，于立案之后"依法"向C市人民检察院发送了起诉状副本。C市人民检察院对此做法无法理解，因此既未提出答辩状，更未出庭应诉。同时，C市人民检察院将此情况向D省人民检察院进行了汇报。D省人民检察院检察长闻听此事大为震惊，亲自将此事电话告知D省高级人民法院院长，询问其检察系统内部依法有权监督行政诉讼，甚至能够担当行政公益诉讼之起诉人的检察机关，[②] 缘何反而成为了审判机关启动的"行政诉讼"之被告。D省高级人民法院院长闻听该荒唐之事极为震怒，迅速责成E市中级人民法院院长对此事进行调查处理，并将调查问责情况汇报省高级人民法院。E市中级人民法院根据此项要求，按照相关规定对于该院立案庭和行政庭有关办案人员进行了问责处理。[③]

[①] 参见最高人民法院《关于审理行政案件适用法律规范问题的座谈会纪要》之相关规定。
[②] 《行政诉讼法》第11条规定："人民检察院有权对行政诉讼实行法律监督"。
[③] 该案例及其有关状况，系笔者于2015年在D省高级人民法院和E市中级人民法院调研期间所得。

依照 1989 年出台、1990 年开始实施并经过两次修正①的《行政诉讼法》之相关规定，②被称为"民告官"的行政诉讼，其被告只能是"行政机关"和"法律法规授权组织"，其受案范围只能是"行政机关"和"法律法规授权组织"所实施的相关"行政行为"。显然，C 市人民检察院是绝对的司法机关，而非行政机关；其所实施的法律行为是绝对的司法行为，而非行政行为。因此，根据相关法律规定以及有关部门的基本职能定位，检察机关断然不能成为行政诉讼的被告。毫无疑问，这是基本的常识。但在上述案例之中，违反《行政诉讼法》的明文规定，甚至是违背基本常识的荒唐事情却接连发生，一时间沦为业内的一大"笑柄"。

在该案中，被 C 市人民检察院作出处理决定，不服该决定的当事人错误地将检察机关当作行政机关提起了行政诉讼。如果说该当事人因其是不明法律原理的"法盲"尚情有可原的话，那么，E 市中级人民法院的做法就是实实在在的不可理喻之举。这种荒唐离奇的办案状况，想必不会有人认为是由于法院系统部分审判人员甚至领导干部，长期以来反复主张的或是"内外部非法干预办案"、或是"审判职业保障严重缺位"、或是"司法工作环境恶劣"等客观因素所致吧？客观地讲，此类令人匪夷所思的案例在整个法院系统，肯定是个别性的极端情形，绝对不会带有普遍性。但即便如此，其所产生的负面影响也必然是极其恶劣的，切不容有丝毫的低估和轻视。作为堂堂一级审判机关的有关审判人员，搞不清楚国家检察机关的基本性质是什么，搞不清楚行政诉讼的被告应该是何种部门，实在是说不过去。其工作能力之差、其业务素质之低，由此可见一斑。源于此种情状的现实存在，基于我国正处于转型社会之历史情境，上至国家执政党，下至普通老百姓，何以奢望依靠审判机关及其审判人员准确定分止争、有效化解矛盾纠纷，何谈审判机关司法权威之提升和彰显，何谈国家治理体系之丰富、国家治理能力之强化？

---

① 《行政诉讼法》于 1989 年 4 月 4 日第七届全国人大第二次会议通过，1990 年 10 月 1 日开始实施。2014 年 11 月 1 日第十二届全国人大常委会第 11 次会议第一次修正，2017 年 6 月 27 日第十二届全国人大常委会第 28 次会议第二次修正。

② 《行政诉讼法》第 2 条规定："公民、法人或者其他组织认为行政机关和行政机关工作人员的行政行为侵犯其合法权益，有权依照本法向人民法院提起诉讼。前款所称行政行为，包括法律、法规、规章授权的组织作出的行政行为。"《行政诉讼法》第 26 条规定，"公民、法人或者其他组织直接向人民法院提起诉讼的，作出行政行为的行政机关是被告"。

当然，除此之外，更有 2009 年云南省李昌奎"故意杀人强奸"案件、2014 年河南省"大学生掏鸟窝"案件、2016 年天津市"气枪老太李春华非法持有枪支"案件，等一系列经由法院审判进而引起社会强烈反响的典型案例。特别是 2017 年社会高度关注的"辱母杀人案"，被告人于欢被山东省聊城市中级人民法院以故意伤害罪判处无期徒刑后，引起社会广泛质疑，其中不乏言辞激烈的谴责。特别是在该案一审判决书中"被告人于欢面对众多讨债人的长时间纠缠，不能正确处理矛盾"等文字，更是被实务界和理论界广为诟病。①

（二）社会对法院的信任危机依然存在

前述案例是司法机关出现社会控制功能性障碍的具体表现。同时，这种功能性障碍还表现在其他方面：司法同社会的亲和度差，司法救济的成本过高，普通民众听不到、看不见、摸不着的幕后交易也客观存在，这样的官司他们确实打不起，更赢不了；② 司法过程中大量不确定因素的存在，致使民众很难预测司法的结果；特别是过往一系列因为司法人员先入为主、对犯罪嫌疑人进行有罪推定进而造成的冤假错案，更是将司法权威和司法公正推向了被公众质疑的境地。无疑，这严重亵渎了司法公信力，加剧了社会对法院的信任危机。

必须承认，相关调查数据已经表明，中国公众对法院的信任水平实际上一直很高，长期维持在 80% 上下，甚至遥遥领先于欧美诸国。特别是在人大会场上，也曾有 2012 年湖南省祁东县、2013 年江西省吉水县、2016 年广西壮族自治区桂平市等地人民法院工作报告在人大会议上获全票通过的"光辉战例"。但与此同时，法院工作报告未获人大会议表决通过，也早已不算新闻。除了早年的辽宁省沈阳市中级人民法院（2001 年）、湖南省衡阳市中级人民法院（2007 年）等数家地方人民法院的工作报告未获人大通过外，2014 年贵州省铜仁市中级人民法院的刑事审判工作报告也未能获得铜仁市人大常委会表决通过。跟踪观察近年的"两会"，不难发现，反腐败

---

① 最高人民检察院在该案于山东省高级人民法院二审开庭审理后、正式宣判之前明确指出，一审环节的起诉书和判决书认定事实、情节不全面，对于案件起因、双方矛盾激化过程和讨债人员的具体侵害行为，一审认定有遗漏；于欢的行为具有防卫性质，起诉书和一审判决书对此均未予认定，适用法律确有错误，应当通过二审程序依法予以纠正。周佳佳：《最高检五方面解读于欢案法院一审认定事实不全面》，《北京晨报》2017 年 5 月 29 日第 1 版。

② 张千帆：《司法大众化是个伪命题》，《经济观察报》2008 年 7 月 26 日第 3 版。

的成效和力度以及裁判尺度的同一性,与代表们对法院工作报告的表决和评价密切相关。①

表5-1 近年来最高人民法院《工作报告》在全国人民代表大会上的表决情况

年份 投票情况	赞成票及同比变化	反对票及同比变化	弃权票及同比变化	反对票加弃权票及同比变化
2009	2172 ↓	519 ↑	192 ↑	711 ↑
2010	2289 ↑	479 ↓	128 ↓	607 ↓
2011	2242 ↓	475 ↓	155 ↑	630 ↑
2012	2311 ↑	429 ↓	115 ↓	544 ↓
2013	2218 ↓	605 ↑	120 ↑	725 ↑
2016	2600 ↑	208 ↓	46 ↓	254 ↓
2017	2606 ↑	180 ↓	49 ↑	229 ↓

从"表5-1"中可以看到,2009年全国人大会议上,最高人民法院《工作报告》被投反对票519张、弃权票192张,二者同比均有上升。②从2010年起,反对票逐年下降;弃权票除2011年略有反复之外,也呈下降趋势。但这一势头在2013年被中止,当年605张反对票,再加上120张弃权票,二者合计达"725"的数据创历史新高。这一不良势头直到2016年才得以遏制,当年被投反对票208张,弃权票仅为46张。而2017年则在此基础上继续趋于良性发展。很显然,即便不能排除反腐败等因素对最高人民法院《工作报告》得票率的影响,③ 即便最高人民法院需理性

---

① 有关论述和分析,可参见郭建勇《区分司法品质:法院、法官与判决——司法场域中信号的传递与信任的生成》,《法律适用》2013年第7期。明星:《湖南衡阳中级法院工作报告决议未获通过开门整顿》,载 http://news.qq.com/a/20070202/html,最后访问时间:2016年4月9日。
② 赵蕾:《谁投了两高报告反对票?》,《南方周末》2009年3月19日第A4版。
③ 北京大学侯猛教授认为,治理腐败的力度一直左右两高报告的通过率。著名法学家、十一届全国人大代表梁慧星直言,司法腐败已经到了不可容忍的地步,在这个问题上,他批评最高人民法院不敢直面问题。据此,他对2009年最高人民法院在全国人大会议上的工作报告投了反对票。参见赵蕾《谁投了两高报告反对票?》,《南方周末》2009年3月19日第A4版;赵蕾:《"两高":在个案监督与司法权威之间》,《南方周末》2010年3月18日第A5版。以及西江米巷散人:《"两高"报告反对票的理性分析》,载 http://www.yidianzixun.com/home,最后访问时间:2017年3月21日。

对待反对票，不能动辄进行"凡票必争"的个性化行为，但在当下中国社会一个不争的事实是，哪怕是对于行使审判权的最高审判机关的信任度，也是处于起伏不定、反复波动的非理想状态。

执政者要求法院积极运用各种纠纷解决方式来实现审判诉讼的政治职能和社会职能。可以毫不隐晦地讲，被寄予厚望的审判诉讼，却无法适应社会发展现状并满足社会的纠纷解决需求。这让人感觉法院及其审判职能未能充分实现社会对它的期待，也未能实现司法改革曾经对社会作出的允诺。特别是自20世纪90年代以来，对更加"正规"、更加"职业"和更加"专业"的追求，已经成为司法改革的基本价值取向。突出审判方式改革，强调法官中立，律师扮演积极角色，必须予以肯定的是，这些工作都取得了重大进展，但同时也产生甚至恶化了许多必须面对的问题。① 因此，作为应当具有能够将"直接控制个别行为"与"间接控制普遍行为"有机统一、能够将"公正价值"与"司法制度"有机统一、能够将"司法权威"与"法院组织"有机统一之功能的审判诉讼制度，无论是在宏观层面，还是微观层面，都亟待强化和规范。

三 有为才有位：在实然意义上强化审判制度在现代国家治理中的职能

大体来讲，就国家治理实践中强化审判制度职能这一问题而言，可从宏观层面与中观、微观层面两个视角来加以分析：

（一）在宏观层面上，要对审判制度进行正确的政治定位和判断认识

与西方法治发达国家拥有较为成熟的司法审判制度不同，我国的审判制度及审判权，无论是在制度设计层面国家治理体系中的职能定位，还是在制度实践层面国家治理过程中的实际效果，均有很大的提升空间。因此，构建并完善审判制度及审判权，应以建构和优化国家治理体系、强化和提升国家治理能力为指向，以践行世界普遍认同且契合于中国现实的司法改革价值追求为目标，建基于审判权能的内在核心本质，明确司法改革的"战略重心"，确保有效彰显审判权能之于新时代国家治理之价值的目标能够最终实现。

---

① 苏力：《送法下乡——中国基层司法制度研究》，中国政法大学出版社2000年版，第35—47页。

因此，我们必须正视当下中国法院系统所遭遇的各种功能性障碍，必须正确认识当下中国法院系统的实际能力，以及被社会大众认同的能力。特别是我们决不能做出自欺欺人的事情，决不能有意无意地夸大司法审判的职能，指望审判机关去承担超出其现实能力的职责。如果认识不到这一点并及时纠正此类理念和做法，那就必然会滋生更多的矛盾和困难，进而无谓耗费本就严重稀缺且分布极不均衡的社会治理资源。所以，让一个从具有深厚集权专制积习的传统社会中孕育而出的司法审判制度，在短时间内就要担负起并完全胜任完善国家治理体系、提升国家治理能力的历史使命，实在是有点"赶鸭子上架"的感觉。当中国社会经济以不可逆转之势发展到将审判制度和审判职业群体推到社会生活舞台中央扮演重要角色的阶段时，法院系统实际上还不够强大，法院的审判职业群体也还不够成熟。而且，社会大众所具有的法治素养和法治理念，尚不足以为国家法治建设提供有效的支撑和保障。于是在"权力万能"之理念和言行仍有一定生存空间的社会环境中，在几千年人情网络型社会结构中情大于法的传统文化影响下，审判队伍因缺乏应有的基础、能力、素质和条件，以至于无力面对这个历史性角色的严峻挑战。[1]

特别是在新一轮司法改革的大背景下，中央政法委乃至中央最高决策层所设计、所推进的一系列包括强化审判人员职业保障等主要内容的重大改革，必然会面临类似于"非改不可吗？""有如此紧迫吗？""凭什么获取改革收益的是他们"等等质疑。这些问题，对于相关制度设计的源发地——欧美日等国而言，几乎不会成为问题。但现实是，这是在中国，这就是一系列必须给出答案的问题。特别是司法权威还不是很高，司法公信还不是很强，这都是我们必须面对的现实。虽然全中国都希望和支持推进司法改革，但审判职业群体寄望于改革能够优化从业环境，而社会大众寄望于改革能够解决司法不公，这种同声高调推进改革，但改革价值取向却完全不在同一频道的现状，极端需要最高人民法院乃至中央最高决策层的魄力、理性与智慧去统筹协调。原因很简单，通过审判责任制度改革乃至司法改革的深入推进，从而实现对审判制度的全面改造和优化，这既是广大审判人员的职业理想，更是国家治理的现实需要。

---

[1] 蔡定剑：《历史与变革》，中国政法大学出版社1999年版，第344页。

（二）在中观和微观层面上，要充分实现审判权的价值功能

具体而言，应该着手做好以下几个方面的工作：

1. 在价值目标层面，司法改革应该以"保护权利"为核心追求来实现审判权的科学运行。第一，由于人类认识和技术手段的局限性，尽管诉讼程序不能保证绝对不枉不纵，但诉讼程序是截至目前最可信赖的程序设计。① 因此，不断完善诉讼程序，进而使之成为理性裁判的基础。② 第二，真真切切将"审判流程公开、裁判文书公开、执行信息公开、庭审活动公开"落到实处，充分保障社会特别是案件当事人对裁判文书的查询权利。③ 第三，要格外重视审判民主，切实有效地避免司法审判权对裁断矛盾纠纷的专行独断。④

2. 在权力结构层面，司法改革应该基于对权力进行监督制约的理念来达到审判权的优化配置。⑤ 之所以如此，完全是出于其他公权力特别是行政权超强独大的现实，同时，也是为了反向提升审判权在国家治理格局中的作用。另外，要格外重视社会舆情对审判权的特殊监督作用。要及时准确分析审判结论引发社会舆情特别是网络舆情的成因，依托热点案件实现舆论与司法良性互动。⑥ 要主动适应大数据时代的社会信息化趋势，努力掌握信息技术规律，积极探索提升舆情工作能力。当然，舆情的冷却与平息，也不单单是公关应对之"功效"，而是更有赖于司法办案之"公正"。须知，没有规范化、制度化的司法审判工作，就必然没有理性化、有序化的社会舆情。

3. 在意识形态层面，要强化全社会对审判制度及其审判责任制度的认同感。中央和社会民众对司法改革以及审判责任制度改革均有较高预期。但就民众对司法不公的"零容忍"要求而言，这种预期的产生，既有其合理性，更有其必然性。虽然审判难免出错，但至少应该能够有效预

---

① 钱峰、高翔：《审判管理制度转型研究》，《中国法学》2014年第4期。
② 王帅：《论我国审判制度创新的成果、意义及其发展趋势》，《山东社会科学》2012年第3期。
③ 龙宗智：《"内忧外患"中的审判公开——主要从刑事诉讼的视角分析》，《当代法学》2013年第5期。
④ 徐致平、张永会：《人民陪审员参审民主价值与审判功能的协调》，《人民司法》2015年第11期。
⑤ 杨知文：《中国审判制度的内部组织构造》，《浙江学刊》2013年第4期。
⑥ 沈德咏：《让热点案件成为法治公开课》，《人民日报》2017年4月7日第5版。

防、减少和避免因为"不可挽回的错误"以及"不可饶恕的错误"而导致的冤假错案;至少应该能够让犯错人依法依规承担相应责任。基于此,促使审判人员对审判工作都能产生并强化敬畏之心;所谓终身追责,其实质也就升华为法官应该终身具有敬畏之心。只有审判人员对行使审判权有了敬畏之心,才会在审判活动中兢兢业业、如履薄冰,才会将审判活动中故意违反法律法规或重大过失等言行降低到最低程度,从而赢得全社会对审判制度乃至审判责任制度的广泛认同。

第二节 对审判责任制度内在局限性的克服

任何制度设计都有其自身无法克服的"内在弊端"或者说"固有局限性",其中的差异只是在于程度不同、表现方式各异而已。如果仅从主体的角度进行分析的话,可以明确一点的是,任何一项制度设计均不可能使得所有与之相关的行为主体都满意。[①] 显然,就此而言,审判责任制度当然也概莫能外。那么,其内在局限性究竟有何具体表现?究竟如何对之加以克服?下文就对这些问题进行讨论和分析。

一 引发规避责任和推卸责任:审判责任制度自身无法克服的局限性

(一) 审判人员的主观过错并非导致问题案件的主要因素

任何人的认知能力和判断能力都有其一定的局限性,从事司法审判工作的审判人员自然也无法例之于外。再加之,司法审判工作中,审判人员还必须面对法定诉讼审判期间的有限性、案件事实的不可复原性、当事人提供证据的选择性以及稀缺性、法律适用的复杂性等诸多审判人员无法掌控、无法避免、更无法改变的客观因素。在上述因素的综合作用下,要想在审判诉讼过程中,对不论是严重性错误或者是一般性瑕疵加以完全避免,那是没有任何可能性的;如果提出类似于这样的要求,那也是明显违背人之常情的,起码是违背司法审判内在规律的。

不仅如此,实际上就司法审判实践而言,特别是伴随着近年来连续几轮司法改革的深入推进,整个司法审判队伍的业务能力和综合素质都得到了显著的改善。至于司法职业环境乃至司法职业保障水平,虽然与广大司

---

① 樊纲:《两种改革成本与两种改革公式》,《经济研究》1993年第1期。

法审判人员的心理预期还有较大差距，但相对于"不堪回首"的过去而言，均以不可逆转之势呈现出明显向好的良性发展局面。这一切都是毋庸置疑的客观事实。因此，即便是直到如今，有问题的诉讼案件依然比比皆是，但实事求是地讲，其中的大多数，之所以能够发生或存在，更直接、更主要的因素还是在于客观方面，而从事办案工作的审判人员其在主观方面的过错，特别是类似于"故意"或者"重大过失"这样的过错，尽管不能对之完全加以否认并作"熟视无睹"状，但在司法审判实践当中并不多见，因此也就不可能发挥主导作用。从常理出发，大多数审判人员还是会立足于基本的职业伦理去从事司法审判工作的。在这里持此观点，并不是有意矫情，更不是刻意要唱一唱所谓"维护社会公平正义""捍卫最后一道防线"如此之类的高调，而是从现实社会生活的实际出发，从广大司法审判人员"安身立命"这一最为现实、最为质朴的基本追求出发，也会得出这样的结论。毕竟，一般情况下，没有人会愿意因为自己完全能够避免，却不想避免的主观过错，而端掉自己的"饭碗"，进而断送自己的事业和前程。

也正是基于对上述因素的综合考虑，欧美世界乃至日本、韩国等法治国家，在通常情况下，充其量也只会将问责、追责、惩戒这样的"大棒"抡向因为存在"故意"或者"重大过失"这类连审判责任豁免制度也无法宽赦的主观过错进而造成冤错案件的办案人员。至于法官，这一于西方世界无论是在政治架构，还是在司法制度，或是在社会生活之中，都具有极其特殊地位的职业群体，对待他们审判责任的追究或惩戒，那就更为宽松了。有些国家则步子迈得更大，甚至于在国家宪法层面，都作出了原则上不得对法官这一职业群体的案件办理活动进行法律责任追究的明文规定。[①]

（二）制度的不当设计或不当实践会引发负面效应

反观我国，不论是较早的于 1998 年印发的最高人民法院《追究办法》，还是新一轮司法改革背景下，于 2015 年出台的最高人民法院《司

---

① 如《德国宪法》第 97 条规定："终身定职的专职法官不得违反其意愿在其任期届满前将其停职或撤职（终身或暂时的）或调职或命令其退休，除非根据法律并按法律规定的方式作出司法裁决。"《日本宪法》第 78 条规定："法官除依审判决定因身心故障不能执行职务者外，非经正式弹劾不得罢免。"吴洪淇：《司法改革转型期的失序困境及其克服——以司法员额制和审判责任制度为考察对象》，《四川大学学报（哲社版）》2017 年第 3 期。

法责任意见》、2016年出台的两高《惩戒意见》，这些规范性文件的颁布实施，都必然意味着，一旦某一起案件被有关机构或组织定性为"问题案件"，尤其是被定性为"冤错案件"，那么，在这之前参与该起案件审判工作的所有审判机关、审判组织及其案件办理人员无论是员额法官、还是法官助理、或是书记员，都完全有可能被惩戒问责进而承担相应的法律责任或是纪律责任。这不但使得所有案件办理人员，而且还连带性地将有权力、更有职责义务对"该起案件究竟是否存在问题""问题的性质究竟是什么""究竟由谁承担责任""责任主体究竟承担何种责任"等要素逐一进行确认、判断和界定的特定机构和特定人员都牵涉其中，进而使之都必然面临巨大的压力和沉重的负担。

由此现状出发，任何人（不论是局外人、还是局内人）都不难作出判断，从类似于"拴在一条线上的蚂蚱"这一命运共同体的基本定位出发，同为审判职业队伍之中的一分子，在特定案件真正出现了问题特别是在办理了冤错案件时，不论是参与先前案件办理工作的审判人员，还是有权参与后续惩戒问责工作的其他相关人员，一般情况下，不但都很不情愿承认并纠正案件中的瑕疵和错误，甚至还都会基于对惩戒问责制度及其实践的恐惧心理、抵触情绪乃至于对抗心态，而极有可能动用一切法律之内，甚至法律之外的手段和方法进行掩饰、遮盖或者谎报、瞒报和漏报，从而导致改革最高决策层精心设计的违法审判责任追究制度及其制度预期完全落空。①

因为，具有重大改革性质的制度实践反复告诉我们，审判责任制度体系特别是违法审判责任追究制度，固然是为了警戒和督促审判职业群体能够积极追求公正司法，但该项制度的客观存在，特别是该项制度实践中，如果有关机构或组织及其有关人员，只是一味地单纯强调审判责任，而严重忽视司法审判内在规律以及案件本身特殊内在因素的客观存在，那么就完全有可能导致审判人员为从源头上彻底消除承担办案责任的可能性，从而极尽所能地利用制度规定中的漏洞和缺陷，不遗余力地推卸责任或者规避责任。而且，这种推卸或规避行为的实施，往往还是打着"依法依规"的幌子。于是，一系列看似合理合法但实质上有悖于司法审判公正、有悖

---

① 陈永生：《我国刑事误判问题透视——以20起震惊全国的刑事冤案为样本的分析》，《中国法学》2007年第5期。

于司法审判规律、有悖于司法改革基本目标追求的反常现象也就随之产生了：

尽管基于新一轮司法改革关于"完善审判委员会制度"的基本精神，法院系统的各级人民法院都已经采取了"过滤""审核""把关"等多种举措，以控制独任法官或合议庭提交审判委员会讨论的案件数量，但还是会有一些并非重大、疑难、复杂、敏感或新类型的案件，被堂而皇之地提交至审判委员会，或将案件的最终决定权转交至院庭长乃至于上级法院，以最终实现转移责任、规避责任的目的，这就严重违背了"让审理者裁判、由裁判者负责"这一司法改革的基本价值取向。基于与之相类似的因素，司法审判实践中，一些上诉案件就势必会被更多地由二审法院发回原审法院重审；在最终的生效裁判中，也就势必会出现更多"留有余地的判决"；就结案方式而言，对于一些完全可以通过"判决"方式结案的案件，有些审判人员则势必会选择以"调解"的方式结案。更为突出的现象则是前文所述及的，在新一轮司法改革中，进入员额的法官特别是一些院庭长不择手段地或主动逃避办理案件，或被动办理案件后刻意逃避责任。很显然，上述情况的出现，必然是源于多种因素的综合作用，但不可否认的是，除去受制于现行司法体制、诉讼制度、司法职业环境和审判人员职业素养等因素之外，的确无法排除"审判责任"（特别是"终身追责"）这一制度设计在司法审判实践中的"双刃剑"作用。①

另外，我们还要注意到这样的事实，违法审判责任追究制度（特别是"终身追责"）这项制度设计的存在，本就已经给审判职业群体带来了不小的压力；而且，与此同时，这项制度在被具体付诸实施的过程中，无论是刻意为之，还是不慎为之，都难免会发生过激、过火等过度追责的情形。因为，制度实践中类似这样"矫枉过正"的悲喜剧，在历史上曾经多次反复出现。再加之，就司法审判内在规律与违法审判责任追究制度设计本身而言，再结合当下新一轮司法改革及其实践，可以看到，绝不是有更多的问责惩戒就必然会带来审判质效的优化，绝不是有更为严厉的惩戒问责就必然会带来司法权威的提升。恰恰可能正是源

---

① 乐巍、陈璐：《法官员额制改革背景下法官遴选制度的困境与出路——基于 C 中级法院法官遴选制度运行状况的实证分析》，《法律适用》2016 年第 4 期。

于这种更多、更为严厉的问责惩戒，随之而来的却是审判质效下降、司法权威低下等一系列相反的结果。原因很简单，物极必反。更何况，尽管从理论上讲，可以明确的一点是，惩戒问责的"普遍性"和"严厉性"，应当同审判职业群体违纪违法行为的"广泛性"和"严重性"相互对应且相互匹配。但实践中的突出问题是，无论是惩戒问责，还是违纪违法，二者各自的评判标准、具体参数、考量权重以及相互之间的比例关系，却由于无法具体量化（起码在短时间内，现有的制度设计无法改变如此现状），因此，尚且无法（轻易）得出相应的、令广大受众充分信服的结论。

二 对局限性的缓解与克服

为了有效缓解与克服审判责任制度体系，特别是违法审判责任追究制度自身内在的局限性，必须多管齐下、多措并举。具体而言，应该从以下三个方面着手：

（一）实现现有制度设计之间的配合协调

在不同的制度设计或制度安排之间，往往在彼此之间产生或正面、或负面的实质性影响。就此而言，在均同国家治理密切相关，且均归于司法改革领域的各个单项制度设计或者制度安排相互之间，不仅不可能"单一向度"式地发挥作用，更不会具有单项制度发挥整体性功能、综合性作用的可能性。因此可以明确的是，与其他相关制度的有效衔接和密切协调，就成为限缩甚或克服审判责任制度内在局限性及其负面效应的理想途径。

具体而言，就是要针对引发规避责任、推卸责任等一系列"沉疴痼疾"，以作为深入推进审判责任制度改革之基础性制度的法官员额制度为切入点，要求各级人民法院建立健全"有进有出""能上能下"的动态化法官员额调控机制，将员额的进退与干部管理、违法审判责任追究、审判责任豁免和办案绩效考核等多项制度设计紧密挂钩。既要兼顾退休、离职、惩戒等诸多客观事由的存在，更要强化科学考核、依法依规追责问责等多项制度的实施。无论是只愿享受待遇却不愿尽职履责、担当不够不敢尽责、能力不足不能负责、因违纪违法而被惩戒问责的审判人员，还是不能独立办案、案件质效较差、无法完成核定工作量的审判人员，该退出员额的都要及时退出员额，该退出审判职业队伍的都要及时退出审判职业队伍。正是通过上述一系列举措的实施,才能既可确保正确履职、勇于担责的审判人员充分地享受改革红利,更可确保将惯于推卸责任、规避责任的人员从审判队伍中清除干净,以正确的改革导向提升司法权威和司法公信力,最终实现审判责任制度改革乃至于整个司法改革的基本预期。

(二)格外注重具有预防功能的"反向性"的制度建构

国家治理是一个具有系统性、整体性的宏大工程。国家治理的实施和推进,必须借助于一系列的制度设计和制度安排。这其中,既包括通过法律法规予以确认,具备一定形式的正式的制度安排,也包括未经法律法规予以确认,甚至可能不具备一定形式,但在实践中却依然发挥特定功效和作用的、非正式的制度安排。它们共同构成了支撑国家治理的制度体系。可以说,对于某一特定制度安排而言,国家治理的过程,也就是该项制度安排被不断设计、实践、调整、创新,到再设计、再实践、再调整、再创新的过程;对于整个制度体系而言,国家治理的过程,也就是整个制度体系被不断权衡、被不断调整结构的过程。在上述这种循环往复的过程中,特别需要对于制度的创造和改良保持起码的、理智严谨的态度和认识。

具体而言,我们既可以对于创造和改良之后的制度所能产生的制度正效应萌发情理之中的期待和憧憬;同时,基于任何制度都会具有缺陷只是程度不同的本质特征,我们也需要甚至更应该对于创造和改良之后的制度有可能引发的制度负效应保持应有的警惕和防范。而且特别重要的是,面对随时可能出现的制度负效应,甚至于制度性的重大缺陷,必须在最短的时间内及时建构切实有效的、具有防范性功效的制度和措施。这一点,对于改革大业尤为重要。这样做,既能有效地缓解甚至杜绝改革的过度反复,尽量避免改革走"弯路"甚至走"回头路",又能有效地减轻甚至遏制改革进程中完全可能产生的"改革负资产",进而使得改革的正效应能够实现最大化。鉴于此,在推进新一轮司法改革,特别是在践行审判责任制度改革的进程中,就制度建构和制度创新而言,必须格外注重既积极建构以"问责和惩戒"为核心内容的违法审判责任追究制度,又积极建构以"激励和保障"为基本精神的司法审判职业保障制度。正反两方面的预先制度设计并存并行,确保正向性的制度安排与反向性的制度安排互联互动、互为依赖、互为依托,确保其制度功效能够相辅相成、相得益彰,从而为从根本上扩大改革的整体性效能奠定基础。①

（三）加强审判人员的职业化建设

除了解决好上述制度建设层面的问题之外，要想有效克服审判责任制度体系内在固有的局限性，还必须下大力气加强以"塑造法官"为核心内容的审判人员的"职业化建设"。原因在于，无论是司法权威，还是司法公信，其基础还是在于审判人员自身的素养和能力。司法审判制度的所有功效及其实现，都需要审判人员所实施具体的审判行为来彰显。假如审判人员整体素质极端低下、能力严重缺损，就司法审判实践之中的监督、管理、考核、问责、惩戒、豁免、保障等系列制度安排而言，即便就是将其设计到无与伦比的程度，即便就是将其实践到无以复加的地步，不但于"司法审判质效""司法权威公信"之事无补，而且还可能适得其反，会进一步加剧本就极其严重的"司法审判行政化"（而这恰恰也正是新一轮司法改革"欲除之而后快"的重大改革对象），进而大幅度弱化审判人员的职业责任感和职业尊荣感。因此，就审判人员而言，必须明确的职业化建设途径应该涵盖以下三点：

第一，深入落实改革举措。实际上，为持续强化审判职业队伍建设，自新一轮司法改革启动以来，中央最高决策层在原有制度设计的基础上，还在不断出台新规定。非常典型的举措就是，即便曾经是审判机关的办案业务骨干，但如果其已离开办案岗位超过了五年时段，现在重新回归办案部门之后，没有通过从事法官助理参与办案至少一年的"回炉"和"重铸"，则其将不具备参见遴选入额的基本资格。② 很显然，必须矢志不渝地将这一系列已经出台的制度和举措有效地落到实处。

第二，不断强化法治意识。通过各种手段和方式，进一步强化审判人员牢固树立人权意识、程序意识、证据意识、时效意识、监督意识、责任意识、规则意识、底线意识、公平意识等基本的法治意识，确保真正将"法治思维"和"法治方式"运用到司法审判实践之中。同时，进一步坚定其"法治信仰"，将其对法治的信仰有效地彰显于其审判职业生涯。这也正是审判人员作为法律人的基本素质和基本修养。

---

① 江必新：《制度现代化是全面推进依法治国的核心要求》，《红旗文稿》2014年第20期。
② 2017年8月中央深改组第38次会议审议通过的《关于加强法官检察官正规化专业化职业化建设全面落实司法责任制的意见》明确规定，"原办案骨干调离办案部门五年以上的，需回到办案岗位担任助理参与办案满一年方可参加遴选"。

第三，有效践行法治追求。在落实前述要求的基础上，还必须强化审判人员应当自始至终秉持并践行"挥法律之利剑、持正义之天平、除人间之邪恶"的价值追求，还必须拥有强烈的家国情怀、人文精神和忧患意识。同时，不论是在司法审判的层面，还是从法治建设的层面，或是从国家治理的层面，作为其中重要的践行者和推动者，广大审判人员必须从人民群众最关心的公共安全、最关切的权益保障、最关注的公平正义入手，卓有成效地履行司法审判职责。

第三节　审判权运行机制的改良：司法审判民主化

审判责任制度的核心要义和科学内涵是"让审理者裁判，由裁判者负责"。前文已述，审判责任制度与审判权运行机制是相辅相成、互为依托的制度设计。因此，在深入推进审判责任制度改革的过程中，也应重视发挥合议庭、审判庭、审判委员会以及专业法官会议等司法审判民主载体的积极作用，创新和完善以司法审判民主维护和保证司法审判公正、司法审判权威、司法审判秩序、司法审判公信的体制机制。[①]

一　司法审判民主化的一般性问题

必须看到，在审判责任制度改革实践中，一些地方出现了"去司法民主""去民主化"的错误倾向。对于审判责任制度改革而言，这是必须及时加以遏制和纠正的不良趋向。

司法民主或民主司法是我国社会主义司法的基本原则。就民主原则而言，司法民主是我国司法制度的基石，也是司法审判权运行的基本原则。如何理解司法民主原则？一是司法为民，这是社会主义法治的核心价值，是社会主义法治依靠人民、造福人民、保护人民的人民主体原则在司法领域的价值体现，是社会主义司法的本质与目的性所在。司法为民的内容极其丰富，排忧解难是为民，定分止争是为民，促进社会和谐是为民，维护社会公正是为民，尊重和保障人权是为民，等等。二是民主司法，即司法运行过程和程序依法公开，当事人知情、协商、调解优先、调判结合，司法审判信息对公众和媒体开放等，都是民主司法。在司法审判权运行和司

[①] 张文显：《论司法责任制》，《中州学刊》2017 年第 1 期。

法审判活动中，民主司法主要体现为合议庭、审判庭、审判委员会均实行少数服从多数，依多数法官的意见形成裁判。

民主司法如何实现呢？就审判机关来讲，民主司法的法定组织形式和实践载体是合议庭、审判庭、审判委员会，还有人民陪审员制度。

在法院的合议庭、审判庭、审判委员会中，司法民主的机制有两个：第一个是民主集中、平等自主评议。每个法官都是平等的，也都是独立自主的。平等自主是为了保证法官没有顾虑地发表关于案件事实、证据采信、法律适用等问题的独立见解。第二个是少数服从多数。少数服从多数是民主的标志，也是民主的原则。在合议庭、审判庭中，只要形成了多数意见就可以形成有效裁判。如果审判长或主审法官的意见是少数意见，则其无权否决其他法官的意见。正如我国《刑事诉讼法》第184条规定："合议庭进行评议的时候，如果意见分歧，应当按多数人的意见作出决定，但是少数人的意见应当写入笔录。"

在推进审判责任制度改革时，必然涉及合议庭、审判庭、审判委员会的改革，无论改到何种程度，都必须坚守司法民主的底线。在新一轮司法改革中，在"去行政化"的主张下，弱化合议庭或者把合议庭虚置化的情况比较普遍，有些法院以"案件繁简分流、扩大简易程序"为名，行削弱合议庭之实；有的法院甚至违背宪法和法律的规定公然取消审判庭；有些法院把审判委员会当作"行政化"的东西加以否定。基于这些片面的、错误的认识而进行的审判权运行机制改革必然演化为"去司法民主化"。"去司法民主化"的倾向违背了我国国体和政体决定的国家审判权力行使的根本原则，违背了审判权运行的基本规律。这应当引起有关方面高度重视，并及时加以纠正。[①]

因此，可以说，审判责任制度与司法审判民主制度是相辅相成的。如果扭曲了审判责任制度，必将导致司法审判民主制度破产；如果司法审判民主制度破产，司法改革最终将彻底失败。下文将围绕审判委员会制度和专业法官会议制度，来深入阐释这一问题。

二　对审判委员会制度的改良

审判委员会工作机制及其改革，既是一个"陈芝麻、烂谷子"的老

[①] 张文显：《论司法责任制》，《中州学刊》2017年第1期。

旧话题，也绝对是当前健全审判权运行机制的重大问题。长期以来，在有关法院改革的众多讨论中，"审判委员会"制度的地位与作用，始终是各方面关注的重中之重。当然，在这些讨论中，大多都是对该项制度的检讨、质疑和批判。甚至认为，存在于我国审判权运行机制中的所有重大弊端，特别是"审者不判、判者不审"等导致审判责任无从落实的系列疑难问题，都无一例外，甚至是极为突出地暴露于审判委员会制度之中。①可以毫不夸张地讲，地方人民法院对审判委员会制度的局部改良及其成效和问题，已经成为准确定位审判委员会制度、科学评估审判责任制度改革状况的注脚。笔者在深化新一轮司法改革之际重提旧事，意在结合对地方人民法院改良实践的调研情况，从审判责任制度切入，对审判委员会这样一项既明显带有民主形式，又当然含有法治内容，但却长期遭人诟病的制度设计进行分析，尝试对该项制度及其职能进行定位，并提出完善该项制度的初步建议。

（一）地方人民法院审判委员会改革中取得的成绩与存在的问题

近些年来，许多地方人民法院早就已经开启了对于审判委员会制度改革的尝试和探索，而且也着实取得了一定成效，特别是已经呈现出了审判委员会讨论案件占比逐年下降、同意合议庭主流意见居多等特点。以 G 省 Z 市中级人民法院为例，2013 年办结案件 1048 件，审判委员会讨论 87 件，占比为 8.3%；2014 年办结案件上升为 1091 件，而审判委员会讨论案件数却下降 59 件，占比只有 5.4%。2013 年 Z 市市县两级 7 家法院审判委员会讨论案件 393 件，审判委员会同意合议庭主流意见的有 325 件，占比高达 82.7%。

同时，也初步取得了提升案件质量、强化审判经验总结等成效。还是以 G 省 Z 市中级人民法院为例，该院在 2012 和 2013 年度 G 省高级人民法院组织的法院系统绩效考评中分列全省第二名和第一名。而同时期，该院办案法官 334 名，在 G 省全省 4798 名办案法官的占比仅为 6.96%，但办结案件 16902 件，却在当年全省 186145 件的办结案件中占比多达 9.08%。自 2013 年改革以来，Z 市中级人民法院审判委员会出台审判工

---

① 有关问题的研究和分析，可参见陈迎新《我国审判委员会制度反思》，《西南交通大学学报》（社会科学版）2003 年第 3 期；刘传刚：《论审判委员会的职能》，《行政与法》2003 年第 8 期；路昌其：《现行审判委员会制度的改革与完善》，《法治论丛》2009 年第 5 期。

作制度类意见9件，其中包括《民事审判工作指导意见》《案件流程管理办法》等规范性文件，以及超审限未结案件情况总结、审判运行态势分析、涉诉上访人员情况汇总等研究分析类工作材料。

尽管有上述成绩，但对于一些司法实践中不利于完善审判权运行机制及审判责任制度的问题，改革成效显然并不理想。这其中既有"缺乏亲历性"这一审判委员会制度内在固有，无论如何改革也无法完全消除、只能有所缓解等制度本身的突出问题，也有组成结构的专业化亟待加强，出于规避审判责任等原因导致审判委员会讨论事项严重泛化，以及专业审判委员会（即审判咨询小组）运行效果不佳等基于改革措施针对性不强或落实不到位而引发的一系列突出问题。

（二）对审判委员会制度的再定位

总体而言，学术界乃至实务界对审判委员会制度的诟病主要集中于：审判委员会讨论决定案件会造成"审而不判、判而不审"，进而导致"无人负责"。针对这一问题，十八届三中全会《决定》明确要求，"改革审判委员会制度，完善主审法官、合议庭办案责任制，让审理者裁判、由裁判者负责。"在新一轮司法改革大背景下，最高人民法院对于改革审判委员会工作机制则有更为具体、更为长远的目标。最高人民法院《四五改革纲要》规定："合理定位审判委员会职能，强化审判委员会总结审判经验、讨论决定审判工作重大事项的宏观指导职能。建立审判委员会讨论事项的先行过滤机制，规范审判委员会讨论案件的范围。除法律规定的情形和涉及国家外交、安全和社会稳定的重大复杂案件外，审判委员会主要讨论案件的法律适用问题。完善审判委员会议事规则，建立审判委员会会议材料、会议记录的签名确认制度。建立审判委员会决议事项的督办、回复和公示制度。建立审判委员会委员履职考评和内部公示机制"。很显然，实现改革目标特别是完善审判责任制度的根本前提，就是要对审判委员会及其职能进行准确定位。

1. 审判委员会制度可在一定程度上克服司法行政化

首先，要正确认识司法行政化。在我国，司法行政化现象的形成有着深刻的政治、文化、历史和社会原因。长期以来，我国各个国家机关甚至于国有企事业单位，实际上都被当作行政机关来对待。在这种"泛行政化"的社会环境中，作为司法机关的法院绝不可能摆脱"被行政化"的命运。客观地讲，当下我国法院审判权运行的"行政化"问题，并不（主要）是法院院长、庭长及审判委员会权力欲望膨胀的结果，也不（主要）是各级人民法院领导层对所谓"司法客观规律"的故意忽略，而是在很大程度上与法院审判工作的实际状况及实际需求相关。[1] 而且还要看到，司法实践中，"行政化"这一概念有被滥用的情况，为监督和保障审判权规范运行而实施的一些绝对必要的管理措施，也被不恰当地扣上了"行政化"的大帽子。其实，笔者并无意于要为"行政化"正名，只是想说，如果看不到"行政化"的真实成因，如果不能明确"行政化"的具体表现，势必难以真正解决"行政化"所引发的问题，更难以真正实现"去行政化"的目标。

其次，审判委员会制度有助于克服司法行政化。有人认为，审判委员会制度加剧了司法行政化。其实，地方人民法院审判委员会改革的实践已经说明，经过审判委员会讨论决定的只是法院的极少数案件，即便是完全废除审判委员会讨论决定案件制度，甚至从根本上让审判委员会制度消失，司法行政化的现象也不可能消除。与一般性认识相反，笔者恰恰认为，审判委员会制度与司法行政化不但没有因果关系，反而在客观上能够有效克服法院内部的行政化。

一般情况下，审判委员会的绝大多数委员都有行政级别，因此其相互之间在身份、地位以及话语权等方面的接近程度，要远远高于非审判委员会委员与审判委员会委员之间的接近程度。以此为基础，在院长、副院长、庭长、副庭长以及与其他审判委员会委员之间形成的制衡机制，其民主化气息相对更浓，制衡效果也相对更为充分。正是在这种制衡作用下，审判委员会内部通过法院全体精英按照少数服从多数的原则，讨论决定案件或其他事项，这就在制度层面大大降低甚至排除了审判委员会内部以个人意志或下级服从上级的"行政化"模式解决问题的可能性。这一制度功能的意义在于：作为法院内部总结审判经验、讨论决定审判工作重大事项、具有最高权威的最高审判组织，审判委员会制度运行过程中因审判委员会委员之间相互制衡所彰显出的"民主化"，极大地弱化了法院内部的"行政化"。显然，基于对司法实践片面且肤浅的认知，很多人并没有看清这个问题，进而颠倒了因果关系，造成了严重的误读。

当然，需要特别说明的一点是，笔者并不是要在此处为审判委员会组成结构的"行政化"唱赞歌，而只是在于强调一个客观事实。不可否认的是，

---

[1] 顾培东：《再论人民法院审判权运行机制的构建》，《中国法学》2014 年第 5 期。

在组成结构上，淡化审判委员会的行政化，强化审判委员会的专业化，这是大势所趋。这里值得我们格外注意的是，从表面上看，审判委员会运行中的"民主化"源自于审判委员会组成结构上的"行政化"，甚至有人还会据此进一步认为，这种以审判委员会组成结构"行政化"，来消解法院审判权运行"行政化"的制度效应，颇有些"以毒攻毒"的感觉。但在笔者看来，审判委员会在组成结构上需要继续保持的本质性特征并非"行政化"，而是审判委员会委员之间的相互制衡。如果说，当下及之前需要通过人员结构的"行政化"来保持审判委员会的相互制衡，那么，今后就必须在健全主审法官、合议庭办案机制和办案责任制的基础上，通过科学定位主审法官、院长、庭长与审判委员会的职能以及相互关系，以继续保持这种极其重要的相互制衡。须知，在审判权运行机制中，只有在各审判组织内部以及审判组织之间形成有效的制衡，才会实现充分且有序的民主；只有实现充分且有序的民主，影响和制约审判权科学运行的行政化才有可能消除。

2. 审判委员会在审判工作中的作用将会进一步强化

我国的国家立法对审判委员会制度的职能与作用有着相对明确清晰的规定。《人民法院组织法》第 36 条规定：各级人民法院设审判委员会。审判委员会的任务是总结审判经验，讨论重大的或者疑难的案件和其他有关审判工作的问题。审判委员会不但与独任法官、合议庭一样，是法院的审判组织，而且正如前文所述，还是最高人民法院钦定的法院内部"最高审判组织"。就此而言，审判委员会行使审判权在制度上具有毋庸置疑的正当性。因此，尽管各级人民法院都必然会根据本轮改革精神，尽可能压缩审判委员会讨论案件的范围和数量，但笔者认为，审判委员会在法院审判工作中的作用不会因此而削弱，反而会进一步加强。这是因为，一方面，随着院长、庭长审批案件权力的弱化直至取消，很多先前在院长、庭长环节中处理的案件可能会进入审判委员会；而且，合议庭与院长、庭长之间也会形成制衡关系，最终诉诸审判委员会解决的争议事项也会相应增加。另一方面，根据最高人民法院《四五改革纲要》关于建立审判委员会讨论事项的"先行过滤机制"，规范审判委员会"讨论案件的范围"的精神，尽管讨论的案件数量越来越少，但进入审判委员会的却都是大案要案和大事要事，相应地，审判委员会在法院审判工作中，所发挥的作用将是通过"讨论决定审判工作重大事项"而体现出的"宏观指导职能"。因此，从审判权运行实际需要（而非人们主观愿望）出发，在减缩审判委员会讨论案件总量的同时,进一步强化审判委员会的职能作用,将是大势所趋。

(三)落实审判责任制度——对审判委员会制度的完善

长期以来,围绕法院审判权运行机制改革进行讨论的众多学者和实务工作者,就完善审判委员会制度提出了许多涉及优化组成结构、改革表决方式、分设专业审判委员会等内容的真知灼见,旨在克服组织模式的行政性、制度运作的随意性、功能发挥的失衡性等问题,而且有的已经付诸司法实践。[①] 但在笔者看来,当前审判权运行机制中违背司法亲历性规律特别是"审者不判、判者不审"问题依然突出存在,进而导致既无法保证司法公正,又难以追究审判责任。特别是一些审判人员为规避个人责任,往往主动将案件向庭院长请求汇报,或者提请审判委员会讨论决定。因此,为解决这些问题,笔者从落实审判责任制度的角度出发,为完善审判委员会制度提出以下建议。

1. 严格限缩审判委员会讨论范围,避免责任推诿

笔者在调研中发现,2008 年至 2011 年,G 省高级人民法院审判委员会讨论案件以及其他事项的数量,基本呈逐年上升趋势。2012 年至 2015年,通过修订《审判委员会讨论案件范围》,严格提交会议事项的审批程序,讨论制度的次数有大幅提升,但讨论案件的数量尽管也呈下降态势,但仍然不少(具体情况参见"表 5-2")。

表 5-2　G 省高级人民法院审判委员会召开会议及讨论问题情况一览

年份	召开会议次数	讨论案件数	讨论制度次数
2012 年	56	316	2
2013 年	49	237	6
2014 年	39	138	13
2015 年	26	79	18

---

① 相关问题的研究和分析,可参见苏力:《基层法院审判委员会制度的考察及思考》,《北大法律评论》1998 年第 2 期;徐显明:《司法改革二十题》,《法学》1999 年第 9 期;陈卫东、李训虎:《先例判决 + 判例制度 + 司法改革》,《法律适用》2003 年第 1、2 期;乔新生:《改革审判委员会制度不是彻底将其取消》,《法制日报》2013 年 11 月 22 日第 11 版;田成有:《审判委员会制度的改革设计》,《人民法院报》2014 年 1 月 17 日第 2 版;汪红、纪欣:《独立审判权护航新改革》,《法制晚报》2013 年 11 月 15 日第 1 版。

审判委员会讨论制度的次数明显增多,这一点令人欣慰,因为这与最高人民法院《四五改革纲要》中关于强化审判委员会"总结审判经验、讨论决定审判工作重大事项的宏观指导职能"的改革精神完全契合。至于讨论案件数量仍显较多的问题,初步分析,原因有三:一是疑难复杂、新类型案件增多,确实需要审判委员会讨论决定;二是现有审判组织管理办法中,尚无科学合理可行的审判委员会议决事项准入制度,讨论范围的规定过于原则化,不便于实际操作;三是存在不愿担当和诿责的问题,主管院长、庭长对提交会议的案件往往把关不严,使一些并不特别复杂疑难重大的案件进入审判委员会。日益增多的议决事项,增加了审判委员会工作压力,混淆了责任分担,影响了审判委员会主要职能的发挥。

因此,笔者建议,为提高审判委员会议事效率,切实发挥其审判决策、审判指导、审判管理和审判监督的功能作用,有效杜绝责任推诿,各级人民法院应严格遵循最高人民法院《四五改革纲要》和《司法责任意见》中关于审判委员会"只讨论涉及国家外交、安全和社会稳定的重大复杂案件,以及重大、疑难、复杂案件的法律适用问题"的基本要求,建立审判委员会议题的把关机制,明确议题范围,大幅度压缩讨论案件比例,特别是严防旨在推卸责任的案件进入审判委员会,使审判委员会真正能够聚焦于审判执行工作中的重大问题,聚焦于重大疑难复杂案件的法律适用问题,充分发挥审判委员会作为最高审判组织的指导作用。具体而言,应将审判委员会讨论案件严格限缩在以下范围:一是新类型案件、在辖区内有重大社会影响以及其他疑难、复杂案件的法律适用;二是拟判处死刑案件的法律适用;三是拟宣判无罪案件的法律适用;四是拟在法定刑以下判处刑罚或免于刑事处罚的案件;五是本院已生效裁判确有错误再审的案件。审判委员会工作机构应将上述五类案件之外的其他案件,一律排除在审判委员会讨论范围之外。

2. 完善审判委员会工作运行模式,明确审判责任

第一,确保议事过程公开透明。审判委员会作为法院内部的最高一级审判组织,从本质上讲,其讨论案件仍属于审判活动。但当前审判委员会讨论案件时,除了审判委员会委员、案件承办人以及会议工作人员外,其他人员不得旁听。这种封闭性的运作模式与审判公开的诉讼原则相悖,使当事人享有的辩论权、辩护权无法行使。同时,审判委员会讨论个案均是

秘密且不定期进行，有哪些人参加讨论、何时讨论，当事人并不知情，致使当事人依法享有的申请回避权无法实现，与诉讼法规定的回避原则相矛盾。这些情形的存在，不利于对审判活动进行有效监督和制约，更不利于审判委员会及其委员落实司法责任。鉴于此，笔者建议，在严格遵循最高人民法院《司法责任意见》第11项关于"审判委员会评议实行全程留痕，录音、录像，作出会议记录"之规定的同时，应事先将参加案件讨论的审判委员会委员姓名、职务等相关信息，以特定方式告知当事人，以提高决策透明度，增强审判委员会委员责任感。当然，必须处理好公开与保密的关系，在公开的同时，依法应当保密的要严格保密。

第二，实行签名确认制度。当前，审判委员会讨论案件记录作为保密材料，对外界不公开。随着司法公开特别是裁判文书的深度公开，应当建立审判委员会委员在裁判文书上署名的制度。同时完善审判委员会议事规则，建立审判委员会会议材料、会议记录的签名确认制度。凡经审判委员会讨论决定的案件，应在裁判文书中予以载明，后附参加讨论的委员名单。之所以如此，笔者以为，审判委员会讨论决定事项的署名不仅是形式要求，更是落实审判责任的基础和前提。

第三，建立健全责任追究制度。笔者以为，这一措施所要解决的问题也正是审判委员会广遭诟病的主因。长期以来，由审判委员会议决的案件，审判者是合议庭或独任审判员，判决者却是审判委员会，合议庭审而不判，审判委员会判而不审。这种审判委员会审、判分离和审判委员会委员不了解案情的状况，容易使合议庭成员在审判过程中产生依赖思想，逐步弱化责任心，以审判委员会作为挡箭牌作出对自己有利的决定，从而诿责于审判委员会。最后，到底应该由谁承担责任，也就不清不楚。同时，审判委员会决议实行集体表决，致使责任主体不明，一旦出现错案，很难追究责任。由于合议庭并未对审判委员会讨论的案件作出实际裁判，若由合议庭承担责任，不太公平；由审判委员会集体承担责任，往往无人负责，无法追责。因此，笔者建议，应强化责任约束，将审判委员会委员的意见与错案责任追究直接挂钩，至少应纳入考评指标体系。根据审判委员会与合议庭、主审法官的权责划分，落实司法责任：审判委员会讨论一致通过的案件，被确定为错案时，由出席会议的委员承担错案责任；因部分委员的意见导致错案的，则持该意见的委员承担错案责任；其他原因造成错案的，按照相关规定追究责任。

3. 增加审判委员会开庭审案的职能

不论是从制度设计来看，还是从制度实践来看，一方面，进入审判委员会讨论的基本都是疑难重大复杂案件；但另一方面，审判委员会委员前期未亲自参与案件的审理，对案件不知情，"亲历性"远远不够，只能在审判委员会开会时边听汇报、边提问题、边熟悉案情。很显然，在这种只"开会"不"开庭"的工作模式下，审判委员会委员表决意见存在严重的片面性和极大的决策风险。这无形中就形成了一种恶性循环：案件的重大疑难复杂程度越高→进入审判委员会、经由不熟悉案情的审判委员会委员拍板决定的可能性就越大→最终酿成冤错案件的几率就越高→明确办案责任的难度势必也就越大。

以曾经一度引发社会高度关注的浙江张氏叔侄强奸案为例，在合议庭评议阶段，审判长认为该案存在诸多疑点，证据不足，应该依据疑罪从无原则，宣判张氏叔侄无罪释放，但其意见未被采纳。杭州市中级人民法院审判委员会集体讨论后决定，判处张辉死刑、张高平无期徒刑。这里显示出案件承办人意见与案件最终结果之间的巨大差别：如果按照承办人的意见，这起冤案完全可以避免，但经过集体讨论决定后却最终铸成了冤案。该案例再次印证：我国近期曝光的许多冤案并不（主要）是办案人员个人原因造成的，而（主要）是体制性原因导致的。就此意义而言，此类冤案可以称为"体制性冤案"。[①] 而这里的体制性弊端，恰恰就突出地表现在审判委员会制度之中。

因此，为消除这种弊端，真正落实审判责任制度，作为法院最高审判组织的审判委员会，应该丰富和强化其工作模式，除召开审判委员会会议听汇报、作决定之外，还应当直接开庭审案。从必要性上来讲，尽管依托于信息化技术，当前法院绝大部分案件开庭审理已经实现了当庭录音录像，庭审视频音频资料以及案卷材料可以随时甚至同时由审判委员会收看。但就如同在电视机前欣赏比赛直播永远不能取代走进赛场观看比赛一样，司法的"亲历性"原则决定了主审法官或合议庭庭审形成的视频资料，还是无法跟审判人员与诉讼当事人面对面接触同日而语。因此，审判委员会开庭审案实乃势在必行，而绝非浪费审判资源之举。从可行性上来讲，"四五改革"开始后，需要审判委员会讨论的案件数量将会日趋减少，这就使它有更多的时间与精力

[①] 陈兴良：《推动法治进步的新闻力量》，《法制日报》2015年5月13日第10版。

直接开庭审理,案件质量也能得到保证。而且应该明确:在审判委员会内部,审判委员会委员开庭审案制度,就是与召开审判委员会会议处于同等地位、具有同等重要性的基本工作方式和主要工作内容,就是审判委员会制度得以存在和运行的基本载体。审判委员会对重大疑难案件直接开庭审理,可集中法院优势司法资源,有助于法院去行政化,也有助于落实"让审理者裁判,由裁判者负责"的基本原则。①

就审判委员会开庭审案的具体制度设计而言,需要明确以下几个问题。首先是审判委员会开庭审理的案件范围。根据最高人民法院《四五改革纲要》基本精神,审判委员会主要审理疑难、复杂、重大案件中法律适用问题和涉及国家安全和社会稳定等案件。因此,合议庭在依法进行审理后,如果认为某一特定案件的处理涉及到的法律问题疑难复杂,其处理结果将对此后同类案件的处理产生重大影响,且该案涉及的法律适用问题属于审判委员会的审理范围,则应该提交审判委员会研究。如果审判委员会经审查后认为合议庭提交的案件符合前述条件、确需自己审理时,可以"大审判庭"的形式按照现行诉讼程序进行审理。其次是合议庭和审判委员会的审判权限划分。在这一问题上,笔者认为要将审判委员会开庭审案的权限严格限定在案件的法律适用问题上,其他事实与法律问题仍由合议庭决定。再次是审判委员会开庭审案的程序设计。应该在保障合议庭、审判委员会对同一案件行使审判权前后程序衔接的前提下明确规定,庭前由合议庭履行报告程序、庭前告知当事人程序、当事人向审判委员会提交法律意见程序;庭审中由法官助理向审判委员会总结、报告合议庭已查明的相关案件事实,并由审判委员会主持人(院长)明确告知当事人,审判委员会仅就案件中的某一或某些特定法律适用问题进行审理。原被告(及第三人)及其代理人在"大审判庭"之上,应该就相关法律问题充分表达诉辩意见。之后,审判委员会应将案件涉及的法律问题进行研究后反馈给合议庭,由合议庭依法作出裁判。"大审判庭"可由3至9位审判委员会委员组成,每次开庭审案的审判人员不是固定的,可以根据案件性质和所在法律领域,由审判

---

① 汪红、纪欣:《独立审判权护航新改革》,《法制晚报》2013年11月15日第1版。

委员会派员开庭审判。[①]

相对于实现司法公正这一根本目标而言，审判委员会总体上是一项符合中国国情、利大于弊的制度设计，起码在短期内是如此。可以肯定的是，这一观点以及本文中与之相应的一些主张，赞同者有之，质疑者更有之。但"真理从来都不如思考本身诱人和绚丽"，[②] 在社会快速发展和急剧变迁的当下中国，围绕司法体制改革所面临的一些重大问题，特别是针对"审判委员会"这一专业化色彩虽不够浓厚、与源于西方的"现代司法理念"也极不契合的制度设计，展开充分的分析和讨论，对于探究当下中国审判机关如何实施司法治理，如何完善审判责任制度，无疑都具有现实意义。本文所论述的决不是审判委员会制度的全部环节和所有要素，只是试图通过初步的梳理来展示审判委员会及其落实审判责任制度的实践中，还存在哪些问题？可能解决哪些问题？仅笔者以及本文的能力实在无法追求全面和圆满。如果所梳理的这些因素有一定合理性，那么可以明确的一点是，目前中国的审判委员会制度乃至司法责任制所面临的问题不是各级人民法院可以独自解决的，根本的改善还需要执政者的综合协调。

就审判委员会制度而言，究竟能否实现其"讨论决定重大事项、加强宏观指导"的核心职能；就审判责任制度而言，究竟能否真正实现"谁办案谁决定谁负责"的制度预期，往往会基于多种因素的相互作用而呈现出多种情形。无论如何，法院、审判委员会委员、审判人员乃至诉讼当事人等相关主体在既定制度设计及其改革的背景下相互影响、相互制约，这种互动博弈本身又在影响着既定制度设计的运行轨迹和改革成效，甚至可能引起对新的审判权运行方式的需求。

三 专业法官会议制度的建构与完善

专业法官会议制度改革，是当前健全审判权运行机制改革的重要课题。地方人民法院对该项制度的改革实践及其取得的成效和存在的问题，是准确定位专业法官会议制度、科学评估审判权运行机制状况、深入推进

[①] 目前，已有个别法院开始了审判委员会开庭审理案件的实践探索，详情参见郭京霞等：《审判委员会直接开庭审案开全国先河》，《人民法院报》2015年9月18日第1版。

[②] ［美］理查德·波斯纳：《波斯纳法官司法反思录》，苏力译，北京大学出版社2014年第1版，"代译序"第16页。

审判责任制度改革的重要参考因素。

(一) 专业法官会议制度的一般性问题

最高人民法院《四五改革纲要》第 30 项明确规定,"完善主审法官会议、专业法官会议机制"。最高人民法院《司法责任意见》第 8 项则进一步明确要求,法院"可分别建立由民事、刑事、行政等审判领域法官组成的专业法官会议,为合议庭正确理解和适用法律提供咨询意见。合议庭认为所审理的案件因重大、疑难、复杂而存在法律适用标准不统一的,可以将法律适用问题提交专业法官会议研究讨论。专业法官会议的讨论意见供合议庭复议时参考,采纳与否由合议庭决定,讨论记录应当入卷备查"。在司法改革纲领性文件对建立专业法官会议制度提出明确要求的同时,在实践层面,全国多个司法改革试点法院也先后设立了由院领导、相应领域审判委员会委员、庭长、副庭长和资深法官组成的刑事、民事、行政、执行等专业法官会议。当然,实践已经证明,目前专业法官会议的这种组成结构也需要改良,后文将对此进行论述。①

(二) 专业法官会议制度的可行性

任何制度设计,如欲实现其制度预期,都须具有基本的可行性。否则,即便是改革最高决策者强力推行,也必然是收益甚微,甚至适得其反。专业法官会议制度因为既有可资借鉴的域外实践,也有国内可供依循的过往经验,更有亟待满足的现实需要,因此,该项制度已然具备了必要的可行性。② 笔者于下文就以有助于"统一司法裁判尺度"这一专业法官会议制度的突出功效,就其可行性进行说明。

作为彰显司法公正的重要衡量标准,统一司法裁判尺度一直备受最高人民法院乃至于执政党最高决策层的高度重视。广为熟知的指导性案例制度以及本轮司法改革中涌现出来的类案参考、裁判文书交叉校验等制度,都是为实现这一目标而做的努力。源于"统一司法裁判尺度"这一重要的价值取向,有必要分析专业法官会议制度的运行情况。观察部分司法改革试点法院就可以发现,专业法官会议建立前后的二审改判率和发回重审率变化很大。表 5 – 3 是对作为 G 省司法改革试点法院的 Z 市中级人民法院相关情况的描述。

---

① 相关问题的分析,可参见冯之东:《司法改革背景下的专业法官会议制度研究》,《甘肃政法学院学报》2017 年第 1 期。

② 同上。

表 5-3　G 省 Z 市中级人民法院二审改判和发回重审情况一览（2012—2015 年）

办案情况 年份	一审结案数 刑事	一审结案数 民事	二审改判情况 刑事改判数	二审改判情况 刑事改判率	二审改判情况 民事改判数	二审改判情况 民事改判率	发回重审情况 刑事发回数	发回重审情况 刑事发回率	发回重审情况 民事发回数	发回重审情况 民事发回率
2012 年	946	4471	18	1.90%	45	1.01%	2	0.21%	52	1.16%
2013 年	831	2550	16	1.93%	49	1.92%	4	0.48%	49	1.92%
2014 年	690	1581	17	2.46%	88	5.57%	11	1.59%	61	3.86%
2015 年	703	1637	11	1.56%	65	3.99%	9	1.28%	63	3.85%

可以看到，自 2012 年至 2014 年，刑事案件的二审改判率从 1.90% 升至 1.93%，再升至 2.46%；但 2015 年则降至 1.56%。相对而言，民事案件二审改判率的变化幅度更大，自 2012 年至 2014 年，从 1.01% 升至 1.92%，再升至 5.57%；但 2015 年则降至 3.99%。这种升降变动的趋势在案件的发回重审率方面也有所体现。自 2012 年至 2014 年，刑事案件的发回重审率从 0.21% 升至 0.48%，再升至 1.59%；但 2015 年则降至 1.28%。而民事案件的发回重审率，自 2012 年至 2014 年，从 1.16% 升至 1.92%，再升至 3.86%；2015 年则为 3.85%，与上年度基本持平。

何以出现上述状况？笔者调研发现，专业法官会议制度是导致这种升降变化极为重要的因素。起初，遵循司法改革的"放权"和"还权"精神，该法院鼓励各主审法官、合议庭裁判"独立办案"，进而出现了裁判标准不统一的现象，原有统一裁判尺度的工作机制已经难以发挥作用，而新的工作机制又尚未形成，以至于"类案不同判"甚至"同案不同判"的现象都有所加重。[1] 与此相应，该法院的二审改判率和发回重审率也就水涨船高了。但到 2015 年，情况发生了变化：该法院刑事案件、民事案件的二审改判率和发回重审率均出现下降。除去审判人员素质提高、审判质量提升等原因之外，最为关键的因素是截止到 2014 年底，Z 市的 6 个基层人民法院全部成立专业法官会议。这一制度恰恰可以通过协调各审判业务庭室及各合议庭、法官之间的法律观点，有利于法官准确把握裁判尺度，确保裁判标准统一。即便是诉讼当事人将案件上诉至中级人民法院，

---

[1]　相关研究也可参见顾培东《再论人民法院审判权运行机制的构建》，《中国法学》2014 年第 5 期；赵学玲：《审判权去行政化的反思》，《中国法律评论》2014 年第 1 期。

但因裁判质量过硬，被发回重审、被改判的可能性已经很小了。专业法官会议也正是在这个层面上，有效缓解了同一时期、同一法院同案不同判以及同一时期、不同法院类似案件裁判过于悬殊的问题。尽管制度建设的参考性因素很多，尽管 G 省 Z 市中级人民法院也仅是一（极端）个例，但笔者依然坚信，可以初步得出上述结论。

当然，专业法官会议制度除了可以发挥上述功能之外，还具有促进审判监督权和审判管理权科学运行、推介具有可参考价值案例等多种功能。鉴于其他学者对此已有较为详实的论述，[①] 本文不再赘述。

（三）专业法官会议制度实践中的突出问题

与任何制度革新一样，专业法官会议在制度实践中，同样因为其内在固有且无法克服的弊端和制度运行中可以解决但尚未解决的问题，以至于在制度预期与制度实践之间出现了反差。尽管这种反差在不同地域、不同时段、不同诉讼领域表现各异，但其中共同的问题是，如果对之熟视无睹，那么，这种反差势必会越拉越大，直至制度实践完全背离制度预期，进而导致这一制度被其他制度取代。究竟是哪些问题引发了这种反差？如果不及时加以修正和补强，这些问题会对审判责任制度改革乃至司法改革产生何种负面影响？笔者对此作一分析。

1. 亲历性不足——内在固有且无法克服的弊端

前文提到审判委员会制度具有"缺乏亲历性"这一自身无法克服的内在弊端。实际上，专业法官会议也同样存在这个问题。毕竟，专业法官会议的成员也没有亲自参与庭审，讨论案件乃至最终提供意见，也主要依托于阅读书面材料、听取合议庭法官的口头汇报。这一客观事实，也是最不利于完善审判权运行机制的突出问题。

关于司法"裁判亲历性"问题，众多学者都曾有过论述。当然，其中的分歧和争议也很大。[②] 笔者以为，无论对"亲历性"作何种理解，我们都必须承认，即便是对专业法官会议制度进行了改革，但其讨论案件的"亲历性"，也始终无法与合议庭或独任法官的"亲历性"相提并论。进而言之，专业法官会议制度其实就是一项旨在强化为合议庭正确适用法

[①] 相关论述和分析，可参见吴思远《法官会议制度若干问题剖析》，《中共中央党校学报》2016 年第 4 期；梁桂平：《论专业法官会议功能定位及运行模式》，《法律适用》2016 年第 8 期。

[②] 相关论述和分析，可参见贺卫方《中国司法管理制度的两个问题》，《中国法学》1997 年第 6 期；顾培东：《再论人民法院审判权运行机制的构建》，《中国法学》2014 年第 5 期。

律、准确处理重大疑难复杂和新类型案件提供咨询意见这一特定职能，而不得不以牺牲"亲历性"等制度要素为代价的特殊制度设计。这一点，与审判委员会制度极其相似。①

甚至于最高人民法院在有关审判权运行机制改革的规范性文件中，因此也进行了相应调整，明确可供专业法官会议讨论的是"重要法律适用问题或者其他重大疑难复杂问题"。② 这里的"其他重大疑难复杂问题"，显然既包括"法律适用问题"，也包括"事实认定问题"。在最高人民法院《司法责任意见》中，已将讨论范围严格限定为因案件"重大、疑难、复杂"而出现的"法律适用问题"。很显然，也正是由于裁判"亲历性不足"，以及司法资源的有限性、尽量鼓励合议庭独立及时裁判、防止出现大量案件提交专业法官会议进而影响审判效率的状况。最高人民法院《司法责任意见》原则上还是倾向于主要讨论案件的"法律适用问题"，排除了"事实认定问题"。

如此，新的问题也就出现了。既然审判委员会因其裁判亲历性不足（以及其他缺陷），只能讨论特定范围内的问题，③ 且需要专业法官会议协助其转型。那么，同样是"裁判亲历性"也不足的专业法官会议，又有何种配套制度能够有效地协助它，以充分实现其作为专业智囊团的制度预期呢？又何以保证其讨论案件法律适用问题的正当性以及在此基础上所提供意见的参考价值呢？这样的专业法官会议与审判委员会相比，除了官方定性的"审判组织"与"审判咨询机构"的差异之外，还有什么本质性的区别吗？

2. 制度实践中亟待解决的问题

尽管拥有先前审判长（法官）联席会议这一制度实践作为可供依循的基础和经验，但总体而言，专业法官会议还是一项很不成熟的制度安排：其文本规范还不够细致，其实践经验还不够丰富，这就难免在制度运行中暴露出问题。如果这些问题得不到有效解决，不但会严重弱化专业法官会议的制度

---

① 冯之东：《司法体制改革背景下的审判委员会制度——以司法责任制为切入点》，《时代法学》2016年第1期。
② 最高人民法院《关于审判权运行机制改革试点方案》（法发〔2013〕227号）。
③ 最高人民法院《四五改革纲要》第32项和最高人民法院《司法责任意见》第9项分别规定：审判委员会讨论涉及国家外交、安全和社会稳定的重大复杂案件，以及重大、疑难、复杂案件的法律适用问题。

功能，甚至还会累及其他相关制度安排，以致影响整个司法改革大业。

一是讨论范围过于宽泛。根据最高人民法院的制度设计，专业法官会议讨论的范围只限定为因重大疑难复杂而存在法律适用不统一的案件，并且主要是法律适用问题。① 然而，即便是在最高人民法院《司法责任意见》的讨论过程中，就已有人提出，专业法官会议讨论范围除了案件的法律适用问题以外，也可以包括事实、证据等问题。尽管这种观点最终未被最高人民法院《司法责任意见》采纳，但这已经表明其并非空穴来风式的"纯学术观点"，而是有具体实践作为依托。在笔者对G省6家司法改革试点法院的调研中，就充分印证了这一点。就专业法官会议的讨论内容而言，这些法院无一例外地还是主要集中于对疑难个案的事实认定方面，而被讨论的法律适用问题还是比较少的。以G省省会城市L市的A区人民法院为例，该法院改革试点已近一年，共召开专业法官会议34次，在被提交专业法官会议讨论的81件案件中，涉及纯粹法律适用问题的案件只有39件，占比为48.1%，这一比值已经是所有试点法院中的最高数值了。同时还发现，个别中级人民法院甚至把可能被发回重审、可能被依法改判的案件也拿到了专业法官会议上。这样一来，专业法官会议这一在制度预期中被定位为具有集体研习、统一裁判等功能的"智囊团"，势必就会变成批量生产"咨询意见"的"批发商"，这就从根本上背离了这项制度安排的初衷。

二是形式化倾向严重。之所以有如此认识，主要有两方面原因。从主观上看，长期根植于法官内心的层级式观念，使不少法官对于上级权威有着天然的依赖，尤其是审判委员会长期以来作为法官转移风险和免除潜在责任的机构性依赖，② 使法官在短时间内尚未完全接受并不具有强制效力的专业法官会议。在某种程度上，相较于"专家式"的咨询机制，一些法官可能更倾向于"长官式"的决策机制。③ 这样一来，将案件的法律适用问题提交专业法官会议，就成了一种形式，继而出现"你建议你的、我决策我的"这种现象也就不奇怪了：反正只是"仅供参考"的意见，办案责任还得由合议庭来承担。与其如此，合议庭还不如全力以赴争取将

---

① 李少平：《深刻把握司法责任制内涵，全面准确抓好〈意见〉的贯彻落实》，《人民法院报》2015年9月25日第2版。
② 侣化强：《事实认定"难题"与法官独立审判责任落实》，《中国法学》2015年第6期。
③ 吴思远：《法官会议制度若干问题剖析》，《中共中央党校学报》2016年第4期。

案件提交给能够"拍板定案"的审判委员会，为什么要平白无故地多出"专业法官会议"这一道环节呢？

　　从客观上看，在地方人民法院，作为专业法官会议成员的院长、副院长、审判委员会委员、庭长、副庭长，各类司法裁判工作和司法行政管理工作，已经让他们难以承受，更谈不上正常参加其所在的专业法官会议，进而承担"召集会议""发表中肯意见"等一系列责任了。更令人担心的是，由于案多人少的现实状况，甚至于连要求作为办案骨干的资深法官参加专业法官会议，都成了一件很"奢侈"的事情。在这种情况下，专业法官会议制度的"专业性"和"智囊团"功能，势必受到影响。

　　理想的情况应该是，每次专业法官会议应该既要有院庭长参加，更要有业务庭资深法官（员额制改革后，应该包括所有入额法官）参加，因为他们才是法官队伍中真正的办案专家。但由于参会人员结构欠合理以及参会人数过少，专业法官会议就成了趋于"形式化"的"走过场"，极有可能弱化甚至异化其咨询价值。很显然，这是一种极为严重的资源浪费。前文已述，从制度设计本身出发，专业法官会议既有健全审判管理权、完善审判监督权的制度功能，更是为办案法官提供智力支持的"审判咨询机构"。但如果这种"形式化"的趋向不扭转，这种"走过场"的问题不解决，所有这些制度功能和制度预期就都有可能落空。

　　三是行政化色彩浓厚。审判权运行的行政化是"司法被行政'格式化'的变态现象"。[1] 这也是本轮司法改革要重点攻坚的难题。在此改革背景下，围绕这一目标而推进的各项举措，其出发点和落脚点也在于"去除审判活动的行政化、促进内部独立"。[2] 专业法官会议本就是为确保审判权的独立、公正、科学运行而设计的制度安排。然而，这一与司法改革目标具有高度一致性的制度价值能否（顺利）实现呢？笔者了解到，在《意见》起草过程中，对于专业法官会议是否与"让审理者裁判、由裁判者负责"的改革精神相冲突，就有人表示担忧：这一制度是否会造成大量案件都要被讨论的局面？这一制度是否会加剧审判权运行的行政化？尽管主流意见认为，从制度设计而言，专业法官会议的参会人员均以

----

[1] 张卫平：《论我国法院体制的非行政化——法院体制改革的一种基本思考》，《法商研究》2000年第3期。

[2] 蒋惠岭：《论审判权运行机制改革》，《北京行政学院学报》2015年第2期。

平等的法官身份出席，并不存在行政职务高低之分。而且，通过会议的形式商讨法律问题，其提供意见仅供参考，采纳与否完全由合议庭决定，裁判权仍属于合议庭，不会加剧审判权运行的行政化。① 然而，现实状况没有如此简单，更没有期待中的那样理想化。

笔者调研发现，一些试点法院专业法官会议的运作模式，依然带有浓厚的行政化色彩。以会议的提请召开为例，改革的最高决策者考虑到各地差异性，对此未作明确规定，只是笼统地要求，"合议庭认为所审理的案件因重大、疑难、复杂而存在法律适用标准不统一的，可以将法律适用问题提交专业法官会议研究讨论"，② 这就给制度实践中的混乱埋下了伏笔。再以 G 省 Z 市中级人民法院为例，该法院的《专业法官会议工作规则》第五条规定，"专业法官会议由议题承办人提出申请，经庭长审查、分管副院长批准后召开，也可以由院长、分管副院长根据工作需要直接决定召开。专业法官会议由院长、分管副院长主持"。换言之，不经过院庭长的同意，案件根本无法进入专业法官会议。很显然，这里的行政化程序要求非常严格。

再以发言顺序为例，该《专业法官会议工作规则》对此未作任何规定，这其实更麻烦。究竟是"谁官小、谁先说"，还是"谁官大、谁先说"，或者是"谁先说都行"，这几种情况在该文本中既找不到可行性依据，更找不到禁止性规定。这样的"无序化"实际上比"行政化"还要可怕。虽然名义上院庭长是以普通法官身份出席专业法官会议，但在其他法官眼里，他们仍然是实实在在的"行政领导"。在专业法官会议上，其影响力尽管是隐形的，却也是无法被忽视的，不可能不对其他法官造成心理压力。由此可能产生的消极影响是显而易见的：一些普通法官不敢发言或不愿充分发表意见，甚至趋同于院庭长的观点。这不仅破坏专业法官会议平等自治的根本性质，也有违召开专业法官会议的初衷。③

更突出的问题还不在于此。笔者了解到，有些试点法院在其《专业法官会议工作规则》中明确规定，"专业法官会议讨论结论未被合议庭采纳的，合议庭应当在审理报告中说明理由"；或者规定，"案件提交审判

---

① 最高人民法院司法改革领导小组办公室：《最高人民法院关于完善人民法院司法责任制的若干意见读本》，人民法院出版社 2015 年版，第 91 页。
② 参见最高人民法院《司法责任意见》第 8 项之规定。
③ 吴思远：《法官会议制度若干问题剖析》，《中共中央党校学报》2016 年第 4 期。

委员会讨论,之前如经过专业法官会议讨论的,必须同时提交专业法官会议讨论记录,合议庭意见与专业法官会议讨论记录不一致的,合议庭应当在审判委员会汇报时详细说明情况及理由"。① 毫不夸张地讲,这两种情形的文本化、规范化,成为专业法官会议行政化的重要推手。可以看到,只要与专业法官会议讨论意见不一致的,不论是提交审判委员会,还是直接审理裁判,都要求合议庭说明理由。这样一来,新的问题也就产生了。为了省却"说明理由"带来的麻烦,也更是为了维护"领导权威"和法官群体的"高度一致",合议庭在审判实践中,要么屈从于"仅供参考"的专业法官会议咨询意见,要么就尽量避免将案件提交专业法官会议讨论。毫无疑问,前一种做法必将严重影响法官独立判断、独立办案这一基本司法能力的提升,后一种做法使得专业法官会议形同虚设,合议庭只能是经常性地"自作主张",法院的案件质量将无以保证。

(四) 对专业法官会议外在制度环境的改善

无疑,我们必须正确认识和解决专业法官会议内在设计的不足,使其与司法改革目标相适应。但同时,也必须从外围对影响制度功效的客观环境进行力所能及的优化。因此,在理论层面上对专业法官会议制度外在环境的整饬,就成为完善和补强该项制度而进行的必修课。鉴于现有的研究成果几乎都是针对专业法官会议的人员构成、讨论范围、议事规则、运行模式等有关内在制度设计进行的论述和分析,而且也比较充分,② 因此,笔者既出于对已有文献的尊重,也为了避免重复劳动,本文只就该项制度外在环境的改善进行初步探讨。

1. 法律地位的提升。对于当下中国审判权运行机制改革而言,专业

---

① 最高人民法院司法改革领导小组办公室:《最高人民法院关于完善人民法院司法责任制的若干意见读本》,人民法院出版社2015年版,第91页。

② 有关文献参见吴如巧、宋东、向治冰《从"法官会议制度"看我国法院"去行政化"的困境与破解》,《探求》2015年第6期;曹炜、熊静:《司法改革语境下的法官会议探析》,《法律适用》2015年第9期;李兆杰、牛艳:《司法改革视域下专业法官会议的价值分析、存在问题及优化路径》,《西华大学学报(哲学社会科学版)》2016年第2期;张闰婷:《专业法官会议机制的脉络梳理和路径探索——基于"群体决策支持系统理论"的视角》,《山东审判》2016年第3期;杨丽娟:《专业法官会议运行机制"仪式化"色彩之反思》,《东方法学》2016年第3期;吴思远:《法官会议制度若干问题剖析》,《中共中央党校学报》2016年第4期;梁桂平:《论专业法官会议的功能定位及运行模式》,《法律适用》2016年第8期;刘莉:《基层法院法官会议的定位与构建》,《人民法院报》2016年9月7日第5版;吴荣鹏:《对专业法官会议制度的几点思考》,《人民法院报》2016年9月14日第8版。

法官会议制度本该是一项非常重要的制度安排。然而，即便最高人民法院《四五改革纲要》和最高人民法院《司法责任意见》均已对其提出了要求，而且近年来也已有理论界和实务界人士对其进行研究分析，但这一切却无法掩饰该项制度法律地位低下的现状。尽管十几年前就已存在审判长（法官）联席会议等先期实践，但专业法官会议却"未能形成一项统一制度固定下来"，① 更遑论进入国家立法层面。不要说是三大"诉讼法"这一系列国家基本法律，甚至连作为"人民法院各项工作总章程"的《人民法院组织法》，对其只字未提。2006年10月第十届全国人大常委会第24次会议修正《人民法院组织法》，尽管此时审判长（法官）联席会议制度成为个别地方人民法院的审判实践已有四年时间，但可能是基于该实践只处于"局部做法"或"试点经验"的考虑，该项制度也未能被这次修改纳入视野。② 前文已述，也正是这种"于法无据"的状况，几乎成为本轮司法改革中专业法官会议制度"胎死腹中"、最终无法出现在最高人民法院《司法责任意见》文本中的直接原因。缘于最高人民法院《四五改革纲要》和最高人民法院《司法责任意见》对于专业法官会议制度的只言片语，以至于各地试点法院对其职能定位和运行模式等基本制度要素的规定，呈现出五花八门、乱象纷呈的无序状态。③

"就现实的改革战略问题来说，首先在于如何抓住改革时机"，说到根本上，"历史时间是不可逆的"。④ 针对上述状况，有关方面必须以一种"只争朝夕"的紧迫感和使命感，以中央重视程度和改革力度均系前所未有的新一轮司法改革为契机，务必有所作为。因此，更应将《四五改革纲要》和《司法责任意见》有关"专业法官会议制度"的要求和定位升格为正式法律条文。接下来，最高人民法院要尽快以"司法解释"的形式细化有关专业法官会议的各个制度要素，为全国法院系统提供明确的规

---

① 蒋惠岭：《建立符合司法规律的新型审判权运行机制》，《法制信息》2014年第4期。

② 在2018年10月26日第十三届全国人大常委会第六次会议修订《人民法院组织法》时依然如故。

③ 有关分析论述，可参见李兆杰、牛艳《司法改革视域下专业法官会议的价值分析、存在问题及优化路径》，《西华大学学报（哲学社会科学版）》2016年第2期；张闻婷：《专业法官会议机制的脉络梳理和路径探索——基于"群体决策支持系统理论"的视角》，《山东审判》2016年第3期；梁桂平：《论专业法官会议的功能定位及运行模式》，《法律适用》2016年第8期。

④ 樊纲：《公共选择与改革过程》，《经济社会体制比较》1993年第1期。

范性依据，确保专业法官会议开展相关工作于法有据。同时，也可避免司法实践中"各吹各号、各唱各调"的无序现象，确保各地人民法院的专业法官会议工作统一规范有序进行。

2. 法学理论界的重视。尽管专业法官会议制度及其前身审判长（法官）联席会议制度已有十多年的地方实践，其在中国司法实务中也并非无所作为，但根据笔者在"中国知网"的搜索统计，可以初步得出一个结论：该项制度是一项明显被中国法学界特别是法理学界和宪法学界"冷落"的制度设计。① 迄今为止，理论层面大多是就事论事型的分析，其中不乏应景之作，更谈不上为专业法官会议制度奠定厚实的学理基础。这与实务层面纷纷乱象的制度实践可谓是"相得益彰"。无疑，这种现状与最高决策者大力推进司法改革、法院系统力求发挥该项制度之特定效能、进而优化审判权运行机制的现实需求是极不协调的。

由制度经济学的基本原理可知，提供特定服务的可行性制度，将受制于社会科学方面的知识储备，而对社会科学及其有关职业方面的知识需求，其最初的诱因就是制度变迁以及对制度执行所实现的改进。社会科学的进步不仅能提高个人管理现行制度安排的能力，而且还能提高他领会和创造新制度安排的能力。② 然而，在制约制度建构的各项原因之中，"社会科学知识的局限性"即理论研究层面的低水平，恰恰也最容易被制度设计者所忽视。实践早已表明，即使决策者试图建立新制度安排以使制度供求从不均衡恢复到均衡，但囿于社会科学知识的不足，最终也可能无法如愿以偿。③

尽管我们不能否认，过往的专业法官会议在制度运作上有行政化色彩，甚至有违司法规律，这种失范的制度实践，的确进一步强化了理论界对其的"轻视"。然而，理论界也应该看到，除其"咎由自取"之外，正是理论界的轻视，也进一步加剧了专业法官会议制度实践中的混乱。理论

---

① 笔者在"中国知网"中，以"专业法官会议"作为篇名进行搜索，在 2015 年至 2016 年两年的时间跨度内，只有 12 条结果，其中还包括 5 篇新闻报道和 2 篇来自基层人民法院的工作总结。以"法官会议"作为篇名进行搜索，在 1987 年至 2016 年的时间跨度内，只有 100 条结果，其中包括 41 篇新闻报道和 47 篇同（专业）法官会议根本无关的其他内容。在其余的 12 条结果中，除去 2 篇来自基层人民法院的工作总结外，真正的学术性文献只有 10 篇。以"审判长联席会议"作为篇名进行搜索，在 2002 年至 2012 年的时间跨度内，只有 6 条结果，其中包括 4 篇新闻报道。

② 盛洪：《现代制度经济学（下卷）》，北京大学出版社 2003 年版，第 269 页。

③ 丁利：《从均衡到均衡：制度变迁的主观博弈框架》，《制度经济学研究》2005 年第 3 期。

界在学术研究层面的这种表现，使得专业法官会议制度不幸成为了学理分析中的"弃儿"。因此，为积极有效地回应现实需求，给予专业法官会议制度应有的学理上的"关爱"，已成法学界必须要补的一课。进而言之，法学界应该立足于法理学、宪法学和诉讼法学的基本理论研究范式，从当下中国司法的现实出发，以更好地为司法改革进程贡献智识为核心目标，责无旁贷地展开对专业法官会议制度的学理性研究，从而将对其的理论研究真正纳入司法制度学科体系之中。

3. 审判责任制度的落实。笔者以为，可以从当前我国司法改革"让审理者裁判、由裁判者负责"这一主旋律出发，经由践行落实审判责任制度这一路径，来达到科学建构专业法官会议制度的目的。

具体来说，就是要基于审判权运行机制改革"去除审判行政化、促进内部独立"和"权责明晰、权责统一"的价值取向，来创新和完善审判组织结构。改革试点法院的实践已经证明，同样都称之为"专业法官会议"，但功能定位、人员构成、议事规则和运行程序等制度要素在不同法院都有明显不同的显现。这些不同，都源于法院审判组织结构的不同。[①] 长期以来，"我国法院内部结构是集权的而不是分权的：一个审判庭内的权力集中于庭长或者主管副院长；法院的权力集中于院长。这种权力集中的运作模式制约着所有案件的审判，有时它还制约着司法活动中的理性选择。"[②] 在法院审判组织结构行政化色彩如此浓厚的大环境之下，进而造成了严重违背司法规律的审判责任体系：审者不判、判者不审、判审分离、权责不明。这就必然会对建构专业法官会议制度产生严重的负面影响。正如前文所述，会议的组成人员，不是院庭长这样的领导，就是资深法官这样的前辈，都是"有身份"的人；会议的召集，需要院庭长的审批决定；会议的发言，在缺乏法律规定的背景下，要么是专门的《工作规则》对此语焉不详，要么就直接被行政级别的因素所主导。这一切都表明，如此这般的专业法官会议根本就不是为广大法官办案提供智力支持的"审判咨询机构"，而是一个法院领导层的御用组织，甚至可以说是"司法行政化"背景下审判委员会的

[①] 吴如巧、宋东、向治冰：《从"法官会议制度"看我国法院"去行政化"的困境与破解》，《探求》2015年第6期。

[②] 张建伟：《刑事司法体制原理》，中国人民公安大学出版社2002年版，第98页。

"变种"。

根据本轮司法改革法官"权责利相统一"的基本原则，借鉴日本、韩国的通行做法，应将院庭长直接编入合议庭；在一些规模较大的法院，一个审判庭完全可设多个合议庭，一个合议庭就是一个审判庭，副院长、审判委员会委员、庭长、副庭长可以进入合议庭并担任审判长，其他合议庭的审判长由其他入额法官担任。① 总之，将这些由优秀法官成长起来的优质资源"位移"至关键的审判长，以直接行使审判权的方式发挥其智慧、行使其权利、承担其责任、履行其义务。② 这也是审判权机制改革中最为重要的措施。为确保审判长和其他法官有效履行审判职责，可以为其配备一定数量的法官助理、书记员等协助其工作。在推进这种简便易行模式的基础上，必须严格限定，院庭长不得签发对未参加合议审理案件的裁判文书。

总的来讲，这种旨在回归司法本质规律的审判责任制度和意在实现法院内部审判独立的审判组织结构，既有利于科学设置各类审判组织，合理界定其职权范围，确保从独任法官到合议庭再到审判委员会相互之间的"平权性"结构；也有利于法官与法官之间横向平等，确保法官"权责利相统一"，以充分调动法官的积极性；更有利于确保法官拥有"审理案件"和"裁判案件"之完整权力，并对其裁判行为和裁判结果负责，以此强化审判责任制度并弥补专业法官会议"亲历性"不足的缺陷。

在审判责任制度落实到位、法官权责利相统一的基础上，充分运用法院内部集体智慧"攻坚克难"的现实需要，就为专业法官会议这一真正的"法官自治组织"提供了用武之地。就其具体运行模式而言，在人员构成上，由全体入额法官组成，没有级别的要求，没有资历的限制；在会议召集上，由审判长通过专业法官会议的特定办事机构直接提请召开会议，无须看院领导的"脸色"；在议事规则上，案件法律适用问题的讨论

---

① 虽然《人民法院组织法》第 36 条规定："合议庭由法官组成，或者由法官和人民陪审员组成，成员为三人以上单数。合议庭由一名法官担任审判长。院长或者庭长参加审理案件时，由自己担任审判长。审判长主持庭审、组织评议案件，评议案件时与合议庭其他成员权利平等。"然而，与普通公务员相同的法官管理方式强化了院庭长的行政管理角色。蒋惠岭：《建立符合司法规律的新型审判权运行机制》，《法制资讯》2014 年第 4 期。

② 蒋惠岭：《论审判权运行机制改革》，《北京行政学院学报》2015 年第 2 期。

完全遵循基本的民主公开原则，杜绝"领导定调、他人跟风"的情况，议事过程和议事结论全程留痕。令人欣慰的是，上述状况已不是笔者文字上描述的一种愿景，而是已经成为活生生的地方经验。① 因此，可以说，实践已经证明，在这种符合司法规律的扁平化审判组织结构和审判责任制度的基础上，专业法官会议的自主性会更强，运作空间会更广，相应的，其所提供咨询意见的参考价值也会更高。

---

① 2015 年以来，辽宁省大连市中级人民法院、海南省海口市中级人民法院、江苏省徐州市鼓楼区人民法院等试点单位在经济下行压力持续加大、收案总量达到历史新高、案多人少问题越发突出的情况下，积极完善司法责任制改革，用'放权'增强法官办案的使命感和责任感，合理定位专业法官会议制度基本功能，构建符合司法规律的审判权运行机制。分别参见张国强《让审理者裁判由裁判者负责》，《法制日报》2016 年 1 月 26 日第 1 版；严献文：《牢牢牵住司法责任制这个牛鼻子——记海南法院全面落实司法责任制》，《法制日报》2016 年 1 月 20 日第 11 版；张宽明、李涛：《江苏徐州鼓楼区人民法院审判权运行机制改革调查》，《人民法院报》2015 年 10 月 22 日第 5 版。

第六章

审判责任制度体系相关配套制度的改良
——建构审判责任制度的基础

在建构审判责任制度体系的进程中,毫无疑问,必须正确认识和解决改革实践中暴露出来的、在违法审判责任追究制度和审判责任豁免制度从理念层面到设计层面的缺陷和不足,确保相关制度实践能够在最大程度上契合于新一轮司法改革的核心价值追求,进而契合于国家治理全局。与此同时,还要全力以赴对影响审判责任制度功效的其他一系列基础性、配套性和保障性制度等相关外在制度要素进行最大化的改良。如果做不到以上两点的"内外开花、齐头并进",那种只是针对制度设计本身的改良和修正,则很可能失去其应有的价值,审判责任制度改革乃至整个司法改革要取得预期成效,最终也可能成为改革实践者乃至改革决策层的一厢情愿之举。[①]

中共十九大明确指出,"深化司法体制综合配套改革,全面落实司法责任制"。[②] 因此,围绕相关基础性、配套性和保障性制度因素,进行学理层面的积极讨论和分析,使之能够最终服务于制度设计本身以及制度具体实践的完善,就成为建构完善审判责任制度、克服其内在固有局限的必要举措。因此,笔者于本章将对与建构审判责任制度密切相关的其他外在制度因素进行深入探讨。

[①] 有关制度建设内在因素和外在因素相互关系的讨论和分析,可参见汪丁丁《制度创新的一般理论》,《经济研究》1992年第5期。

[②] 习近平:《决胜全面建成小康社会 夺取新时代中国特色社会主义伟大胜利——在中国共产党第十九次全国代表大会上的报告》,《人民日报》2017年10月27日第1版。

第一节　法官员额制度的改良：建构审判责任制度的重要基础

毫无疑问，就审判队伍之中的"法官"而言，基于其在司法审判乃至于国家治理之中所扮演的重要角色，所发挥的重要作用、所履行的重要职责，都非常需要国家在制度层面，经由法定机构、通过法定程序，对其所拥有的这种执掌"生杀予夺"之司法审判职权的特定资格和特定身份，及时给予其具有不可质疑之广泛公信力的确定和认可。因此，作为新一轮司法改革的创新之举，法官员额制度改革就成为势在必行、刻不容缓之举。

可以非常肯定地讲，截至目前，由中央最高决策层设计推动、中央政法委具体牵头、最高人民法院和最高人民检察院以及全国法检两大系统具体实施的员额制度改革已经取得了很大成效。但必须承认的是，改革进程中依然存在着一系列亟待解决的突出问题。就法官员额制度而言，在改革已被如火如荼深入推进的基本前提下，究竟通过何种遴选机制能够确保最优秀的审判人员被选拔出来进而成为正式的员额法官？这些经过层层筛选进入员额、具有独立办案权力但人数却急剧减少的法官队伍，能否有效消化那些只是成倍增多、不见丝毫减少的诉讼案件？这一重大制度改革能否确保在办案质量和诉讼效率等方面都优于改革之前的法院办案制度？显而易见，所有这一切，无论是对于改革的设计者，还是对于改革的实践者，都必将是一个严峻的考验。对此情境，无论是案件当事人，还是与案件无关的社会大众，更是拭目以待。

一　对法官员额制度设计层面有关问题的解决

就法官员额制度改革的基本目标而言，既包括着力消除审判机关内部审判资源旱涝不均、工作量分布迥异等现象，以及着力解决员额法官承担"事实认定、法律适用"之外过多的事务性工作等问题的基本意向；同时，也更侧重于力争使得所有的优秀审判人员都能心无旁骛地投身于案件办理最前沿，并同时将其他不参与案件办理工作的人员数量压缩至最小范围、将其人员比重限制到最低程度，进而通过上述途径，使得法院内部的优质审判资源都能得到优越殷实的职业保障，而不用劳心费神地挤向

"行政职务晋升"这一狭窄的独木桥,最终有力助推所有的员额法官都能以审判职业为荣、都能以审判职业为乐,并且使之成为业内其他工作人员乃至于法院之外社会其他行业系统所尊崇、所羡慕的职业群体。因此,为真正有效实现这一良好的改革预期,就很有必要在法官员额制度的设计层面进行适度的调整。

(一)进一步强化员额法官遴选机构的职能

对于一个国家的司法审判制度乃至于法治建设而言,法官遴选机构的设置可谓至关重要。当今世界甚至已经普遍性地将其视为评判国家法治化程度的重要参考依据。[①] 鉴于该类机构立足于"高度专业化"这一基础之上,所具有的实施高度公开化运作、作出高度权威性决定等基本特点,因此,应该积极考虑在现有制度定位的前提下,充分利用其自身独特优势,适时合理地强化其制度功效。具体而言,第一,在人员组成结构上,遴选机构应该既要实现兼顾法律科班与其他专业人士的"多元化",还要实现兼顾本级法院和下级审判机关成员的"多极化"。第二,在选人用人上,进一步强化在"入口"环节对法官的遴选把关,打造"全面统筹、公平竞争、优中选优、宁缺毋滥"的选人用人机制。第三,在工作的探索创新方面,应该在遵循司法改革基本精神的前提下,既能大胆尝试在法官入口环节之外的晋职晋级等其他重要环节上发挥独特作用;又可以充分发挥遴选机构"精英库"的作用,使其能够为所在地区的法院系统科学谋划当前发展特别是长远发展,作出其他机构无法替代的贡献。[②]

(二)进一步改革目前的法官入额遴选工作模式

应当及时总结各地工作经验,严格遵循"中立"原则,完善遴选委员会工作机制,规范法官入额遴选工作的标准和程序,及时调整目前员额制度改革由中央出台总体政策、由各地人民法院自行制定入额方案的固有做法,以实现改革的公平公正,最终确保员额法官的质量。为此,在全力防范"凭借资历循次进取",以确保进入员额的法官具备起码业务能力的

[①] 杨力:《中国司法体制改革的重大现实命题:司法体制改革试点的上海样本研究》,《中国社会科学评价》2016年第1期。

[②] 屈向东:《"成本—收益"视角下法官员额制改革的博弈问题》,《理论探索》2016年第3期。

基础上,① 笔者于此就进一步改革入额遴选模式提出以下建议:

1. 严格遵循不同诉讼领域的职业特点遴选员额法官。改革进程中必须尊重并践行"术业有专攻"这一人所共知的常识。就法官员额制度改革而言,中央层面应当紧密结合刑事、民事、行政、执行等不同的诉讼领域、不同的审判岗位和不同的专业要求,精心设计各有侧重的书面遴选考题,确保并强化员额法官的专业性。

2. 建立健全审判人员择业地域流通机制,防止审判职业队伍资源分布不均的失衡局面。由于历史因素和现实因素的交织作用,我国东中西部不同地域经济社会发展很不平衡。与之形成正相关联系的现象就是,各个地域的司法审判资源、司法审判人员素质,以及新一轮司法改革中法官遴选入额竞争的激烈程度,也必然会形成极大差异。为了从根本上缓解或消除因某一地区法官员额数量太少而暂时未能进入员额的优秀审判人员完全脱离审判职业队伍的不良现象,应该认真谋划为他们进入其他地区审判机关的员额法官队伍提供制度和机制层面的便利。比如,在S直辖市中心城区的X区人民法院未能进入员额,就可考虑流向非中心城区的M区、B区或P区人民法院;如果在S直辖市人民法院系统未能进入员额,就可考虑流向与之临近省份的法院系统;如果在东部地区未能进入员额,就可考虑流向中西部地区,等等,以此类推。这样,既能够成就审判人员为司法审判事业奉献青春、大展宏图的个人价值,又能够彰显强化其他地区审判力量,确保不同地域之间审判队伍建设均衡发展的整体价值。

3. 建立不同审判领域专业人才库。通过组织遴选入额活动,中央层面应该可以在全国范围内大致掌握刑事、民事、行政、执行等不同诉讼审判领域的优秀审判人员的数量及其分布等状况,并可以此为基础,建立相应的"专门审判人才库"。同理,各省、市、自治区以及各市(州、盟)也可掌握所在层级地域范围内的相关情况并建立相应的"人才库"。在此基础上,最高人民法院以及各高级人民法院、各市中级人民法院完全可以通过这一人才库,实现对本辖区内各领域审判人才状况的基本了解,为以后着手组建专业性的审判团队,"会诊"攻克重大、疑难、复杂、敏感案件,以及新类型诉讼案件奠定坚实基础。

---

① 白彦:《司法改革背景下我国法官员额制度问题研究》,《云南社会科学》2016年第2期。

(三) 进一步建立健全常态化的法官员额退出机制

毫无疑问，法院系统的遴选入额工作，关系到包括员额法官、法官助理以及书记员在内的全体审判人员的切身利益，更关系到审判职业队伍的长远发展。因此，必须确立"科学设计、合理规划、有序实施"的基本工作思路。具体而言，今后的遴选入额工作应重点关注两个现实状况：

第一，就审判人员总体而言，中国法院系统现已进入"新老交替"进而着力解决"人才断档""青黄不接"等事关审判队伍建设重大问题的特殊时段。必须看到，近年来被各级审判机关特别是基层办案单位录用的年轻人，已经逐渐地成为了案件办理工作中当仁不让的业务骨干。与此同时，除法院院长之外的其他所有院领导，以及所有的庭长、副庭长，尽管可能都是科班出身，尽管可能曾经都是"办案高手"，但他们先前将大量的工作精力投入到了法院内部的行政事务以及审判管理和审判监督事务，现如今虽已根据本院审判工作现实需要和贯彻改革基本精神的要求，将其转回了办案岗位，但终究身份转换太快，要彻底实现从过去行使行政管理权与审判监督权和审判管理权之角色，到现今行使审判权之角色的"华丽转身"，尚需时日的考验和历练。而且，这种身份转换之后的能力和状态究竟如何，除了具体的"分数"和"成绩"之外，运用其他指标也很难去准确地衡量和评判。[①] 因此，他们并不能因为过去曾经由特定组织、通过特定程序，依照相关法律赋予的"审判员"和"助理审判员"等法定的法官身份，而自动成为新时期的"员额法官"，而是必须接受遴选机构和其他法定组织的公开遴选与严格考核。[②]

第二，要始终坚持对审判人员的"淘汰制"，定期或不定期地考核评定员额法官的审判业绩和业务能力，每隔若干时段进行一次遴选，将办案考核不达标、能力素质不胜任的法官退出员额队伍；特别是对于弄虚作假、挂名办案的院庭长，不但要将其退出员额，同时还要免除其职务。2017年年初，针对本省第一批遴选入额工作结束之后，法院系统和检察系统在司法工作中出现的一些突出问题，G省党委常委、政法委书记就已

[①] 胡道才：《法官员额制改革"落地"后的思考》，《中国社会科学报》2017年3月28日第5版。

[②] 2017年8月中央深改组第38次会议审议通过的《关于加强法官检察官正规化专业化职业化建设全面落实司法责任制的意见》明确规定，"原办案骨干调离办案部门五年以上的，需回到办案岗位担任助理参与办案满一年方可参加遴选"。

经明确要求，下一步党委政法委执法监督工作的侧重点就是面向已经进入员额的法官和检察官及其办理的案件，确保从源头上防范甚或消除只占员额、不办案件或是不认真办理案件的现象。同时，必须尽快设置并完善开展临时补充遴选的工作机制，在现任员额法官因为退休、调离，以及其他各种原因退出员额进而造成员额空缺之时，可以在第一时间内赋予能力突出、素质优秀，但尚未成为员额法官的审判人员，能够顺利有序参与员额遴选补录的良机。通过上述措施，既能将因人员变动给法院审判工作带来的负面影响限缩至最小范围、降至最低程度；同时，也能将审判人员的切身利益特别是个人理想追求彰显至最大程度；另外，还能对已经进入员额的法官发挥警示作用，使其始终不能懈怠，更不能因为进入员额而忘乎所以，而是要一如既往地敬业履责，确保审判职业队伍始终处于良性运转，最终为实现司法公正奠定基础。① 显而易见，通过上述措施的实施，有力确保新一轮司法改革特别是法院系统的员额制度改革，能够始终在既定的符合司法规律的轨道上前行，最终实现改革的基本预期目标。

二 对东中西部法官员额制度改革实践中有关问题的解决

目前，法官员额制度改革的推进力度及其实施效果，在不同的地域显现得极不均衡：一些地方人民法院案件数量相对较多，但员额指标却相对较少；一些地方人民法院优秀审判人员数量较多，但员额指标也相对较少；还有一些地方人民法院，案件数量相对较少、优秀审判人员也相对较少，但员额指标却相对较多。如果机械笼统地遵照行政区划以及原定的员额指标来确定员额分配结构，那当然是既省事、又快捷。然而，这种一时的"省事快捷"，最终造成结果的却是，在后续较长的时段之内，各级、各地人民法院及其审判人员，在不论是工作繁忙程度、还是生活幸福指数、或是案件办理质效等多个层面，所显现出的极不均衡。即便是以法院一定时段内受理或办结的案件数量，作为对员额指标进行分配或调节的依据，也同样是存在重大缺陷。原因就在于，对于一个特定地区的法院而言，不论是收案数量，还是结案数量，始终均是变动不居而不是固定不变的。更何况，受经济社会发展水平等多种因素的深刻影响，在不同地域，

---

① 刘茵、宋毅：《法官助理分类分级管理和职业化发展新模式研究——以北京市第三中级人民法院司法改革试点实践经验为基础》，《法律适用》2016 年第 5 期。

不论是就审判职业队伍整体而言，还是仅就进入员额的法官群体而言，素质能力如果差异过大，就必然会背离新一轮司法改革设定员额制度改革的基本价值导向。毫无疑问，这些问题都必须尽快加以解决。

（一）东中西部共性问题的解决

1. 严格执行入额遴选标准和程序。针对法官员额制度改革中存在的入额遴选论资排辈、平衡照顾，以及进入员额之后办案责任不落实等一系列严重影响审判责任制度改革成效的突出问题，必须严格规范入额遴选的标准和程序，以保障法官员额制度改革、审判责任制度改革乃至整体司法改革能够健康有序开展。① 具体而言，应该采取以下措施：

一是法官员额的配置应该明确"侧重人案矛盾突出的地域、侧重基层的办案单位、侧重一线的办案部门"这一基本原则，至于法院内部办案部门之外的其他非办案部门，不应当设置员额岗位。

二是在确定法官员额时，应该明确员额法官的岗位职责和工作要求，坚决打破部门的界限和壁垒，在全法院范围内进行公开遴选。

三是遴选应该以"办案业绩考核为主、考试为辅"为基本原则，而且必须科学合理地确定考试与考核各自的侧重点：前者意在注重考察对案件事实的合理分析能力、对诉讼争议焦点的科学归纳能力、对法律法规的正确适用能力、对司法文书的整理制作能力；后者意在通过具有客观性、可量化的主体评判标准，注重考察最近三年案件办理的数量和质效。②

四是除院长外，其他领导干部入额，应当按照统一标准、程序参加遴选。政治部主任、纪检组长，以及综合行政部门负责人进入员额法官群体的，应当在公示员额法官名单结束之日起三个月内，按照既定的人事组织程序免去进入员额之前的党政职务。

五是针对法官员额制度改革进程中暴露出的问题，各级党委政法委、法院等相关单位，应当始终畅通法院工作人员进行投诉、举报以及控告的渠道和途径，认真进行调查与核实，及时作出处理并予以说明。③

---

① 中央政法委对入额遴选工作中出现的问题也有过明确的整改要求，有关内容可参见中央政法委《关于严格执行法官、检察官遴选标准和程序的通知》。

② 何帆：《严格遴选程序为审判责任制度改革夯实基础》，《人民法院报》2017年5月19日第2版。

③ 陶杨、赫欣：《隐忧与出路：关于法官员额制的思考——基于A省B市C区法院员额制改革的实证分析》，《政治与法律》2017年第1期。

2. 完善法官员额动态调节机制，确保省级区域范围内员额比例分配与案件情况相适应。就法院系统的"员额管理"而言，实际上应该紧密结合法院所属不同层级、所在不同地域的经济社会发展水平、人口数量及其分布情况、案件数量以及审（执）结情况等基本参数，这在最高人民法院《四五改革纲要》中也有明确规定。既然中央层面已经划定了基本的员额比例，那就应该以此为基础，始终严格坚持"以案定额、以岗定员"的基本工作原则，必须以精准地统计和测算法院的职数编制、人员组成结构、案件数量、工作饱和度为基本前提，科学合理地确定员额的基数和比例，决不能搞一刀切。尤其是在全省（直辖市、自治区）范围内对各个地域、各个层级法院的员额数量进行统筹调控时，必须始终坚持以"人案相互匹配"的幅度和比值，以及各地、各级人民法院的不同职能定位为考量依据，务必有所侧重、有所倾斜。① 这样一来，就能确保员额法官的指标数量、员额法官的待遇保障，以及其他入额遴选工作方方面面的因素，基本上可以做到全省范围内统一、规范、有序，进而为优秀审判人员保留展现才华、实现人生价值的美好希望。

3. 对未进入员额人员进行妥善分流与合理安置。就未进入员额的法院工作人员而言，总的原则应当是，自始至终坚决不搞"只减不加"的片面做法，通过转化为审判辅助人员、向党政机关输送等多元化渠道，尽可能保持其身份和原有待遇不变，尽可能确保其实际生活水准不受影响。首先，在思想认识层面，要进一步加强对司法改革特别是法官员额制度改革精神的大力宣传和准确解读，切实增强非员额法官等法院其他各类工作人员对新一轮司法改革中新内容、新精神、新要求的理解和认同。其次，在制度设计层面，要进一步健全和完善当前改革中已经付诸实施的工作机制和工作模式，以高度尊重员额法官之外法院各类工作人员之基本意愿为前提，全面考虑其实际年龄、身体状况、身份资质、业务能力、综合素质等现实条件，从而以"人员特征不同、分流方向各异"为原则，力争最终都能各得其所，决不能简单、机械地将其全部转化为审判辅助人员，甚至是司法行政人员。而且，甚为重要的是，应该拓宽工作思路，丰富分流路径，以当地党政部门支持为前提，将一部分虽未能进入员额、但能力素

---

① 高志刚：《司法改革试点评估运作机制研究——兼以法院员额制试点改革为样本》，《北方法学》2017 年第 1 期。

质不低的工作人员输出至党委政府或者公司、企业和学校。①

通过上述制度的建构，为法官员额制度改革和审判责任制度改革，特别是科学建立新型审判团队提供有力支撑。

(二) 对东中西部个性问题的解决

1. "节流"与"开源"并重：对东部 S 直辖市审判人员流失问题的解决

有效解决审判人员流失问题的前提，是准确定性"流失"问题，对之既不能熟视无睹，更不能无限夸大。审判人员的"流失"大致有三种情形：一是"跨体制流失"。近年来，一些大型的知名律师事务所、公司、企业，动辄许以高薪吸引优秀人才，一些年龄、学历以及工作经验等方面均有优势的审判人员就此陆续离开法院系统，"另谋高就"。二是"体制内流失"。一些审判人员既无法承受长期"白加黑""五加二"式的苦行僧生活，更无法忍受巨大辛劳换不来起码的职业尊荣感这一现实境遇，故而转身投奔司法审判机关之外薪酬也不低、工作也不累、但职业尊荣感反而更强的党政系统。三是"结构性流失"，即退休。

在笔者看来，就第二种即"体制内流失"而言，不但要看到这不仅是不足以大惊小怪的人员流动，而且还要辩证地看到这其中的有利因素：法律人为什么都一定要长期固守在司法审判机关呢？如果能够分布在司法机关之外的党政系统，不是更有利于在更大范围内传播与弘扬法治精神吗？不是更有利于国家的法治建设吗？至于第三种即"结构性流失"，则是任何人都无法抗拒也都无须忧心的自然规律。真正需要引起我们高度重视并加以认真解决的，实际上还是第一种的"跨体制流失"。

必须承认，任何审判人员都既有精神层面的追求，也有物质层面的欲望，任何人都是这二者的结合体，审判人员自然概莫能外。就新一轮司法改革而言，提高其物质待遇正是首当其冲需要解决的重大议题。然而，问题恰恰在于，涨了薪水未必就能留住优秀的审判人才。尽管有的审判人员可能真是为了高薪而选择离开，然而，更多的离职者恐怕还是遇到了另一方面的问题。实事求是地讲，一旦成为一名法院的正式审判人员特别是办案法官，他就必须长期面对其他职业群体也可能都会面对

---

① 李少平：《当前深化司法体制改革的形势、任务及重点》，《法律适用》2016 年第 8 期。

的寂寞、孤独和辛劳。但这其中的重大差异是，对于审判职业而言，这种辛劳、孤独和寂寞，不仅系该项职业之本质特征所蕴含，更是一种其他职业很难具备的价值理想和精神境界。但是，审判人员既非天生高尚、更非生来卑劣，要让这一职业群体忍受一定的孤独、面对一定的寂寞、承受一定的辛劳，也就必须具备一定的前提条件。在有效解决物质待遇、社会身份和个人名望等问题的基础上，审判人员能不能在审判职业过程中充分地体味到司法审判职业的尊严、实现对公平正义的追求，这些精神层面的需求，则显得更具有价值，也更值得期待。如果不能解决这一问题，就必然会引发矛盾。①

关于"节流"即职业保障的问题，下文中将会有详细论述。至于"开源"，虽然说解决体制内外"薪酬倒挂"的可能性很小，但就法官、律师、法学理论专家而言，毕竟都是同宗同源的"法律人"。因此，围绕法律职业共同体特殊人群而产生的"认可度"与"同质化"还是可行的。目前，中国体制外的法官培育机制相对不少国家（地区）"两年中间研修"的规范性、规模性和开放性差距甚远，可以让更多学者、律师暂先保留原身份，接受预备法官、候补法官、助理法官、试署法官、陪席法官的历练、遴选及进入"法官候选人名册"。② 对此，我国已有个别地区开始了探索。2017 年 3 月，江苏省苏州市中级人民法院和苏州市律师协会签订合作协议，公开招募 10 名实习律师进入苏州中级人民法院实习，从事审判辅助工作，以加深彼此的职业认同，从而促进法律职业共同体建设。③ 另外，"沉淀人员"可以在非审判部门暂行过渡，继而从中长远目标出发走向"大部制"，归并成立一个"法律事务局"，由一名非员额法官的副院长分管，下设若干司法行政处科室从事相关工作。

2. 从体制机制上解决东部 S 直辖市"案多人少"矛盾

归根结底，"案多人少"本身只是一个相对概念：同样的员额法官数量，在东部地区是绝对的"人少"，但可能在中西部地区就根本不算是"人少"；同样的案件数量，在中西部地区是绝对的"案多"，但可能在东

---

① 金泽刚：《司法官辞职是觉得"委屈"了吗?》，《时代人物》2015 年第 5 期。
② 目前，韩国已经制定出详细的规划，到 2026 年将全面实行从律师中遴选法官。杨力：《中国司法体制改革的重大现实命题：司法体制改革试点的上海样本研究》，《中国社会科学评价》2016 年第 1 期。
③ 丁国锋：《苏州实习律师可到法院实习》，《法制日报》2017 年 3 月 23 日第 7 版。

部地区就根本不好意思说是"案多"。甚至于在东部地区认为法官年均办案 300 件是案多人少,而在西部地区主张法官年均办案 100 件也是案多人少。但同样是针对"案多人少"这一问题,几乎没有人注意到其中的重大差异。①

实际上,"案多人少"这一问题的形成源于多方面的因素:第一,各地经济发展状况差异比较大,忙闲不均的现象广泛存在,单从案件数量无法对审判人员的工作量作出科学判断。第二,法官员额制度改革之前,在全国 20 万名左右的法官(包括审判员和助理审判员)当中,确有一批法官不直接办案:有些院庭长忙于审批其他法官办理的案件,自己根本无暇开庭办案;部分法官既没有办案的意愿和想法,更没有独立办案的能力和素质。第三,审判辅助人员的配备严重不足。立足于基本的减法常识,全国法院系统的各类工作人员达 36 万名,具有法官身份的达 20 万名,其他人员为 16 万名左右,只占 44.8%,这就根本无法实现"1 法官 + 1 助理 + 1 书记员"的审判团队模式。第四,ADR 即"替代性纠纷解决机制"还很不健全。第五,"繁案精办、简案快办"的繁简分流理念尚未牢固树立,相应的工作机制更是不够健全。第六,法院内部层层审批的工作模式,导致工作程序繁冗、效率极其低下。第七,审级制度不完备,每一审级都是全案审查,耗费了包括大量人力、物力和财力在内的司法资源。第八,审判业务之外的其他事务过多、过杂。

特别是在新一轮司法改革中,旨在追求"降低诉讼门槛、方便群众诉讼"这一目标的立案登记制度改革,其改革的结果自然会加剧"案多";同时,"人少"也是法官员额制度改革不可避免的改革效应。将两项改革几乎同时推进实施,必然会进一步凸显"案多人少"这一矛盾。因此,这是改革进程中无法避免的突出问题。然而,"案多人少"绝非刚刚产生的新鲜事物,而是源远流长的老话题。"案多"有多方面的原因,但归根结底还是社会急剧发展带来的制度性的断层与割裂,由此引发社会矛盾纠纷的持续增多且往往集中爆发。特别是随

---

① 具体而言,应该注意区分三类不同性质的"稀缺":一是人力的稀缺,即法官在满负荷工作条件下也无法完成案件总量;二是时间的稀缺,即法官难以拥有完整的办案时间,在满负荷工作后无法完成案件总量;三是资源的稀缺,即法官既拥有完整的办案时间,也满负荷工作,但由于资源错配导致分配不合理,从而无法完成案件总量。参见张晴、冯冰洁《"司法产品"的阈值——法官合理办案数的实证测算》,《东南司法评论》2016 年第 2 期。

着改革进入深水区,经济发展进入新常态,矛盾纠纷风险逐年增多,各类案件仍保持大幅攀升的严峻态势。[①] 既然引发社会问题的因素源自于社会方方面面,已然大大超出了司法领域,那么,解决问题的途径和办法,也就自然不能只是局限于司法领域。面对依然严峻的人案矛盾,显然不能单纯依靠"加人增编"的"添油战术",而是必须遵循司法改革的基本精神,大胆创新工作思维,积极拓宽工作渠道,有力强化工作成效。

一方面,在法院系统之内,第一,将法官员额制度改革的基本精神落实到位,严格限定法官员额的比例,建立完善审判辅助人员制度。第二,完善审判责任制度和审判权运行机制,改变法官办案层层审批的行政化工作模式,真正实现让审理者裁判、由裁判者负责。第三,优化司法审判资源配置,建立健全案件繁简分流机制,建立完善速裁机制和刑事被告人认罪认罚从宽制度,真正实现"繁案精办、简案快办"。第四,进一步改良并健全审判层级制度,积极探讨和研究在当下中国的诉讼架构中,中级人民法院和基层人民法院应该适合于审判哪些案件,高级人民法院和最高人民法院应该适合于审判哪些案件。第五,不断挖掘内部潜力,全力提升审判人员办案能力和工作效率。

另一方面,在法院系统之外,要紧紧依靠法院所在地的党政部门,依托社会各个方面的力量,通过诉调对接、在线调解和委托调解等多种制度模式和工作方式,密切结合诉讼费用制度改革,有力促进矛盾纠纷的多元化解。[②]

3. 对中西部"非中央政法编制法官"历史遗留问题的解决

正如前文所述,由于历史性因素的独特作用,中西部地区的中级人民法院和基层人民法院有一定数量的事业编制、地方行政编制等非中央政法编制,一批法官由于超编等原因而无法进行公务员登记,进而因身份问题

[①] 2016年,地方各级人民法院受理案件2303万件,结案1977.2万件,同比分别上升18%、18.3%;2017年上半年,全国法院共受理案件1458.6万件,结案888.7万件,同比分别上升11.2%、9.88%。相关问题的论述和分析,可参见孙笑侠《"案多人少"矛盾与司法有限主义》,《北京日报》2016年11月7日第14版;曹雅静:《最高人民法院发布司法改革、司法公开白皮书》,《人民法院报》2017年2月28日第1版。

[②] 相关问题的论述和分析,可参见何帆:《"案多人少"是伪命题吗?》,《北京日报》2015年12月14日第3版;陈颖婷、金豪:《解决"案多人少"不能只靠员额制》,《上海法治报》2016年1月29日第A2版。

不能参加法官职务套改与员额选任。对于这类人员的转岗、分流和安置问题，笔者以为，基本的原则应该是根据中央编制办公室、中央政法委、最高人民法院、最高人民检察院等有关单位联合印发的《关于省以下地方法院检察院政法专项编制统一管理的试点意见》之规定精神，各省地方人民法院的中央政法专项编制由各省编办统一管理，并与本省的高级人民法院协商对之予以统筹调配。市县两级的机构编制部门不再承担法院机构编制管理工作。对于地方编制人员，各省高级人民法院可从本地实际出发，报省级党委组织部、党委政法委、编制办公室、人社部门等相关单位后，再确定具体方案。

4. 对西部 G 省审判辅助人员配备和管理问题的解决

毫无疑问，审判责任制度改革和法官员额制度改革能否有效推进，取决于新型审判团队能否得到有效的建构与完善；当下新型审判团队能否如改革预期及时组建，则有赖于法官助理和书记员等审判辅助人员能否增补到位，配置和管理是否科学、是否规范。[①] 针对各地人民法院较为普遍的数量不够充足、配置不够科学、职责不够明晰、保障不够到位、管理不够完善、人心不够稳定、前景不够乐观等问题，应该尽快采取以下措施：

一是合理增补人员。必须明确的是，绝对不能脱离本院人数和审判任务等实际情况，将法官助理和书记员的职数绝对化，应该结合不同的诉讼程序、不同的审判岗位和不同的审判任务，差别性地配备不同数量的法官助理和书记员。以法官助理为例，根据工作实际需要，应该将法官助理及时配置给合议庭，但对于独任法官而言，则既可配备，也可不配备。在此基础上，逐步让法官助理的职数稳定在法院总人数的 16%—20%。借助于修订《法官法》《人民法院组织法》，明确法官助理作为员额法官的主要来源，使其职业前景更为明朗。为有效克服长期困扰各地人民法院的案多人少，法官助理和书记员等审判辅助人员严重不足，以及其他老大难问题，西部地区完全可以大胆借鉴东部地区的有效做法，积极与本地的组织、编制、财政、人事等部门沟通协商，建立健全省内统一由政府购买社会服务，原则上实行"1 审 +1 助 +1 书"之审判团队管理模式的"司法

---

① 王庆廷：《法官分类的行政化与司法化——从助理审判员的"审判权"说起》，《华东政法大学学报》2015 年第 4 期。

雇员制度"。①

二是完善管理制度。各地、各级人民法院应该紧紧依托最高人民法院关于审判辅助人员之管理方式、职能定位、保障机制、职业发展空间的框架性意见，积极借鉴S直辖市第二中级人民法院、贵州省贵阳市花溪区人民法院、广东省广州市天河区人民法院等地方人民法院的先进经验，优化审判辅助人员配备模式，特别是要尽快形成法官助理培养机制与基层法官养成机制相互衔接的工作局面，畅通法官助理晋升员额法官的通道。在这方面，S直辖市高级人民法院能够创新式地推动改革实践，确保将2017年开展的首次遴选法官助理成为员额法官的工作做到了稳妥有序。② 当前，法官助理的遴选入额问题比较突出，需要尽早建立健全相关培养晋升制度，给法官助理以稳定的心理预期。强化对法官助理包括业务水平等多方面内容在内的综合性、专业化培养，大胆赋予其对凡无须员额法官专门裁断决定事项的独立处分权，切实改变其只满足于岗位表面分工，缺少实质性高效合作，③ 迫使员额法官担负部分法官助理职责，以至于无法提高审判质效的不良局面。④ 特别是对于工龄较长、能力较强的高级法官助理，可以考虑任命其为"见习法官"，赋

---

① 根据要求，司法雇员经第三方依法聘用，由各法院管理使用。对各地人民法院现有的编外审判辅助人员重新开展全省统一考核录用。同时，根据全省各级人民法院审判辅助人员按配备比例缺额情况，由省高级人民法院按照一定条件，面向社会公开统一招录，经过专业技能培训合格后，录用为司法雇员。经过规范的聘用程序和严格的考核机制，将对司法雇员实行分级序列化管理，按照三级九等逐级晋升（初、中、高三级，每级分一、二、三等）。在职业保障方面，将参照各地经济社会发展水平，建立配套薪酬制度，纳入法院部门预算，由同级财政保障，从而强化司法雇员的职业归属感，招得来、用得好、留得住，形成一支单独序列稳定的书记员队伍。孟焕良：《招得来用得好留得住——浙江司法雇员招录开考》，《人民法院报》2017年5月8日第1版。

② 参见《上海市高级人民法院——规范初任法官遴选 推进正规化专业化职业化建设》，《人民法院报》2018年1月4日第4版。

③ 最高人民法院推动法官助理改革试点以来，由于该制度仅仅在2018年10月26日修订的《人民法院组织法》第48条中有原则性规定外，在《宪法》《法官法》和三大"诉讼法"等法律中均无明确依据，并且至今也少有规范性文件对之加以具体规范，因此，法官与法官助理的分工运行模式呈现出两种错误倾向：一种是法官主动型，即由法官负责事务性工作的安排，法官助理只是按照法官的指示从事法官交代的工作，并不主动参与诉讼程序，其结果是法官自己仍然从事大量事务性工作。另一种是双方互助型，法官与法官助理不分彼此，除主持庭审外，不存在界限明确的职责分配，事务性工作由双方合作共同完成。

④ 目前的法院编制，是根据当地的人口数量和财政状况等而确定的，中央政法委又明确了在不增加编制的情况下推动地方司法改革试点的基本原则。因此，法院尽管缺编却不能进人，自行招录的人员待遇就只能由法院自行解决，财政不予支持。

予其办理调解、撤诉案件的权限。如此做法既能有效缓解法官助理集中要求进入员额的压力，又能为法官助理过渡到员额法官提供有效的锻炼渠道。另外，还要积极争取地方支持探索"司法雇员制"，建立聘用制书记员管理制度。①

三是明确职能权责。作为本轮司法改革新设的人员序列，有关法官助理的相关制度尝试和探索基本上无先例可循。因此，必须积极借鉴东部等先进地区较为成熟的做法，进一步完善相关制度设计，优化这一序列人员的选拔和配置，明确其基本职能定位，充分发挥法官助理的功能和作用。对此问题，S 直辖市已经出台并实施了《法官助理管理办法》，对法官助理这一群体又进行了不同等级的分类，并明确和细化了其不同的工作职责。② 当然，这还只是 S 直辖市的地方性探索，这种探索是否能够在其他地方予以复制和推广，目前还有待分析和论证。另外，也是更为重要的原因，有关法官助理这一特定群体的制度设计特别是职能定位，还需要中央最高决策层以及最高人民法院通过更高层次的规范性文件加以确定，以进一步明确法官助理之法律地位，充分发挥其辅助作用。

三 对院庭长办理案件制度的落实

进入员额的法院院庭长必须办理一定数量的案件，并带头办理重大疑难复杂以及新类型案件，这是新一轮司法改革顶层设计的明确要求。③ 显而易见，之所以会出台这样的制度安排，在主观目的上，并不是或不单纯是为了缓解"案多人少"这一问题。这项制度如果能真正落到实处，必然会有利于祛除为祸多年的司法审判工作中的行政化弊端，作为优质审判资源的院庭长能够实现由"案件审批"到"案件办理"的转变和

---

① 王禄生：《法院人员分类管理体制转型研究》，《比较法研究》2016 年第 1 期。
② 陈颖婷：《上海市出台〈法官助理管理办法〉，完善招录、培养、管理机制》，《上海法治报》2016 年 2 月 16 日第 1 版。
③ 在 2017 年中央政法工作会议上，中央政治局委员、中央政法委书记孟建柱明确指出："有的领导干部既不管业务，又不办案，却占着员额，这种情况是不允许的……不办案而入额的领导班子成员要自觉退出员额。"参见王梦遥：《中央政法工作会：不办案而入额的领导班子成员要自觉退出员额》，《新京报》2017 年 1 月 13 日第 1 版。在有关法院院庭长办案的规范性文件中，除中央政法委《关于严格执行法官、检察官遴选标准和程序的通知》（中政委〔2017〕9 号）对院庭长办案数量有笼统规定之外，最高人民法院《关于加强各级人民法院院庭长办理案件工作的意见（试行）》（以下简称为："最高人民法院《院庭长办案意见》"），则明确院庭长办案数量与所在法院、所在庭室的具体比例关系。

跨越，会越发契合司法审判内在规律，特别是有利于"言词直接性"原则和"办案亲历性"原则，必将大大提升司法公信和司法权威；同时，还有利于在法院系统内部营造"比能力、比专业、比水平"这样一种风清气正的工作氛围，通过强烈的示范和导向作用，有序推进审判职业体系内部的"传、帮、带"，促进审判人员茁壮成长，保持审判职业队伍的有序稳定。因此，可以说，在新一轮司法改革所涵盖的一系列改革内容中，院庭长办案应该是指向性最为明确、针对性最为突出、也是最为行之有效的改革举措之一。这对强化司法改革在业内和业外的认同感，特别是提升一线审判人员对司法改革的信心更是意义非凡。总之，院庭长办案制度是优化法院内部审判资源配置的重要举措，是法官员额制度改革的关键所在。因此，这是一项极其重要并应该给予高度重视且须持续强力推进的改革内容。

（一）新一轮改革之前的情况

对于中国法院系统，特别是对于审判工作而言，"院庭长办案"绝非什么新话题。早在20世纪60年代，就有司法界前辈为践行这一制度而鼓与呼。[①] 然而，自法院系统"一五改革"启动以来，直到如今伴随着"审判责任制度"和"法官员额制度"等主体性改革举措渐次展开而日趋深化的新一轮司法改革，尽管在最高人民法院和各省级高级人民法院以及试点法院有关改革的规范性文件中，都将"院庭长办案"制度作为重要改革举措并提出具体工作要求，但其落实状况相较于改革预期而言，却始终存在着反差。可以肯定的是，这种反差如果不能尽快消除，所谓更好履行院庭长审判监督职能、落实审判责任制度乃至提升司法公信力等新一轮司法改革所设定的一系列改革预期都必然会受到影响。

然而，最高人民法院2002年就曾出台规定，尽管依然强调院庭长"不得改变合议庭的评议结论"，但却明确规定院庭长"可以对合议庭的评议意见和制作的裁判文书进行审核"。[②] 很显然，法院下放给合议庭和独任法官的权力在一定程度上又被收回了，院庭长"亲自办案"的要求及其落实也再次被搁置。引发这一情况的因素很多，但其中核心的两个原

---

① 笔者搜索中国知网发现，早在"文革"之前，就有焦朗亭：《基层法院院长应该坚持亲自办案》，《政法研究》1965年第3期（《法学研究》的前身）；王自臣：《基层法院院长亲自办案的好处》（《政法研究》1966年第1期），等数篇论述院长亲自办案及其必要性的文献。

② 参见最高人民法院《关于人民法院合议庭工作的若干规定》第16条的有关规定。

因是：第一，由于监督和管理机制不健全，在普遍放权、还权于合议庭和独任法官、强化其裁判权，并弱化院庭长审批权的同时，法院的案件审判质量每况愈下。第二，伴随着我国经济社会的高速发展，涌向法院的纠纷日益复杂，即便院庭长们完全放权，合议庭或独任法官还是会把问题和矛盾引向院庭长或审判委员会，这就迫使院庭长以及审判委员会不得不更多地通过审核甚至审批的方式进行监督和管理，甚至直接介入某些特定案件的实体处理。究其根本，面对繁重的内部审判任务与复杂的外部社会需求，法院的确无法坦然面对"权力在法官、压力在法院、责任在院庭长"这样的局面。[1]

当然，尽管有这样的"反复"，但中央层面的改革追求基本未变。到了 2005 年，最高人民法院再次发布涉及院庭长办案工作的规范性文件，此时的有关规定已经不再是笼统的、宣示性的改革要求了，而是已从制度建设的角度，初步涵涉事关院庭长办案的审判组织、数量指标、保障办法和考核评价等重要环节。[2] 应该说，这都极具积极意义。紧接着，最高人民法院《二五改革纲要》以及 2007 年《关于完善院长、副院长、庭长、副庭长参加合议庭审理案件制度的若干意见》，在继续突出合议庭作用的同时，都明确重申要"强化院长、副院长、庭长、副庭长的审判职责"。[3]

可以看到，2007 年的规范性文件是关于"院庭长办案"这一制度的专项性文本。在短短的 8 个条文中，涉及院庭长办案的目标宗旨、案件类型、数量标准、权利责任和考评监督等多方面内容。[4] 从"综合性文件"到"专门性文件"，可以说，就文本意义而言，最高人民法院对于院庭长

---

[1] 顾培东：《再论人民法院审判权运行机制的构建》，《中国法学》2014 年第 5 期。

[2] 最高人民法院明确要求："要加强干部管理制度建设，建立和落实好院、庭长办案制度，积极探索保障院、庭长办案的审判组织和运行机制保障办法，确定院、庭长每年直接参加合议庭办案数量的硬指标，并列入岗位目标考核的重要内容，各级领导干部尤其是院、庭长必须排除一切困难和干扰，切实承担起审判职责"。参见最高人民法院《关于增强司法能力提高司法水平的若干意见》第 26 项等相关规定。

[3] 最高人民法院强调："院长、副院长、庭长、副庭长应当参加合议庭审理案件"。2007 年最高人民法院再次重申，各级人民法院"院长、副院长、庭长、副庭长除参加审判委员会审理案件以外，每年都应当参加合议庭或者担任独任法官审理案件"。参见最高人民法院《二五改革纲要》第 25、26 项之规定；最高人民法院《关于完善院长、副院长、庭长、副庭长参加合议庭审理案件制度的若干意见》第 1 条之规定。

[4] 最高人民法院《关于完善院长、副院长、庭长、副庭长参加合议庭审理案件制度的若干意见》第 2 至第 7 条之规定。

办案提出了越来越严格、越来越具体的制度性要求。然而,遗憾的是,在司法实践中,上述规范性文件的基本精神并未贯彻落实到位,院庭长办案更多的还是流于形式,甚至呈现出越来越稀松的现实状态,在 G 省的 L 市,两级共 9 家法院 2005—2007 年的院庭长办案情况就说明了这一点。

表 6-1　G 省 L 市市县两级人民法院 2005—2007 年院庭长办案情况

人员及结案数＼年份	院长人数/结案总数/人均结案数	副院长人数/结案总数/人均结案数	庭长人数/结案总数/占全院结案数比重/人均结案数	副庭长人数/结案总数/人均结案数	院庭长总数/占全院法官总数比重/院长结案总数/占全院结案数比重/院庭长人均结案数	全院法官总数/全院结案总数/人均结案数
2005	9/6/0.7	35/40/1.1	76/308/1.66%/4.1	104/5020/48.3	224/43.2%/5374/29.0%/24.0	519/18518/35.7
2006	9/5/0.6↓	34*/33/0.9↓	76/305/1.50%↓/4.0↓	104/5409/52.0↑	223/43.1%/5752↑/28.3%↓/25.8↑	518/20306/39.2
2007	9/6/0.7↑	34/37/1.1↑	76/311/1.35%↓/4.1↑	104/6011/57.8↑	223/43.1%/6365↑/27.7%↓/28.5↑	518/23015/44.4
备注	*2006 年,基层人民法院一名副院长调离,相对于 2005 年,副院长人数由 35 人降至 34 人;与此相应,院庭长总人数和全院法官总数均减少 1 人,分别降至 223 人和 518 人。					

表 6-1 显示,在 2005、2006、2007 这三年中,L 市市县两级人民法院的院庭长共计 224(后降至 223)人,在总共 519(后降至 518)名审判人员中,占比高达 43.2%(后降至 43.1%)。看似院庭长结案总数一直在上升(5374→5752→6365);而人均结案数也逐年递增(24.0→25.8→28.5),但这实际上还是依靠本就为办案主力的副庭长逐年增加的工作量(结案总数:5020→5409→6011),特别是其人均结案数这一变量来拉动(48.3→52.0→57.8,均高于同期全院法官人均结案数:35.7→39.2→44.4)。在两级人民法院案件总数与人均结案数逐年攀升的背景下,院长、副院长、庭长的人均结案数却始终徘徊不前,院庭长结案总数占比更是逐年下降(29.0%→28.3%→27.7%),甚至于连庭长结案总数占比也呈现出下降趋势(1.66%→1.50%→1.35%)。总体而言,院庭长办案情况难以令人满意。

笔者在长期调研中了解到，在法院系统"二五改革"前后，基于相关规范性文件的出台，一般情况下，院长、副院长，一年到头还能够象征性地办理几件诸如交通肇事这样的简单案件；至于庭长特别是副庭长，本来就是办案的主力，对这项制度的落实自不在话下。但是，随着时间的推移，不论是院长、副院长办理的案件数，还是办案院长、副院长的人数，都是"王小二过年——一年不如一年"，彻底地将这项工作变成了一件"做样子、走形式"，而且都彼此心照不宣的事情；有些院庭长特别是院领导，多年以来未曾办理一件案子，连"样子"都不愿做。笔者在对 G 省 Z 市中级人民法院的调研中发现，从 2011 年至 2013年，该院的院庭长办案工作就很不理想。

表 6-2　　G 省 Z 市中级人民法院 2011—2013 年院庭长办案情况

人员 年份	院长 结案数	副院长5人 结案数及 人均结案数	专委2人 结案数及 人均结案数	庭长11人 结案数及 人均结案数	副庭长14人 结案数及 人均结案数	院庭长33人 结案总数及 人均结案数	全院86名法官 结案总数及 人均结案数
2011	0	3/0.6	14/7	254/23.1	1023/73.1	1294/39.2	7710/89.7
2012	0	4/0.8	9/4.5	343/31.2	1198/92.2[a]	1754/54.8[b]	8915/107.4[c]
2013	0	6/1.2	13/6.5	430/39.1	1475/113.5	1924/60.1[d]	11216/135.1[e]
备注	2012 年，[a]该院一名副庭长调离，由 14 人降至 13 人。因此，[b]该院院庭长人数由 33 人降至 32 人。加之，[c]该院 2 名法官辞职，因此，全院法官人数由 86 人降至 83 人。2013 年，[d]全院院庭长人数依然为 32 人。[e]全院法官人数依然为 83 人。							

由表 6-2 可以看到，从 2011 至 2013 年的三年期间，在全院法官人数不断减少的情况下，该院院长没有办结任何案件，考虑到繁杂的行政事务，院长不办案尚情有可原。但在院领导中，副院长的结案数也是微乎其微，只有审判委员会的专委办结了几件案子，这实在是说不过去。当然，作为办案主力的副庭长，其结案数还比较接近全院人均结案数。可以说，这种状况不仅存在于 G 省 Z 市中级人民法院，在全国也具有普遍性。[①]

毫无疑问，地方人民法院这种"上有政策、下有对策"的表现当然

[①] 林娜：《如何走出院庭长办案的困境：兼论我国审判权运行机制改革试点方案的补强》，《法律适用》2015 年第 11 期。

令人失望，然而，最高人民法院在此问题上的"无为而治"则更令人感到困惑。① 甚至还可以看到，最高人民法院对于"院庭长办案"的制度性要求，不但没有进行强化，反而是有所弱化。② 前述那种最高审判机关"言者谆谆"、地方审判机关"听者藐藐"的状况，很有可能极大地伤害了制度设计本身及其制度设计者。因为常识告诉我们，制度在实践中的成效究竟如何，经常会成为一项制度能否得以延续或被强化的决定性因素。

由于前期的历史欠账，更由于法官员额制度改革的基本要求，有效落实院庭长办案制度的重担压在了新一轮司法改革之上。借助于绝佳的历史良机，最高人民法院《四五改革纲要》明确规定"完善院庭长、审判委员会委员担任审判长参加合议庭审理案件的工作机制"。③ 最高人民法院《司法责任意见》也对院庭长办案的数量和类型进行了原则性的规定。④ 相对于这些较为笼统抽象的基本要求，作为规定院庭长办案的专门性文件，最高人民法院《院庭长办案意见》关于办案数量和办案类型的规定更为详细和具体，而且还涉及到了对院庭长办案工作进行监督、考评和问责的相关环节。⑤ 应该说，宏观层面的制度设计已基本到位。

然而，囿于根深蒂固的历史遗留因素及其负面作用，就落实院庭长办案制度而言，从工作理念到工作机制都面临重重困难；加之最高人民

---

① 最高人民法院对地方人民法院贯彻落实制度要求如此不力的突出问题，没有采取行之有效的举措来改变这一现状（当然，也受制于一些客观因素）。即便最高人民法院《三五改革纲要》第21项也曾明确强调审判监督和审判管理，依然重申院庭长办案："建立健全院长、庭长的'一岗双责'制度，落实院长、庭长一手抓审判、一手抓队伍的双重职责"。很明显，这都只是一些笼统性的要求，除此之外，再无其他规定。

② 2013年最高人民法院《关于审判权运行机制改革试点方案》第2项明确规定："将副院长、审判委员会委员、庭长、副庭长直接编入合议庭并担任审判长"。很显然，这一规定不但忽略了"院长"，而且这一规定也只是为了解决"一个审判庭内设有多个合议庭"而产生的相应问题，并非出于院庭长办案的考虑。

③ 最高人民法院《四五改革纲要》第27项之规定。

④ 最高人民法院《司法责任意见》第7项规定："院长、副院长、审判委员会专职委员每年办案数量应当参照全院法官人均办案数量，根据其承担的审判管理监督事务和行政事务工作量合理确定。庭长每年办案数量参照本庭法官人均办案数量确定。对于重大、疑难、复杂的案件，可以直接由院长、副院长、审判委员会委员组成合议庭进行审理"。

⑤ 最高人民法院《关于加强各级人民法院院庭长办理案件工作的意见（试行）》第2、4、8、9条之规定。

法院《院庭长办案意见》新近出台,制度效应在短期内还难以充分显现,以至于当下的制度实践状况也无法让人乐观起来。甚至可以说,相对于新一轮司法改革的宏大理想和良好制度预期,现实中的院庭长办案状况则更令人忧心。东部 S 直辖市人民法院系统的实际情况就充分地证明了这一点。

当然,实事求是地讲,新一轮司法改革启动之后,院庭长办案制度起码在数量的纵向比较上还是有提升的。在案多人少问题相对突出的 S 直辖市人民法院系统,就可以说明这个问题。

表 6-3　S 直辖市人民法院系统 2014—2016 年院庭长办案情况

结案数 时间	院庭长结案总数	同比增幅	院长、副院长、专委结案数	同比增幅	庭长、副庭长结案数	同比增幅
2014 年	45142 件	22.31%	105 件	-1.26%	92670 件	8.34%
2015 年	68345 件	51.40%	775 件	638.12%	102095 件	10.17%
2016 年	120258 件	75.96%	883 件	13.94%	119440 件	16.99%

表 6-3 显示,作为改革排头兵的 S 直辖市人民法院系统,近三年的院庭长结案总数纵向上增幅很大(45142→68345→120258),特别是院长、副院长(含专委)的结案数更是呈几何级数增长(105→775→883)。尽管如此,相较于新一轮司法改革的总体预期、特别是结合 S 直辖市人民法院系统的整体办案情况而言,院庭长办案数量在横向方面的差距还是显露无疑。

(二)需要厘清的问题

一是能否做到实质性办案?既然是一项中央高层精心设计的重要制度革新,就应该在改革实践中花大气力、"动真格"。院庭长办理案件,就必须要求院庭长们实质性地将自己的法律专业知识与精力、良知、理性和智慧以及其他资源全身心地投入到审判诉讼过程中。至于当前实际存在的巧取豪夺、占有他人劳动成果等恶劣现象,这显然应当坚决杜绝。

二是应当办理何种案件?毋庸讳言,院庭长一般都是优质审判资源,无论是业务能力、审判经验,还是沟通技巧、协调能力,通常都优于其他普通员额法官。因此,无论是立足于"好钢用在刀刃上"的基本常识,还是立足于院庭长办案这一制度设计的重心所在,院庭长们还是应当以办理重大、复杂、疑难、敏感案件以及新类型案件为重点。唯有如此,才能更为有效地发挥其职业优势,并保证案件质量。所以,在院庭长办案满足最低数量的前提下,应当以办案质量为主。亦即院庭长办案的核心在于案件的类型而非案件的数量。

三是如何定位审判监督管理权与审判权的相互关系?显而易见,院庭长办理案件绝对不能脱离现实司法环境。作为国家的审判机关,法院既要有效承担"定分止争"的"司法功能",更要积极担负推进国家治理的"政治功能"。与此相类似,院庭长们不但应当以员额法官的身份,既要"坐堂问案",还要"拍板定案";而且还应当以法院内部行政领导的身份,积极准确地履行管理职责和监督职责。当然,这种管理和监督职能的实现,更应当侧重于通过主持并参与专业法官会议、主持并参与审判委员会、总结审判经验、提供指导意见等更为宏观的方式来进行。[①]

(三) 落实院庭长办案制度的具体措施

1. 提升院庭长办案的"制度认同感"

毫无疑问,确保院庭长能够真正办案、(不少于制度基本要求地)多多办案、办理大案,这是院庭长办案制度的基本预期。但是,如果只有制度层面的"硬杠杠",而没有思维理念层面对这项制度的内心认同,针对院庭长们的"伪办案"现象,那最终可能也是无计可施。

对于一项制度的"认同感",应该包括两方面内涵:一方面,是具有对特定制度设计持肯定与认同态度的"价值取向";另一方面,是具有将该项制度内在要求转化为制度外在实践的"行为取向"。很显然,只有在立足于获得广大民众心理认同与行动支持这一坚实基础之上,特定的制度安排才能从理论上或纸面上的制度真正转化为实践中有生命力的制度。那么,一项制度如何才能获得民众的认同与支持呢?

"趋利避害"是人的本性。如果人们在一项制度实践中能够通过较小、较低的成本投入获得较大较多的收益,那才有可能会认同、支持,进而去践行该项制度。反之亦然。因此,从"收益—成本"关系的角度来衡量,就院庭长办案制度的实践而言,之所以出现各种各样与制度预期或制度要求不相符合、不相一致甚至貌合神离、背道而驰的现象,追根溯源,主要还是在于与制度密切相关的各类主体,在制度实践中的获益与投

---

① 左卫民:《强化院庭长办案的量、质、责》,《人民法院报》2017年4月10日第2版。

入极不成比例。①

很显然，获取政绩是院庭长们的首要目标。如欲充分调动地方人民法院及其院庭长们的积极性，制度设计者就必须以承认院庭长们具有自身独立利益为基础，积极强化"院庭长加强审判管理监督是政绩，院庭长借助亲自办案发挥示范指导效应也是政绩"的现代审判理念，以涵盖具体办案指标的考核评价体系去考核地方人民法院的院庭长。如此一来，法院的院庭长们在"获取政绩"的利益驱动下，就势必会重新规划所在法院、所在审判庭的工作布局，重新调整自身的工作思路，进而从突出行政管理转向兼顾行政管理和案件办理，这样更有利于获致持久的司法权威和司法公信。

无可否认，在此进程中，地方人民法院的院庭长们还是在"牟利"。但必须看到，这是一种不论是对于民众权益、还是对于法治建设，或是对于国家治理而言，不但无害反而有益的"牟利"，必然会激发院庭长们通过办案实践，增强示范指导效应，进而创新司法治理模式，厘清院庭长们与普通法官之间的权利义务边界和权益关系，科学有效地履行审判监督管理职能，从而在客观上有利于使其走出既干不好员额法官本职工作，又因此损害其行政领导权威这样一种"损人不利己"的怪圈，并最终强化司法改革在提升国家治理能力和完善国家治理体系过程中的重要价值。②

2. 优化院庭长办案制度设计

在落实院庭长办案这一问题上，既需要严格执行最高人民法院《院庭长办案意见》这一规范性文件中，关于院庭长办案数量和办案比例这样硬性的底线要求，更需要及时修改这一文本，积极完善院庭长办案的长效机制，充分发挥院庭长办案示范导向作用。因为，要想真正将"院庭长办案"这一事关审判责任制度改革最终成效的制度要求落地生根，不但需要通过考核、监督、评估和问责这些刚性手段，督促各级人民法院院庭长亲自办理一定数量的案件，而且特别需要通过柔性方式积极引

---

① 因此，改革决策层必须有针对性地推进一种"有利（并非只限于薪酬）可图"的司法审判实践，建构一种能够实现院庭长们将"期待利益"充分转化为"现实利益"这一目标的合理机制，以强化其对亲自办案的"制度认同感"。

② 林娜：《如何走出院庭长办案的困境：兼论我国审判权运行机制改革试点方案的补强》，《法律适用》2015年第11期。

导院庭长亲自办理一定类型的案件,通过专业、高效、准确的案件办理行为,既有效树立院庭长所在法院的司法权威,又有效树立院庭长自身在业内的专业权威。

具体而言,可先在工作基础较好的个别试点法院,尝试将办理重大、疑难、复杂、新类型、发回重审等案件,不但明确为院庭长必须履行的工作责任,更将之上升为其法官职业生涯中的荣誉。无论是最高人民法院定期出版的《公报》,还是最高人民法院集中刊印的指导性案例,或是最高人民法院定期不定期汇编的《人民法院案例选》,都会将院庭长办理的重大、疑难、复杂、新类型、发回重审或其他合议制审判案件作为典型案例,相对于其他不办理上述类型案件的院庭长,予以优先考虑并刊载印发。更为重要的是,在事关法官切身利益的评先选优、晋职晋级等工作中,在院庭长这个群体范围内,必须优先考虑办理上述类型案件并达到一定数量的院庭长,而非其他院庭长,并适度提高在整个考核体系之中的权重。院庭长的公信力、权威性乃至职业成就感,正是通过这种方式体现出来。待试点成熟后,最终将这一做法逐步由局部向全国加以推广。

3. 采取具体措施,落实现行制度规定

总体而言,必须从两方面着手来落实该项制度:一方面,应该将有关院庭长案件办理"数量"的具体规定落到实处,[1] 对于存在委托办案、挂名办案等问题的院庭长,应当严肃问责。另一方面,应该将特定类型的案件指定由院庭长们办理。笔者在调研中欣喜地注意到,西部 G 省的个别基层试点法院在司法审判实践中,已经开始尝试将发回重审的案件、上级法院指定管辖的案件,指定由院庭长办理。具体来讲,就此问题而言,需要采取以下两项措施:

第一,严格实行院领导办案情况由上一审级法院考核、庭领导办案情况由本院考核的分级考核制度。各地应当在明确岗位责任的基础上,抓紧制定办案绩效考核办法。办案的质量和效率达不到考核标准的,应当先通报警示,一定时段内仍无改进的,必须将其于特定期限之前退出员额。同时,尽快结合年度考核,推进常态化的绩效考核以及与其直接挂钩的绩效

---

[1] 具体数量比例参见中央政法委《关于严格执行法官、检察官遴选标准和程序的通知》、最高人民法院《关于加强各级人民法院院庭长办理案件工作的意见(试行)》之规定。

奖金分配、员额退出办法。①

第二，对于院庭长的办案进展状况，有关部门应当予以测算核定与通报。各省高级人民法院的审判管理部门应当负责辖区内各法院院长、副院长、专委等入额院领导年度办案量的测算核定和办案任务"完成情况"的逐月通报。②

第二节　审判人员依法履职保障机制的基础性问题

"让审理者裁判、由裁判者负责"，这一审判责任制度改革的基本原则，本身就决定了审判人员大大不同于普通公务员，其能力、声誉、品行、素养都必须超乎寻常。就域外而言，尽管其也设置了司法考核制度，也在发挥引导和督促作用，但其国家和社会更多的是高度尊重法官的独立审判，而不是绞尽脑汁地设计各种监督、问责和惩戒机制，以此彰显对法官队伍的充分信任。事实上，就建构司法制度这一问题而言，西方法治国家将更多的精力和心思，投入到对司法人员这一特定职业群体的理论学习、岗前培训、选拔考核、职业保障等多个方面，而且将上述工作贯穿于整个司法职业之始终。这其中的道理非常明确，那就是，只有赋予其优于他人的职业基础和职业保障，也才能对其提出高于他人的职业要求和职业责任。否则，如果只有严苛的职业监督和职业责任，却没有与之相匹配的职业基础和职业保障，要想真正建构公正高效权威的司法审判制度，无异于"与虎谋皮"。③

当前，我国审判队伍面临的主要困境，基本上还是一方面工作繁、责

---

①　基于新一轮司法改革基本精神和员额制度改革基本要求，各级人民法院院庭长的办案绩效应当纳入对其工作的考评监督范围，院庭长年度办案绩效达不到考核标准的，应当退出员额。至于院庭长因承担重要专项工作、协调督办重大敏感案件等原因，需要酌情核减年度办案任务的，则应当报上一级法院审批备案。张枫逸：《乐见司法改革剑指"量化考核崇拜"》，《新华每日电讯》2015 年 1 月 22 日第 3 版。

②　这里所指的"完成情况"，必须包括办案数量、案件类型、审判程序、参与方式、开庭数量、审判质量等多项制度要素。各院的审判管理部门应当负责本院庭长、副庭长办案量的测算核定和定期通报。何帆：《完善绩效考核办法实现员额"有进有出"》，《人民法院报》2017 年 5 月 31 日第 2 版。

③　有关这一问题的讨论，可参见《推进以审判为中心的诉讼制度改革》，《法制日报》2015 年 10 月 28 日第 10 版。其中，中国应用法学研究所所长蒋惠岭在《作为司法制度模具的考核机制改革》一文中，有更多的分析和论述。

任重、压力大,另一方面却地位低、待遇薄、升迁难。毫无疑问,如果这种状况不能及时有效地改变或缓解,最终必然会危及司法审判的公信力,就连国家治理及其成效也必然会深受其累。当然,这也正是本轮司法改革要着力解决的突出问题。正所谓"法官的人格,是正义的最终保障",[①]以法官为代表的审判人员是维护和保障既有秩序的最坚定群体。因此,很有必要为实现维护这一最坚定职业群体之人格尊严、实现其职业尊荣与职业稳定之目标,[②]而建构和完善特定的、包括制度保障和措施保障在内的审判人员依法履职保障体系。

一 我国审判职业权利保障的基本现状

(一)审判职业权利保障的基本概念和基本内涵

1. 基本概念

应该看到,不论是理论界,还是实务界,对审判职业保障及其制度建设已有了较多的讨论。[③] 综合各方观点,笔者认为,审判职业群体是指接受过法律专业的专门性教育和培养,拥有专业的法律理论知识和法律实务技能,进而专门从事司法审判工作的职业群体;审判职业权利保障是指国家为了维护司法审判公正,彰显司法审判权威,通过建立完整的审判职业保障体系,对依法专门从事国家司法审判工作之人员的各项权利的确认、保障与维护。

2. 基本内涵

业内对审判职业权利保障的定性和认识各有千秋。[④] 通识认为,审判

[①] 语出自法社会学派创始人、德国法学家欧根·爱尔里希。傅跃建:《谁隐藏在故事背后》,群众出版社 2009 年版,第 253 页。

[②] 即便是在援引照搬英美法治体系、民主制度尚不完全成熟的韩国,法官职业依然荣膺 2016 年度"满意度最高职业",其在社会评价(第 2 位)、职业可持续性(第 8 位)、薪资满意度(第 4 位)、履行职务满意度(第 4 位)等多个方面均排名靠前。张静:《韩调查:法官获封"满意度最高职业"》,《环球时报》2017 年 3 月 29 日第 8 版。

[③] 有关问题的论述,可参见陆洪生:《法官职业化建设的根基:法官职业保障》,《人民司法》2003 年第 2 期;钱峰:《法官职业保障与独立审判》,《法律适用》2005 年第 1 期;王敏远:《论加强司法人员的职业保障》,《中国司法》2015 年第 5 期;陈卫东:《保障司法人员履职安全刻不容缓》,《检察日报》2016 年 3 月 6 日第 3 版;朱兵强:《深化司法体制改革与法官职业权利保障制度的完善》,《时代法学》2015 年第 5 期。

[④] 有关分析可参见胡夏冰、冯仁强:《司法公正与司法改革研究综述》,清华大学出版社 2001 版,第 201—203 页;王利明:《司法改革研究(修订本)》,法律出版社 2002 年版,第 471—475 页。

职业权利包括两个层面,一个层面是基本职业权利,主要包括独立审判权和职业身份权,前者即审判人员在全权审理和裁判案件时,不受行政机关、社会团体和个人以及法院系统内部人员不当干涉的权利;后者即法官身份一旦取得,非因法定事由、经法定程序不被剥夺的权利。另一个层面是保障性职业权利,包括经济保障、人身安全、职业尊严与职业特权等。总之,审判人员的职业权利应是由依法独立审判权利、职业身份权利、职业待遇权利、职业尊严权利、职业安全权利以及特定的职业特权所构成的完整的权利体系,它以审判人员的独立审判权为核心,以职业身份权与职业安全权等为基础。①

（二）目前的缺陷

1. 法律层面的缺陷

一是权利体系规定不完整。尽管我国《法官法》第8条规定了包括"依法审判"在内的八个方面的法官相关权利,但并未规定审判人员的职业特权,更未涉及审判人员的职业尊严权。作为促进《法官法》实施、推进法官职业保障的重要规范性文件,中央《保护依法履职规定》和最高人民法院《保护依法履职办法》都需要配套机制,自身也有待具体细化,审判人员的职业权利、职业尊严、职业安全等方面的相关保障尚未实现体系化。

二是机制保障规定有缺漏。在保障机构上,尽管最高人民法院《司法责任意见》、最高人民法院《保护依法履职办法》和中央《保护依法履职规定》均已有"惩戒委员会""法官权益保障委员会""法官考评委员会"等相关规定,但《法官法》尚未明确审判人员权利保障的专门独立机构。② 在保障程序上,《法官法》虽然列举了一些应当受到处分的行为,但却未规定处分的程序,而相同内容的程序性规定在前述有关规范性文件中已有所呈现。这些缺陷导致《法官法》规定的审判人员职业权利在实

---

① 国家法官学院司法审判研究中心：《关于法院体制改革设想热点问题的研讨（上）》,载毕玉谦主编：《司法审判动态与研究（第6集）》,法律出版社2004年版,第4页。

② 以审判人员的申诉权为例,该法第44条规定,法官对法院关于本人的处分、处理不服的,只能在法院系统内部寻求救济,或者向原处分、处理机关申请复议,或者向原处分、处理机关的上级机关申诉。很显然,在《法官法》规定的法官权利的救济体系当中,缺乏第三方的组织机构,不利于审判人员权利的救济。朱兵强：《深化司法体制改革与法官职业权利保障制度的完善》,《时代法学》2015年第5期。

践中得不到切实维护。因此，应尽快将有关规范性文件的基本精神和规定上升到国家立法层面。①

三是惩戒事由规定太泛化。与审判人员职业权利保障紧密相关的是对审判人员的惩戒。《法官法》第 32 条和最高人民法院《司法责任意见》第 26 条通过列举与概括并用的方式规定了应受处分或应当依纪依法追究违法审判责任的内容。尽管最高人民法院《司法责任意见》第 26 条的兜底条款即"其他故意违背法定程序、证据规则和法律明确规定违法审判的，或者因重大过失导致裁判结果错误并造成严重后果"的规定，切口很小，界定的范畴也比较严谨。但《法官法》第 32 条的兜底条款即"其他违法乱纪的行为"的规定则过于宽泛，导致审判人员受处分的事由非常之多。② 一些地方人民法院自行制定的规范性文件，往往会突破《法官法》之规定，或者在《法官法》之外增设惩戒理由，或者加重对审判人员处分。司法审判实践中，审判人员因判决而面临处分甚至被迫失去职位的情形比比皆是。③

案例之十一："彭宇案件"主审法官王浩被剥夺法官身份

2006 年 11 月 20 日，彭宇在南京市某公共汽车站扶起一倒地老人，并送其就医。老人及其家人认为彭宇撞人，要其承担医疗费被拒后，诉至南京市鼓楼区人民法院。彭宇向承办法官申请，向当时出警的派出所调取原始笔录，派出所以正在装修为由不予提供，后来声称笔录遗失。在此情况下，南京市鼓楼区人民法院承办法官王浩作出了一审判决，依据民法通

---

① 陈海光：《法官职业保障制度研究》，《审判研究》（2003 年第一辑），法律出版社 2003 年版，第 91 页。
② 以依然生效的《人民法院工作人员处分条例》为例，该司法文件对法官应受处分情形的规定涉及违反办案纪律、政治纪律、廉政纪律等共 7 个方面，多达 85 条。在河南"时建锋诈骗案"中，诸如"主审法官对案件证据审查不细、把关不严""所属刑庭庭长领导不力""主管院长主持审判委员会把关不严""中级人民法院院长干部教育培训管理不到位"等五花八门的事由成为了 4 名审判人员受到惩戒的理由。虽然《法官法》第 8 条规定，非因法定事由、非经法定程序，法官不被免职、降职、辞退或处分，但《法官法》的权威性不足，法院惩戒审判人员时往往适用的不是《法官法》，而是最高人民法院《处分条例》《追究办法》《法官职业道德基本准则》，甚至是由地方人民法院自行制定的系统内部的一系列规范性文件。参见秦亚洲《"时建锋诈骗 368 万元高速公路通行费"案相关责任人被问责》，《检察日报》2011 年 1 月 17 日第 4 版。
③ 丁国锋：《尊重司法人员体现民族进步》，《法制日报》2016 年 3 月 15 日第 8 版。

则的"公平责任"原则,判定由原被告双方分担损失。①

客观地讲,该案主审法官王浩在证据极为缺失的情况下,作出了很不严谨的分析和推论,并且说理表述也很不恰当,② 以至于严重偏离了社会主流价值观。其本人因该项判决引起了社会舆论的普遍质疑和强烈谴责,先是被停职检查,后又被调离法院系统。③ 但如果要因此案对王浩法官进行问责,则应以最高人民法院《追究办法》为根据。然而,依据该项规范性文件的有关规定,审判人员不应当承担责任。④ 很显然,王浩法官的判决即便可以定性为"错判",那也是由于对法律事实和法律规定的认识错误而导致的,不应该受到责任追究,至少不应该被剥夺法官的身份。

2. 实践层面的缺陷

一是权利保障的外部地方化。虽然根据我国《宪法》《法官法》之规定,审判人员依法履责受法律保护,审判人员依法审判案件不受行政机关、社会团体和个人干涉,然而实践中,由于审判人员独立审判缺乏组织保障,很容易受到外界干预。⑤ 现行法院的管理体制,是地方人民法院以

---

① 鼓楼区人民法院认为,"根据日常生活经验分析,原告倒地的原因除被外力因素撞倒之外,还有绊倒或滑倒等自身原因。但双方在庭审中均未陈述存在原告绊倒或滑倒等事实,故根据本案现有证据,应着重分析原告被撞倒之外力情形。人被外力撞倒后,一般首先会确定外力来源,辨认相撞之人;如果撞人之人逃逸,作为被撞倒之人的第一反应,是呼救并请人帮忙阻止。本案事发地点是公共场所的公交站台,且事发时间是视线较好的上午,事发过程非常短促,故撞倒老人的人不可能轻易逃逸。而根据彭宇自认,其是第一个下车人,从常理分析,他与老人相撞的可能性较大。如果彭宇是见义勇为做好事,更符合实际的做法是抓住撞倒原告的人,而不是好心相扶。如果被告是做好事,根据社会情理,在老人的家人到达后,其完全可以说明事实经过并让老人的家人将她送到医院,然后自行离开。但彭宇未作此等选择,他的行为显然与情理相悖"。参见彭宇案一审判决书:(2007)鼓民一初字第 212 号,转引自朱兵强《深化司法体制改革与法官职业权利保障制度的完善》,《时代法学》2015 年第 5 期。

② 当然,也有人认为,结合彭宇自述曾经与人相撞却说不清与何人相撞以及经警方确认的笔录照片,这就构成了优势证据,一审法院认定彭宇与老太太相撞并无不妥。舒锐:《十年前彭宇案的真相是什么》,《北京青年报》2017 年 6 月 15 日第 2 版。

③ 2011 年,江苏省南京市委政法委披露,一直被认为是救人被诬的彭宇是真的撞了人,再次引起社会舆论哗然。司马厚德:《彭宇案误读谁之过》,《大连日报》2012 年 2 月 2 日第 A11 版。

④ 该文件第 22 条规定,具有"因对法律、法规理解和认识上的偏差而导致裁判错误的;因对案件事实和证据认识上的偏差而导致裁判错误的"等情形,审判人员不用承担办案责任。

⑤ 钱峰:《法官职业保障与独立审判》,《法律适用》2005 年第 1 期。

地方党委的管理为主,地方人民法院人财物的保障均受制于地方政府,这就将"代表国家在地方行使审判权的法院"完全演变为"归属于地方管辖的法院"。尽管如全社会所知悉的是,十八届三中全会已经明确要求,省以下法、检两院实行人财物统一管理,而且伴随着新一轮司法改革的深入推进,已开始将此项改革精神逐步付诸实践。然而,要将此真正落到实处,还尚需时日。

二是权利保障的内部行政化。当下,审判人员独立审判的内部环境并不比外部环境优越,受到的束缚甚至更多。审判人员在审判工作中要接受多个层级行政领导的管理和制约,来自法院系统内部的所谓"指导""批示""签发"等各种改头换面的干预层出不穷。[1]上级法院常以案件"发改率"作为硬性指标监督下级法院,迫使下级法院通过所谓"请示""汇报"来降低"发改率"。实际上,请示、汇报所串联起来的已经不再是两级人民法院之间的简单联系,而是已经异化为一种事实上的"行政管理"关系。同"人财物统管"一样,法院内部的"行政化"的问题也是本轮司法改革需要重点解决的问题,但同样也还是要经历漫长的过程。更何况,旨在解决司法"地方化"的"人财物统管",在实现自身改革目标的同时,也必然会强化司法的"行政化"。改革的"双刃剑"效应,在这一问题上体现得淋漓尽致。

二 保障在前、追责在后——科学建构审判责任制度的基本要求

显然,就审判责任制度的建构而言,"职业保障"和"责任追究"是两个极其重要的问题。但是,应当特别注意解决这两个问题的顺序。只有在建立健全审判人员履职保障机制之后,追究其审判责任,才会有相应根据。因此,不论是清晰界定审判人员权责的内容和边界,还是明确规定对审判人员违法审判责任的追究,都应当以对审判人员提供依法履职所需的有效保障为前提。缺乏基本的职业保障,让审判人员承担其独立公正审判职责,将使其承受难以承受之重。正如前文所述,审判责任制度的基本价值取向是事前培养"精英法官",而非事后惩戒"问题法官"。因此,在某种意义上说,正是对审判人员依法履职的保障程度,决定了审判责任制

---

[1] 宁杰、程刚:《法官职业保障之探析》,《法律适用》2014年第6期。

度的完善和落实程度。① 实事求是地讲,最高人民法院《司法责任意见》并不是完善我国审判责任制度的起点。不仅《法官法》等相关国家立法对法院系统的审判责任制度早已有所规定,而且早在1998年付诸实施的最高人民法院《追究办法》就已开始了建构审判责任制度的尝试。此外,诸多地方人民法院也曾制定相关的错案责任追究文件。然而,以往的审判责任制度之所以未能实现制度预期,以至于今天还需要继续加以完善的关键因素,既是因为以前对审判人员权限和责任的规定还不够明确细化,更是因为以往对审判人员依法履职的有效保障严重缺位。② 归根结底,司法审判实践中的审判责任与职业保障还很不匹配。

特别是作为本轮司法改革的重头戏,法官员额制度改革能否落实到位,能否将最优秀的审判人员稳定在办案第一线,并不仅仅依靠法官进入员额的尊荣感,更重要的是应该具备与之相应的职业保障。原因很简单,司法裁判承载的不是简单的"谁赢谁输",审判人员判案也不仅仅是为了解决纠纷,而是要为全社会打造公平正义的制度环境。要判断一个国家的法治发展水平,观察一个国家的法律在国家治理中是不是发挥了重要作用,最直观的就是看审判人员是否受到足够尊重,司法裁判是否得到有效遵从,那些藐视法庭、妨碍审判、暴力抗法的行为是否及时遭到制裁。③

三 正确把握审判人员依法履职保障的关键点

具体而言,在建构审判人员依法履职保障制度体系的过程中,必须对"立威"与"立信"、"行权"与"监督"、"惩戒"与"保障"这三组关键环节及其相互关系进行准确把握。显而易见,无论是针对审判职业群体而言的"惩戒"与"保障",还是针对审判权力运行而言的"行权"与"监督",或是针对审判权力机关建设而言的"立威"与"立信",实际上,它们两两之间并不冲突,而是辩证统一的。

就以"惩戒"与"保障"的关系为例,保障是惩戒追责赖以存在的

---

① 王逸吟:《界定权责内容推进司法改革——访中国社科院法学所研究员王敏远》,《光明日报》2015年9月30日第3版。
② 同上。
③ 李少平:《健全司法人员依法履职保障机制推动形成尊重司法裁判、维护司法权威的良好氛围》,《人民法院报》2017年2月8日第1版。

前提，对审判人员如无必要保障，对其追责惩戒就无从谈起；追责惩戒是对保障的最终体现，如果针对审判人员的违法审判行为熟视无睹，没有及时有效的追责惩戒，保障也就失去了意义。

第三节　强化审判人员依法履职保障机制：审判责任制度的基本前提

保护审判人员依法履职，这是中共十八届三中、四中全会部署的重点改革任务。中央《保护依法履职规定》的出台，进一步健全了审判人员依法履职的制度保障，有利于确保法院依法独立公正行使审判权。本节将结合中央这一规定，围绕最高人民法院《保护依法履职办法》，就建构和强化审判人员依法履职保障机制进行论述。

一　免受干预

要追求裁判的过程公平和结果公正，就必须确保审判人员办案能够免受法院内外因素的不当侵扰。① 最高人民法院《保护依法履职办法》第1条和第3条分别规定了法官依法办案不受外部干预的权利和独立表达意见的权利。要有效实现审判人员的这些基本权利，需重点做好以下两个方面的工作：

（一）对外部干预的防范

司法实践中，审判人员依法办理案件受到地方党政机关、社会团体或个人干涉，已不足为奇。其中，不乏一些单位或个人以函文、信件或者口头意见以及其他方式，向审判机关及其审判人员提出违反法定职责或者法定程序、有碍司法公正的要求。2010年10月，山西省太原市晋源区发生违法强拆事件，一村民被强拆者致死。事发后，太原市中级人民法院一审判决武瑞军等17人获刑，被告人不服上诉。2013年9月，太原市中级人民法院依山西省高级人民法院裁定重审此案。在此案办理过程中，太原市晋源区政府先后给两级人民法院发函，请求对当事人武瑞军"慎重量刑"。② 为防范和减少外部干预，各级人民法院除了有效配合并积极参与

---

① 何海波：《保护法官、检察官依法履职》，《人民法院报》2016年7月29日第2版。
② 吴静：《发函干预审判有损司法公正》，《人民公安报》2013年10月24日第2版。

省以下法院人财物统一管理改革之外，自身也应积极采取多项措施。

1. 有效落实中央顶层设计。中央出台的《领导干部干预司法活动、插手具体案件处理的记录、通报和责任追究规定》《党政主要负责人履行推进法治建设第一责任人职责规定》（下文简称为："中央《党政法治职责规定》"）①和最高人民法院出台的《人民法院落实〈领导干部干预司法活动、插手具体案件处理的记录、通报和责任追究规定〉的实施办法》，应该是为数不多的、当前审判机关及其审判人员防范外部干预的重要文本依据。应该承认，上述文件出台后，来自地方对司法机关办案的外部干扰大大减少。甚至于就连人大机关和党委政法委根据国家立法以及党内法规之基本精神必须正常开展的执法司法监督工作，因为上述文本依据的存在，有关单位也开始变得缩手缩脚、畏首畏尾，进而不愿对具体个案实施必要的监督，以防背负"不当干预"的骂名。但从当前情况来看，除个别法院之外，全国范围内绝大多数法院对于领导干部干预司法活动、插手具体案件处理的问题均为"零记录"，②这显然不正常。因此，当务之急是要将有关规范性文件的具体要求落到实处。③

2. 积极推进跨区域集中管辖制度改革。为排除党政干预、确保依法公正审判，许多地方已开始探索跨区域集中管辖。特别是在行政审判领域，西部 G 省和中部 H 省以及其他一些省份已先后推行跨区域集中管辖行政案件改革试点。④ H 省 Y 市中级人民法院根据地方区域特征、案件数量、审判力量等情况，对辖区内一审行政诉讼案件以及以市直机关为被告的一审行政诉讼案件分别确定不同县区人民法院进行跨区域集中管辖。改革试点以来，Y 市人民法院的行政审判工作总体呈现出受理案件数量逐年

---

① 该项文件第 5 条第 4 项明确规定，"……督促领导班子其他成员和下级党政主要负责人依法办事，不得违规干预司法活动、插手具体案件处理"。

② 广东省政法机关 2016 年全年共记录领导干部干预司法案件 2 件。陈卫东、程雷：《司法革命是如何展开的》，《法制日报》2017 年 7 月 10 日第 9 版。另外，2015 年 9 月 2 日，浙江省金华市中级人民法院根据中央基本精神，针对金华市婺城区供销社党委书记徐乘胜干预、插手某股权转让纠纷一案的基本事实，报告安徽省高级人民法院、金华市委政法委，并由市委政法委通报婺城区委及其政法委。这也成为全国首例经法院记录并经党委政法委通报的领导干部干预案件的典型案例。铁瑾：《金华通报领导干部干预司法或为全国首例》，载 http://news.sohu.com/20150902/n420340737.shtml，最后访问时间：2017 年 5 月 18 日。

③ 贺小荣、何帆：《〈人民法院落实"领导干部干预司法活动、插手具体案件处理的记录、通报和责任追究规定"的实施办法〉的理解与适用》，《人民法院报》2015 年 8 月 20 日第 2 版。

④ 张智全：《让行政审判远离地方干预》，《法制日报》2015 年 6 月 16 日第 7 版。

攀升、行政机关败诉率成倍上升、二审改判率明显下降的良好局面。特别是在消除老百姓"民告官"思想顾虑、规范政府机关行政执法的同时,让法官"挺直了腰杆"。由于集中管辖法院不再审理本地行政案件,无后顾之忧的法院日益超脱,公正司法更有底气,有效改变了过去法院有案不敢立、立了审不了、审了难执行的状况,在更大程度上有效防止了行政干预,优化了司法环境,强化了司法权威,提升了行政审判公信力。①

当然,行政案件相对集中管辖依然存在局限性。跨区域集中管辖的改革举措仅仅是现行司法体制内的微调,并不能完全挤压对行政审判进行案外干预的空间。因此,只有全面采取综合性举措,才能真正解决问题。改革行政案件管辖制度只是排除地方干预的一个突破口,要解决行政诉讼审判难,确保司法公正,归根结底还须定位于依法独立审判。要真正解决行政诉讼难,应该全面落实"让审理者裁判,由裁判者负责"的审判责任制度,严格执行党政领导干部过问案件留痕制度和错案追究制度,并大力推进人财物省级统管和法官职业保障制度等相关司法配套改革,确保地方人民法院的人财物等诸多方面同本地同级政府彻底脱钩、司法机关组织人事和生活保障系统相对独立,切实做到法律保障法官的特殊地位、法官独立审理案件不受任何干涉,革除法院外部影响法官依法独立审判的各种因素。唯有如此,行政诉讼难才能真正得到彻底解决,行政诉讼监督行政机关依法行政的功效才能真正显现。②

3. 加大司法公开力度。由于外部监督机制不够科学合理,以监督为名、行干预之实的现象时有发生,对独立行使审判权造成影响。针对这类情况,法院系统在其职权范围内,可以采取的有力措施便是积极推进司法公开。这样,既能够倒逼审判人员自我加压,不断强化案件办理质效,更能够打破不应有的、存在于司法审判领域的神秘主义,进而将审判权力升华为在阳光之下运行的公权力,不但可以接受社会监督,同时也让外来的干扰望而却步。③

---

① 罗重海等:《排除行政干预依法公正审判》,《人民法院报》2017年1月12日第8版。
② 马超:《加快完善司法人员执业保障机制》,《法制日报》2017年3月14日第7版。
③ 法院可以通过庭审视频直播、裁判文书上网、公民自由旁听、公布失信被执行人名单、开通微博等方式,最大限度地实现审判公开。相关问题的论述和分析,可参见周斌、蒋皓:《外部干扰内部干预法官不由己审判质效难保证独立行使审判权须去地方化行政化》,《法制日报》2013年11月17日第2版。

(二) 防范内部干预

审判人员行使审判权力,不仅会受到法院外部的干扰,也会受到法院内部的掣肘。与过去不同,现在许多有问题的案件甚至是冤假错案,更多地并不是单纯由地方党政干预造成的,而是源自于司法审判机关内部的腐败、内部的干预。一定要看到,地方党政的外部干预是干扰办案,审判机关的内部干预也是干扰办案,而且这种干预更专业、更便利、更隐蔽,也更需要加以防范。

1. 有效落实中央改革基本精神。中央政法委《司法机关内部人员过问案件的记录和责任追究规定》与最高人民法院出台的《人民法院落实〈司法机关内部人员过问案件的记录和责任追究规定〉的实施办法》和《关于落实审判责任制度完善审判监督管理机制的意见(试行)》,是当前审判人员防范法院系统以及法院内部干预的基本依据。很显然,将中央有关精神落到实处已时不我待。

长期以来,司法实践中形成了层层审批制,内部干预也借此而变本加厉,已成为亟待克服的难题。为了解决这一问题,实际上早在2010年前后,部分基层人民法院就已开始了在这一领域的探索。在此期间,广东省佛山市中级人民法院、深圳市福田区人民法院推出审判长负责制,庭长只负责对外联络和内部审判长联席会议的协调,一定程度上排除了行政权对审判权的干扰。[1] 特别是广东省高级人民法院试点院庭长"权力清单"和"负面清单"制度,规定院庭长不得干预个案实体审判,这有利于防范案件审理受到行政权的不当干预,在更大程度上维护司法公正。同时,实行主审法官负责制,由主审法官对案件裁判负全责,有利于更好地保障案件质量。[2] 当然,也有人担心,在禁止院庭长干预个案实体审判情形下,主审法官的权力难以受到有效制约,从而容易导致法官滥用权力。实际上,由主审法官对案件裁判负全责,如此明确错案办理责任归属,本身就是对主审法官用权行为的最大制约。按照广东省的试点做法,禁止院庭长干预个案实体审判,但可对案件办理进行建议性监督,以让主审法官对于疑难复杂案件有更为全面的判断。像这样既有利于司法审判的"去行政化"、

---

[1] 周斌、蒋皓:《外部干扰内部干预法官身不由己审判质效难保证独立行使审判权须去地方化行政化》,《法制日报》2013年11月17日第2版。

[2] 何海波:《堵住干预与过问,司改路上一大步》,《人民法院报》2015年8月21日第2版。

为审判人员依法独立审判提供强有力支撑,又有利于强化审判人员办案责任心的举措,显然有其合理性和可行性。① 因此,各级人民法院应当在严格落实审判责任制度改革精神前提下,按照司法规律要求,依托信息化手段,不断完善审判监督管理机制。特别是对于符合特定类型个案监督要求的案件,院庭长有权要求独任法官或合议庭报告案件进展和评议结果,但不得直接改变。院庭长应当通过参加专业法官会议或审判委员会等方式,来实现既规范监督、又防范干预这一双重目的的制度化。②

2. 将"打招呼"现象纳入制度轨道。无疑,要想在司法实践中彻底杜绝打招呼不仅没有现实可能,而且也缺失社会伦理基础。更何况,许多人打招呼并非是存心要求审判人员执法犯法、违法办案,而是为了避免自己吃"冤枉亏"。③ 所以,很有必要客观地看待"打招呼"这一长期存在的社会现象,切不可截然对之予以否定。应当以落实中央现有制度设计为契机,通过规范化的流程管控,既回应群众合法诉求,也减少审判人员的人情压力,同时坚决杜绝不规范、不合法的"打招呼"行为。④ 应该说,这种"开前窗堵后门"的方法是较为稳妥、较为可行的配套措施。

二 拒绝超范围履责

(一) 存在的问题

对于各级人民法院及其审判人员享有的拒绝履行超出法定职责范围事务的权利,最高人民法院《保护依法履职办法》第 2 条明确规定:"对于任何单位、个人安排法官从事招商引资、行政执法、治安巡逻、交通疏导、卫生整治、行风评议等超出法定职责范围事务的要求,法院应当拒绝,并不得以任何名义安排法官从事上述活动。严禁法院工作人员参与地方招商、联合执法,严禁提前介入土地征收、房屋拆迁等具体行政管理活

---

① 魏文彪:《禁法院院长干预审判有利司法去行政化》,《人民政坛》2015 年第 8 期。
② 胡仕浩:《如何完善审判监督管理和院庭长办案机制》,《人民法院报》2017 年 4 月 18 日第 2 版。
③ 刘德印、杨捍平:《推进国家治理能力和治理体系现代化的战略支点——浅谈领导干部干预司法通报处分制度》,《深化司法体制改革——2015 年第六届河北法治论坛》。
④ 例如,应当告知有关人员采用书面形式转达涉案请求;对坚持要求面谈反映的,应当通过正常来访途径公开进行;有关部门或组织要求反映情况的,应当按照有关规定在审判机关公开进行;对领导干部口头转达涉案反映、未批转书面材料的,应制作电话记录或工作记录,再转批交办;阅批涉案反映材料后需要交办的,均不得直接交给承办人,而是应当按照职级逐级下传。

动,杜绝参加地方牵头组织的各类"拆迁领导小组""项目指挥部"等临时机构"。除最高人民法院提出明确要求之外,中央《保护依法履职规定》也明确规定:"任何单位或者个人不得要求法官……从事超出法定职责范围的事务。法院……有权拒绝任何单位或者个人安排法官……从事超出法定职责范围事务的要求"。① 其中,最高人民法院《保护依法履职办法》,以列举方式要求各级人民法院不仅应当拒绝任何单位、个人安排法官从事"招商引资、行政执法、治安巡逻、交通疏导、卫生整治、行风评议等"事务,也"不得以任何名义安排法官从事上述活动"。至于"征地拆迁"问题,按照相关法律和司法解释,目前征地拆迁领域部分案件仍由法院负责裁决并组织执行。因此,最高人民法院《保护依法履职办法》未将征地拆迁工作完全排除于法定职责范围;但严禁法院工作人员提前介入土地征收、房屋拆迁等具体行政管理活动,杜绝参加地方牵头组织的各类"拆迁领导小组""项目指挥部"等临时机构。② 对此,两项规范性文件均有较为明确的要求,应该严格执行。

然而,令人遗憾的是,在上述两项规范性文件出台之后,地方人民法院所面临的现实状况依然不容我们乐观。③ 更有甚者,因为法院及其工作人员在从事其法定职责之外的相关工作事务中"不够得力",进而被"立案调查""通报问责"的事例也屡屡见诸报端。

当然,对于法院系统从事"超出法定职责范围事务"的问题也不能过于简单化,更不能绝对化,必须理性面对具体情况,进而作出科学的具体分析。一般情况下,地方党委和政府不应该要求法院超出法定职责范围履行义务,但在特定区域、特定时段也可以有例外,且具有一定合理性。

---

① 中央《保护依法履职规定》第3条之规定。
② 王梦遥:《最高法:法院人员禁提前介入土地征收、房屋拆迁等活动》,《新京报》2017年2月8日第1版。
③ 依然有地方以红头文件、行政摊派等形式,要求法院派员协助交警执勤、参与治安巡逻;依然有地方人民法院或主动、或被动安排本院的审判人员从事上述法定职责外事务,并作为政绩进行宣传报道。相关问题的新闻报道,可参见王梦遥《最高法:法院人员禁提前介入土地征收、房屋拆迁等活动》,《新京报》2017年2月8日第1版。同时,参见粟周溥:《天柱法院:参与治安巡逻保平安》,载2017年4月28日领导干部网;谭雅娟:《大通法院践行爱国卫生月环境整治活动》,载2017年4月28日青海省大通回族土族自治县人民法院网;张蒙:《宜川县法院积极开展城乡环境卫生整治工作》,载2017年2月4日陕西省宜川县政府网;肖乐:《潼关法院整治环境卫生净化市容环境》,载2016年12月14日陕西省渭南市政府网。最后访问时间:2017年4月29日。

以西部 G 省为例，前文曾经提及地广人稀的 GN 藏族自治州，诉讼案件极少。全州两级人民法院在员额制度改革前人均结案仅 15.9 件；员额制度改革之后人均结案也没超过 30 件；该自治州中级人民法院在员额制度改革前人均结案仅为 8.7 件，员额制度改革之后人均结案也没超过 15 件。哪怕是将路途遥远、交通不便等可能增大办案成本而降低办案效率的多项因素考虑在内，也不会从根本上改变该地区法官工作量较小的现状。作为打击"藏独""反恐处突"的维稳第一线，GN 州的党委和政府要求法院工作人员参与地方的治安巡逻工作，既具有可行性，更是客观形势需要。笔者以为，在这样的地区，基于当下的特殊形势，如果机械执行中央有关法院不得从事"超出法定职责范围事务"的规定和要求，既不现实，也无必要。当然，如果中央最高决策层能够在顶层设计中考虑到上述情况并加以明确，进而使之"于法有据"的话，就更加契合于法治精神了，也就更加理想了。

（二）应对措施

1. 主动汇报，争取支持。各级人民法院应当主动及时向地方党委、政府和人大汇报中央《保护依法履职规定》与最高人民法院《保护依法履职办法》这两项规范性文件的主旨精神和基本内容，尤其是省级人民法院应当按照中央《党政法治职责规定》关于"党委主要负责人应当……支持本级……法院……依法履行职能、开展工作……"以及"上级党委应当将下级党政主要负责人履行推进法治建设第一责任人职责情况纳入政绩考核指标体系，作为考察使用干部、推进干部能上能下的重要依据"的基本要求，① 推动省级党委政法委向省委建议，将中央有关法院及其审判人员拒绝履行超出法定职责范围事务的基本精神与地方党委政府的执行情况，纳入"政绩考核指标体系"，尽快形成保障审判人员依法履职的制度合力。

2. 准确定位，科学履职。对于文明城市创建、交通秩序维护等工作，法院系统应当通过依法公正审理相关案件、适时发布典型案例、完善以案说法机制等职责范围内的方式参与，以依法履职的实际成效，为地方提供诚信有序的市场环境、和谐稳定的社会环境、公平正义的法治环境和舒适

---

① 中央《党政法治职责规定》第 5 条第（四）项和第 8 条之规定。

美好的生活环境。① 同时，还要积极与公安、新闻宣传、网络监管等部门进行协调与沟通，推动建立与审判人员依法履职保护相关的预警、应急和联动机制，确保配套机制衔接到位、改革文件落地见效。②

三 救济渠道

中央《保护依法履职规定》和最高人民法院《保护依法履职办法》均以较大篇幅规定了审判人员调离、免职、辞退、降级、撤职的情形以及维权救济渠道，并明确了法官承担错案责任的范围。③ 其中，既涉及审判人员免受非法处理处分的权利和申请复核、复议、申诉的权利，也涉及受到错误处理、处分后的救济措施和提出控告的权利。笔者以为，应该从以下几个方面着手将有关规定落到实处。

（一）明确审判人员"免受非法处理处分"的权利

根据前述两项规范性文件之规定，审判人员不得以办案数量排名、末位淘汰等方式和接待信访不力等理由调整审判人员工作岗位。审判人员非因法定事由，非经法定程序被调离、免职、辞退或受降级、撤职等处分。如遇上述情形，其所在法院应当及时予以纠正，或建议有关机关予以纠正。同时明确审判人员履行法定职责的行为，非经法官惩戒委员会听证和审议，不受错案责任追究。④

1. 免职程序法定化。我国《法官法》尽管对审判人员的免职及其情形作了明确规定，⑤ 遗憾的是，对于免职采用何种程序却未作规定。⑥ 针对这一现实缺陷，应该遵照新一轮司法改革基本精神，对《法官法》加

---

① 胡仕浩、何帆：《〈人民法院落实"保护司法人员依法履行法定职责的规定"的实施办法〉的理解与适用》，《人民法院报》2017年2月7日第2版。
② 姚丽丽：《法官依法履职保障制度研究》，法律硕士学位论文，华东政法大学，2016年，第37页。
③ 刘子阳、周斌：《专注审判不得安排法官干"杂活"》，《法制日报》2017年2月8日第3版。
④ 刘子阳：《法官依法办案不受外部干预》，《法制日报》2017年2月8日第3版。
⑤ 我国《法官法》第13条规定，"法官有下列情形之一的，应当依法提请免除其职务：（一）丧失中华人民共和国国籍的；（二）调出本法院的；（三）职务变动不需要保留原职务的；（四）经考核确定为不称职的；（五）因健康原因长期不能履行职务的；（六）退休的；（七）辞职或者被辞退的；（八）因违纪、违法犯罪不能继续任职的。"
⑥ 按照《法官法》第5章"任免"之有关规定，人大对法官具有任免权，不仅可以任命法官，而且可以免除法官职务，但是这些规定中并没有关于免除法官职务的程序性规定。

以完善，确保严格且科学的免职程序以立法形式确定下来。

2. 职务变更须本人同意。相对于"免职"问题，实践中更需要防范并规范的是职务"变更"问题。审判人员在不同审判岗位之间流动是合理的，但未有法定原因，未经法定程序，不得随意将其调进或调出。更有甚者，司法审判实践中，一些"不懂事""不听话"的审判人员因秉公办案而得罪上级，以至于在未征求本人意见的前提下，随意将其从审判岗位调入非审判岗位或者直接调离审判机关使其转行。毫无疑问，这种做法的实质就是非法变相剥夺审判人员被依法赋予的审判权。既如此，何谈审判独立？何谈审判职业保障？至于"审判责任"更会成为空谈。无论是问责，还是惩戒，或是岗位职务变动，应当保障相关审判人员享有最基本的程序权利。[①]

（二）明确异议、复议、申诉、救济和控告的权利

案件当事人的诉讼权利是靠审判人员来维系的，但是，如果审判人员的权利都不能自保，有效维护案件当事人的合法权利显然就是一句空话。

1. 明确提出异议、申请复议和申诉以及受到错误处理、处分后获得救济的权利。审判人员对涉及本人的惩戒意见不服，可向作出审查意见的惩戒委员会提出异议；对涉及本人的处理、处分决定不服的，自收到决定之日起三十日内可向作出决定的法院申请复议，并有权向上一级法院申诉。错误处理、处分决定被纠正后，当事审判人员所在法院应当及时恢复其职务、岗位、等级和薪酬待遇，积极为其恢复名誉、消除不良影响，视情况对造成的经济损失给予赔偿或者补偿，并商请有关机关依法追究诬告陷害者或者滥用职权者责任。

2. 明确法定权利被侵犯后拥有提出控告的权利。审判人员的法定权利受到侵害之后，能否通过控告来加以维护呢？以名誉权为例，对于普通公民来讲，名誉权受损并不缺乏法律上的救济措施，但审判人员的名誉权受损，其是否可以通过提起诉讼的方式来维护自身的合法权益，在中国的语境中却要打上一个问号。就此而言，应该明确的一项基本原则是，审判人员也是公民，并享有公民的基本权利。只不过需要注意的是，相对于普通公民，对于审判人员的权利保障，应当在具体情形、维权程度、法定程序等环节上有所区别。

---

① 徐育：《法官缘何成了"高危人群"》，《江苏法制报》2005年8月19日第3版。

四 科学考核

为切实保障"接受公正考核"这一审判人员基本权利，必须设立科学完善、符合司法规律的审判人员业绩考核标准。最高人民法院《保护依法履职办法》通过建构考评委员会工作机制，解决了"谁来考核"的问题；通过建立完善科学合理的绩效考核体系，解决了"如何考核"的问题；并且建立了系统完备的法官工作饱和度测算机制。接下来，就是要参照习近平总书记明确强调的"执法行为标准化"，[①] 来建构"司法行为标准化"。具体到司法实践，其天然具有自由裁量的属性。因此，法院的产品即司法裁判更应该确立标准。

位于东部的天津市人民法院系统立足于司法规律，提炼司法经验，积极推进"司法标准化"，对审判活动的重要环节设定了明确的可操作性检测指标。[②] 这一指标体系，不仅为审判人员公正实施审判行为提供了"说明书"和"路线图"，而且提高了司法透明度，也为社会公众评价法院工作提供了"检验单"和"公平秤"。在此基础上，2016年天津全市各级人民法院生效案件服判息诉率达99.1%。[③] 因此，各地人民法院都应当积极推动司法标准化工作，力争构建涵盖法院工作各领域、各环节法院标准化体系。

（一）司法标准化的对象

近年来，司法改革虽高歌猛进，但源于忽视程序价值的传统以及法院精细化标准的缺失，我国法院系统司法行为的非约束化现象非常明显。司法标准化立足审判活动的价值追求和基本规律，通过对长期司法实践经验的总结和提炼，统一制定、发布和实施某一类司法标准，运用该标准对案件质效进行检验，以统一司法尺度、增强案件质效、提升司法水平、提升司法公信力。司法标准化在尊重司法规律的前提下，将技术标准化创新应用于社会公共服务领域，是标准化在规范国家治理领域的有益尝试。

标准化的特性决定了其适用对象必须具有可重复使用、可样本化的特

[①] 新华社：《习近平主持召开中央深改组第二十四次会议》，《人民日报》2016年5月20日第1版。

[②] 这一指标建立完善了涵盖审判流程、司法裁判、案件质量、司法公开、诉讼服务、权责配置等六大方面21个司法标准，对立案、审判、执行全过程进行指导、检验和评价。

[③] 祖先海：《司法标准化彰显透明度》，《人民法院报》2017年3月11日第12版。

质。在审判活动中,可以进行标准化的对象主要包括以下三类:一是程序性审判活动,如开庭审理程序。二是技术性审判活动,如笔录制作、案卷归档等。三是可明确标准的裁量性审判活动,主要是针对可量化的司法活动,如庭审语言控制标准。简而言之,无论是"审判管理标准化",还是"审判行为标准化",都具有显著的内在价值和意义。

就前者而言,具有"明确审判管理边界、提高司法评估科学性""促进司法传承、缓解工学矛盾""整合多方数据,便利诉讼,提供决策参考"等系列价值;就后者而言,具有"统一裁判标准、推动问责科学化""增强审判的可接受性、保障审级目标的实现"等系列价值。[1]

(二)司法标准化的注意事项

当然,将"标准化"引入到审判领域,目前还处于探索阶段。由于现有理论支点的缺乏,以及司法的自由裁量性质,现阶段司法标准化依然存在较大争议。下一步有必要从司法标准化的环节设计与具体技术角度进一步研究,特别注意以下两个方面的问题:

1. 司法标准化本身要注意的问题。在司法标准的实质内容方面,司法标准化背负很多形式理性的任务,一定程度上忽视了案件审理作为一种司法技艺而内含有常识、常理和常情。因此,应当防范民粹主义和工具主义思维,恰当处理标准化过程中涉及价值判断的审判行为。在司法标准的规定形式方面,国内法院的部分条文明确有余而灵活不足。国外法院司法标准的规定,可能更值得借鉴。在案件的时间标准问题上,美国法院规定了在特定期限内完成所有程序的案件数量占比。案件百分比式的时间标准(Percentage of Case Load Time Standards)承认了案件的差异性,即案件的复杂性及撤诉数量、地方法律文化等,更有助于检测法院整体上办案效率,而非某一具体审判人员或者个案的工作效率。[2] 此外,基层与中级、高级人民法院在审判团队组成、案件类型、硬件设施等方面存在较大差异,是否制定统一的司法标准也值得商榷。可以参考美国司法标准化经验,按照审级不同来制定各自的标准化文件。

2. 实践司法标准化要注意的问题。首先,传统办案方式惯性较大,

---

[1] 有关问题的论述和分析,可参见高憬宏《司法标准化:衡量法院工作的"检验尺"》,《天津日报》2017年1月9日第9版;张建肖《司法标准化:通过审判管理提升司法公信力》,《中国社会科学报》2015年2月4日第A07版。

[2] 张建肖:《我国司法标准化的理据分析》,《法制与经济》2016年第10期。

一时难以扭转。法院现阶段使用的案件审理方式已持续很长时间，司法标准化的很多内容都深刻体现了信息化时代的要求，与传统纸质化审判有很大区别。纸质书面审理与电子网络信息的同步，需要审判人员素质的提升和案件审理、司法行政等一系列工作机制的配套完善。其次，司法标准化短期内会加重法官负担，增加其工作压力。目前来看，部分法院很多程序性事务需要法官自己完成，标准执行可能存在困难。此外，由于编制等原因，部分法院书记员正规化建设不足，由速录员兼任，对审判工作流程十分陌生，阻碍了司法标准化工作的推进。再次，部分法院硬件设施较为简陋，无法满足司法标准化工作要求，硬件设施等客观条件会从审判管理、审判人员思维方式、行为方式等方面影响标准化的开展。①

五 安全保障

必须立即且全面加强对审判人员的安全保障措施，其意义不仅在于保护法官群体和职业，更在于维护整个社会的公平和良心。② 基于司法实践需要，最高人民法院《保护依法履职办法》用较大篇幅明确对审判人员的安全保障。近年来，危害审判人员安全的事件频频发生，并呈现出伤害地点不限于法庭、被伤害人员类型不尽相同、伤害事件发生时段大多集中在宣判之后等诸多特点。③ 基于此，应该着手做好以下工作：

（一）强化安全保障设施建设

总体而言，要加大投入，重心下沉，特别关注和重视最基层、最前沿和第一线，从根本上改善各级审判人员安全工作环境。具体措施如下：

1. 隔离办公区域与公共区域以及其他相关区域。最高人民法院《保护依法履职办法》明文规定，确保各级审判机关"立案信访、诉讼服务、审判区域应当与法官办公区域相对隔离，并配备一键报警装置，完善应急预案，便于及时处置突发事件"。而且在有条件的法院，还应当设置专用于审判人员的特别通道。④ 然而，审判实践证明，即便这样还不够。

---

① 天津市高级人民法院审判管理办公室：《司法标准化建设的内涵、价值与实现途径》，《人民法院报》2015年12月31日第8版。
② 胡昌明：《法官不容伤害 安保机制亟待建立》，《人民法院报》2017年2月7日第2版。
③ 同上。
④ 胡仕浩、何帆：《〈人民法院落实"保护司法人员依法履行法定职责的规定"的实施办法〉的理解与适用》，《人民法院报》2017年2月7日第2版。

案例之十二：G 省某林区人民法院处置非法闹访突发事件

2015 年，刘某以 G 省 X 区公安局不履行法定职责为由，向 G 省林区人民法院提起诉讼。一审判决作出后，刘某不服并提起上诉。尽管二审法院进行了改判，且作为被上诉人的 X 区公安局主动履行了二审判决所要求的全部义务，但刘某对于作出一审判决的林区人民法院始终耿耿于怀。2017 年 3 月 6 日，刘某经该林区人民法院相邻的家属楼通道窜至法院楼顶，燃放鞭炮，公然暴力威胁、辱骂审判人员。该林区人民法院启动突发事件处置预案，组织院内法警趁其不备将其制服。刘某的行为严重扰乱了法院正常工作秩序，造成恶劣的社会影响。该林区人民法院依照《行政诉讼法》第 59 条第 1 款（六）项、最高人民法院《关于依法维护人民法院申诉信访秩序的意见》第 9 条之规定，[①] 结合其闹访原因及认错态度，决定对刘某司法拘留十五日。

在该案中，尽管该法院及时采取措施，有效处置了一起闹访突发事件，但依然有值得总结的经验和教训。显然，该法院在履职保障设施方面存在明显漏洞。因此，从现实需要出发，不仅要实现审判人员办公区域与法院公共区域相对隔离，而且还要实现法院审判人员生活区域与前述法院办公区域和公共区域绝对隔离。唯此，才能真正保障法院审判人员履职安全。

2. 配置安检设备和安检人员。各级人民法院应当严格执行《人民法院安全保卫工作人员和装备配置标准》和《人民法院司法警察不同执勤岗位警用装备配备标准》，普遍设立安全检查岗，配备相应安全设备，强化安检人员责任意识、规范意识和操作水平。

3. 配置录音电话和记录设备。实践中，一些具有干预、过问、威胁、侮辱等性质的信息经常是通过用来办公的通讯设施加以传导。因此，各级审判机关应当为审判人员配备具有录音功能的办公电话和具有录像功能的执法记录仪等记录设备，及时记录存储相关信息。

---

① 《行政诉讼法》第 59 条规定，诉讼参与人或者其他人有下列行为之一的，法院可以根据情节轻重，予以训诫、责令具结悔过或者处一万元以下的罚款、十五日以下的拘留；构成犯罪的，依法追究刑事责任："……（六）以暴力、威胁或者其他方法阻碍人民法院工作人员执行职务，或者以哄闹、冲击法庭等方法扰乱法院工作秩序的"。最高人民法院《关于依法维护人民法院申诉信访秩序的意见》第 9 条规定，申诉信访人员阻碍司法工作人员执行职务，有下列行为之一的，法院可以予以罚款、拘留；构成犯罪的，依法追究刑事责任："（一）聚众哄闹、寻衅滋事；（二）对司法工作人员实施暴力或者威胁"。

4. "会见接待场所"的专门化。各级审判机关应当为审判人员提供配备录音录像设施的、专门性的会见接待场所。审判人员在审判法庭外会见接待当事人及其代理人，可要求在专门场所进行，并有权拒绝当事人及其代理人单方面会见接待的要求。

5. 个人信息安全保障须强化。各级审判机关应当充分发挥诉讼服务中心、12368 诉讼服务平台和诉讼服务网站等平台查询信息、答复咨询、联系法官的作用，避免因信息过度公开影响审判人员甚至其家人的日常生活，更要防范对正常审判工作的干扰。通过审判流程信息公开平台对外公开法官姓名、照片、职务、等级、办公电话和工作邮箱之外信息的，应当征得法官本人同意。①

（二）强化安全保障的具体建议

通过系统梳理司法审判实践中法院审判人员权益受侵害的经验教训，应当着手扩大安全保障制度适用的时段、空间和人员，增加保护举措、增强保障力度，从根本上降低对威胁行为的惩戒难度，并积极完善事前保障机制。

案例之十三：被告威胁恐吓法官被罚款

2016 年 12 月 6 日，辽宁省沈阳市一公交公司车队队长杨某驾车途中，一脚急刹车，造成乘客张女士摔伤。经交警部门认定，事故由公交司机承担全部责任。张女士花费 7000 余元治疗，后将杨某和公交公司诉至沈阳市皇姑区人民法院要求赔偿。2017 年 2 月 27 日，杨某和张女士前来皇姑区人民法院领取判决书时发生争吵。此时杨某情绪特别激动，将矛头对准法官，不顾劝阻对法官进行威胁恐吓："你给我老实点，要不我整死你"……"别看在这里你是法官，出去我就让你头上贴条。有本事，你抓我看看"。杨某无理取闹影响了多个法庭审理活动。法警及时出面控制场面，将其带到法警大队。皇姑区人民法院根据《民事诉讼法》第 110 条第 3 款以及中央《保护依法履职规定》第 17 条、最高人民法院《保护依法履职办法》第 11 条第 1 款之规定，对杨某罚款 5000 元。②

---

① 胡仕浩、何帆：《〈人民法院落实"保护司法人员依法履行法定职责的规定"的实施办法〉的理解与适用》，《人民法院报》2017 年 2 月 7 日第 2 版。

② 范春生：《被告威胁恐吓法官法院对其罚款 5000 元》，《人民法院报》2017 年 3 月 5 日第 1 版。

除上述措施而外，还应当尽快增设"藐视法庭罪"，强化刑法保护，实现审判人员安全保障的实质性改善和强化。

虽然我国现行的、作为程序法的《刑事诉讼法》《民事诉讼法》等国家立法已经对妨碍正常审判秩序的行为规定了相应的制裁措施，① 然而，作为实体法的《刑法》竟然对此完全没有进行制度层面的呼应。一直到2015年的《刑法修正案（九）》，才对《刑法》第309条作了修改："有下列扰乱法庭秩序情形之一的，处三年以下有期徒刑、拘役、管制或者罚金：（一）聚众哄闹、冲击法庭的；（二）殴打司法工作人员或者诉讼参与人的；（三）侮辱、诽谤、威胁司法工作人员或者诉讼参与人，不听法庭制止，严重扰乱法庭秩序的；（四）有毁坏法庭设施，抢夺、损毁诉讼文书、证据等扰乱法庭秩序行为，情节严重的。"

为保障审判人员依法独立公正履职，很有必要弥补法律空白，完善法律制度，在法律上规定妨碍司法秩序的行为，确保对此类违法行为的惩处有法可依。因此，亟须在我国《刑法》中增设"藐视法庭罪"，并修正《刑法》第309条。将直接冲撞法庭、妨碍法庭庭审以及庭审前后藐视法庭等"法官眼前的犯罪"，均按"藐视法庭罪"予以处罚。

六 薪酬保障

薪酬属于审判人员的经济权利。经济权利保障，是维护审判人员应有尊荣的客观需要。"对某人生活有控制权，等于对其意志有控制权。"② 作为社会正义最后一道防线的守护人，审判人员享有较为优厚的待遇，是与其职责特殊性相匹配的基本要素。然而，对于这一问题的解决，直到新一轮司法改革启动之后才依稀看见一丝曙光。但就现实状况来看，审判人员

---

① 我国《刑事诉讼法》第199条规定："对聚众哄闹、冲击法庭或者侮辱、诽谤、威胁、殴打司法工作人员或者诉讼参与人，严重扰乱法庭秩序，构成犯罪的，依法追究刑事责任"。《民事诉讼法》第110条规定：法院"对哄闹、冲击法庭，侮辱、诽谤、威胁、殴打审判人员，严重扰乱法庭秩序的人，依法追究刑事责任；情节较轻的，予以罚款、拘留"。《民事诉讼法》第111条规定："诉讼参与人或者其他人……以暴力、威胁或者其他方法阻碍司法工作人员执行职务的……法院可以对其主要负责人或者直接责任人员予以罚款、拘留；构成犯罪的，依法追究刑事责任"。

② ［美］亚历山大·汉密尔顿、约翰·杰伊、詹姆斯·麦迪逊：《联邦党人文集》，程逢如、在汉、舒逊译，商务印书馆1982年版，第396页。

的薪酬主要还是来源于地方财政,即便是已经开始的省级以下法院人财物统一管理这项改革,也无法从根本上改变这一现状,起码短时间内是如此。

根据最高人民法院《保护依法履职办法》的基本要求,在发放绩效考核奖金这一环节,应当遵循审判实绩导向,坚持公开公平公正原则,不得与其等级、行政职级挂钩,注重向一线人员倾斜。立足于这一基本原则,在审判人员薪酬保障方面,应当建立全国统一的审判职业津贴制度。除此之外,还需要完善全省范围内统一的审判人员工资制度。十八届三中全会《决定》提出的"省以下地方两级人民法院人财物统一管理"与十八届四中全会《决定》提出的"改革司法机关人财物管理体制",现均已付诸实践。根据司法审判规律以及审判职业的基本要求,所有市县两级人民法院作为省级财政的一级预算单位,最终经省一级财政部门核准后统一支付,从而建立省级统一的审判人员工资制度。

可以说,审判人员薪酬保障是法官员额制度改革的重中之重。判断法官员额制度改革成败的主要标准是看能否稳定第一线审判队伍,留住专业骨干。东部S直辖市已将员额法官薪酬上调50%,在现有条件下实属难能可贵,但与律师收入和法官责任相比还很不对称。目前,试点单位的变通做法是通过薪酬加办案补贴、以各种补贴为主的方式进行矫正,但这种做法实际上会抵消、至少会削弱加薪的预期效果。为防止优秀审判人员流失,需要在简单的薪酬上调、办案补贴之外考虑多样化的长效激励机制。例如,实行累进成比例递增的薪酬制,对于持续工作十年以上的审判人员提供其他优厚待遇和职业尊荣感,等等。[①] 当然,也可采取推迟法官退休年龄等措施,后文将会对此问题进行论述。

第四节 与建构审判责任制度体系相关的其他配套措施

除去前述相关举措之外,与建构审判责任制度密切相关的外在制度环境还涉及以下制度要素。

---

① 季卫东:《司法体制改革的目标和评价尺度》,《人民法院报》2017年4月5日第2版。

一　牢固树立科学审判理念

我国制定的有关审判权力规范运行的约束规则并不为少，然而，徇私舞弊、枉法裁判、机械司法等有违法治精神、有违司法规律的非规范审判行为依然持续发生，甚至在某些领域、某些时段还比较突出。之所以如此，可能与相关法律制度不够完备有关，也可能与审判人员不够敬业有关，但这都并非根本原因。根本原因在于审判权运行过程缺乏对审判人员科学审判理念的培养。全社会始终在热切期盼司法公正，因此，最高决策层精心设计并大力推进的新一轮司法改革不能仅仅注重制度建构，欲实现真正长久的司法公正，至关重要的是培养审判人员的科学审判理念，使之成为审判人员的精神和灵魂，这也正是审判人员职业化应当着重解决的问题。

就此而言，当务之急就是要有机统一"天理、国法、人情"，这也是建设"法治中国"历史情境下培养科学审判理念的具体措施。当前，法院审判人员在司法实践中，特别是在重大热点案件中，既要注重提高审判能力，也要注重提升审判质效，更要注重强化审判效果。司法审判牵涉社会生活方方面面，事关社会公平正义。审判人员在审判工作中必须贯彻法治原则。同时，要高度关注社情民意，将个案的审判置于天理、国法、人情之中综合考量。我国有着数千年的历史文化传统，天理、国法、人情是深深扎根于人们心中的正义观念，是蕴含法治与德治的千古话题。

所谓"天理"，反映的是社会普遍正义，其实质就是民心。民心是最大的政治，民心所向关系到执政根基。法律在最大程度上体现了对社会正义的分配，一起案件的审判，首先要最大限度追求法律正义，兼顾社会普遍正义，尊重公众的朴素情感和基本的道德诉求。同时，必须尊重民意但又不受制于民意，不能屈从于舆论压力，更不能让舆论绑架"审判"。所谓"国法"，其实质就是法治精神。法律在最大程度上体现了对社会正义的公平分配，必须坚持严格执法、公正司法，这是法院及其审判工作必须坚守的底线。所谓"人情"，其实质就是社会大众的朴素情感和基本的道德诉求。讲人情，不是要照顾某个人的私人感情，而是说司法审判不能违背人之常情。

总之，既要实现"法理情"的有机结合，更要实现法律效果、社会效果和政治效果的有机统一。当然,"三个效果"的有机统一,必须以法律效果为前提。如果没有法律效果,其他的社会效果和政治效果则无从谈起。显而易见,要实现上述目标,既要依靠完备的法律制度,更要依靠具体审判人员的经验、智慧与良知。①

案例之十四:湖南省永州市唐慧信访案件

2006年,湖南省永州市女子唐慧,因其年仅11岁的女儿乐乐遭到多人强奸、轮奸、毒打,并被强迫卖淫。在救出其女儿后,唐慧多次前往公安机关要求予以立案调查,但被拒绝。该案经过唐慧多次上访,进而引发社会广泛关注。

——刑事诉讼领域

2008年4月,案件经公安机关立案侦查后,由永州市人民检察院向永州市中级人民法院提起公诉。2008年6月6日,永州市中级人民法院一审判决当事人秦星犯"组织和强迫卖淫罪",周军辉犯"组织和强迫卖淫罪""强奸罪",二人均被判处死刑。其余五名被告中有四名被判处无期徒刑,一名被告被判处有期徒刑15年。七名被告不服一审判决,均提出上诉。2012年6月5日,湖南省高级人民法院就该案作出终审裁定:驳回上诉,维持原判。对此判决结果,唐慧和被告人双方都极为不满。被告人均认为量刑过重,而唐慧则认为还有相关责任人没有受到追究,且无人作出赔偿,一百多个伤害过其女儿乐乐的人员也没受到应有的追究和处理。因此,双方都在持续上访。

2014年,最高人民法院依法裁定不予核准周军辉、秦星两名被告人的死刑判决,将该案件全案发回湖南省高级人民法院予以重新审判,并委托湖南省高级人民法院,向两被告人送达刑事裁定书。2014年9月5日,湖南省高级人民法院对周军辉、秦星"强迫卖淫、强奸、组织卖淫"一案的二审重审程序进行公开宣判:上诉人周军辉犯"强迫卖淫罪"和"强奸罪",数罪并罚决定执行无期徒刑,剥夺政治权利终身,并处没收个人财产人民币一万元。上诉人秦星犯"强迫卖淫罪"和"组织卖淫罪",数罪并罚决定执行无期徒刑,剥夺政治权利终身,并处没收个人财

---

① 何能高:《沈德咏在山东刑事审判调研座谈会上强调坚守公平正义底线 提升司法审判能力让热点案件成为全民共享的法治公开课》,《人民法院报》2017年4月6日第1版。

产人民币一万元,罚金人民币五千元。

——行政诉讼领域

2012年8月,湖南省永州市劳动教养管理委员会以唐慧连续实施长期滞留法院办公楼、无理要求法院判处7被告人死刑、在有关机关门口阻车堵门等"扰乱社会秩序"的违法行为为由,对唐慧处以"劳动教养1年6个月"。唐慧不服该劳动教养决定,于2012年8月7日向湖南省劳动教养管理委员会提出书面复议申请。湖南省劳动教养管理委员会经审查,决定依法启动复议程序。2012年8月10日,湖南省劳动教养管理委员会经调查认为,鉴于唐慧女儿尚未成年,且身心受到严重伤害,需要特殊监护等情况,对唐慧依法进行训诫、教育更为适宜,可不予劳动教养,决定撤销永州市劳动教养管理委员会对唐慧的劳动教养决定。2012年11月5日,唐慧因其被劳动教养申请国家赔偿。2013年1月,永州市劳动教养管理委员会决定对唐慧不予国家赔偿。唐慧对此不服,先于2013年1月22日提起行政诉讼,正式将永州市劳动教养管理委员会诉至永州市中级人民法院;后于2013年1月23日,向永州市中级人民法院提起行政赔偿诉讼,要求永州市劳动教养管理委员会赔偿侵犯其人身自由的赔偿金,书面赔礼道歉,并支付精神损害抚慰金。

2013年4月12日,永州市中级人民法院以"唐慧要求永州市劳动教养管理委员会行政赔偿的请求没有事实依据和法律依据"为由,驳回唐慧请求,一审宣判唐慧败诉。唐慧不服该判决,并提起上诉。2013年7月15日,湖南省高级人民法院在二审程序的终审判决中认定,"永州市劳动教养管理委员会对唐慧实施劳动教养,处理方式明显不当,造成了一定的精神损害",决定由永州市劳动教养管理委员会赔偿唐慧侵犯人身自由赔偿金1641.15元,精神损害抚慰金1000元,唐慧要求书面赔礼道歉的请求,法院以"没有明确法律依据"为由未予支持。

就该案例本身而言,唐慧因其年幼的女儿乐乐被强奸并被强迫卖淫,因其对有关单位的处理不满,进而持续上访并被劳动教养。劳动教养结束后行为越发极端,随之引发社会的高度关注。在上述案例中,既涉及"信访、劳动教养、行政复议、行政诉讼、国家赔偿、刑事诉讼"等多项纠纷解决机制,也涉及"行政诉讼一审、行政诉讼二审、刑事诉讼一审、刑事诉讼二审、刑事诉讼重审、死刑复核"等多项程序设计，还涉及到"市公安局、省公安厅、市人民检察院、省人民检察院、市中级人民法院、省高级人民法院、最高人民法院"等多级执法司法机关，等等。可以看到，几乎与司法审判工作相关的所有要素，都被涵盖其中。其实，"唐慧案件"的真正主体是唐慧女儿乐乐被强奸、被强迫卖淫这个刑事案件，而包括对劳动教养的行政复议和行政赔偿诉讼在内的行政案件只是刑事案件的派生品。

就行政诉讼这一领域而言，笔者认为基本上没有什么问题。正如湖南省高级人民法院判决书所说的，"永州市劳动教养管理委员会对唐慧实施劳动教养，处理方式明显不当，造成一定精神损害"。实事求是地讲，唐慧经历的人生悲剧非常值得世人同情，上访之初相关部门的不作为、慢作为，也非常令人气愤。但就刑事诉讼这一领域而言，基本事实已经表明，即便不能说唐慧在诉讼过程中取得了"完胜"，但国家大力倡导的法治却实实在在地接近于"完败"。①

之所以这样说，原因就在于，第一，湖南省不同层级的公安厅（局）、检察院、法院等政法机关，都是在唐慧极端上访行为引发的社会舆论高度关注以及由此而造成巨大影响下办理该刑事案件的，诉讼过程中的事实认定、证据采信以及最后的定罪量刑，都明显是在迎合社会舆论并严重背离了客观事实。特别是在7个被告人中，2人被判死刑，4人被判无期徒刑，1名在案发时尚属于未成年人的被告也被判有期徒刑15年。如果司法机关严格依法办案，两级人民法院几上几下，不至于作出如此荒唐的终审判决。当两被告的死刑还处于最高人民法院复核阶段之时，笔者就曾大胆预测，这两名被告的死刑不会被核准，甚至有可能全案发回重审。后来的事实正是如此。第二，该刑事案件进一步强化了民众的"信访不信法"意识，进一步削弱了司法权威和公信力。当时如果没有那么多严重欠缺法治意识的网民、愤青近乎狂热的支持和鼓噪，唐慧也不会走得那么极端，公安机关、检察机关和审判机关更不至于背离法治要求那么远。唐慧当时就已明确表示，只要两名被告的死刑复核结果不能满足她的愿望，她还要继续上访；而另一方面，7名被

---

① 童之伟：《唐慧案，站稳法治立场》，《南方周末》2013年8月9日A3版。

告人的家属均认为量刑过重，不等刑事诉讼重审程序正式开始，就已经迈上了上访之路。①

通过这一典型案例可以看到，有关办案单位及其人员最初无视唐慧女儿受害的悲惨遭遇，其令人发指的无情和冷漠，使得办案的"社会效果"根本无从谈起；最后又无视法律规定和事实证据，为迎合盲目冲动的大众舆论，其令人瞠目的任性裁判使得办案的法律效果也荡然无存；在整个办案过程中，从一个极端走向另一个极端、过山车式的办案模式，既严重伤害人民群众感情、让社会各阶层大跌眼镜，又极度损害执法司法公信力，使得案件办理毫无"政治效果"可言。可以说，这一案例是一个极为纯粹的反面教材，教训非常深刻。

二 合理测算审判人员工作量

当前，很少有职业群体如同法院的审判人员这样缺乏明确的工作量标准。② 审判人员的工作量要求有两个特点：一是受理案件数量无限制，二是结案时间有要求。即在审限规定时间内，受理多少案件就必须办结多少案件。这在案件量不断攀升的情况下，很可能造成审判人员工作负荷过大，既影响办案质量，也影响社会信任，更危害审判人员业务素质和身体健康。③ 一名审判人员究竟一年内应该办理多少案件才合适？一名审判人员一年究竟能够办理多少案件？不同岗位的审判人员年均工作量应该是多少？实际上又能够达到多少？

因此，无论是从审判责任制度改革的角度出发，还是从法官员额制度改革的角度出发，都应当根据审判规律和法院实际，合理测算工作饱和度，科学确定工作量。因为，这既是对审判职业的基本尊重，也是合理配置人案资源的关键。特别是通过测算年均工作量，既可以合理确定所需审判人员数量，也可以为社会各界特别是案件当事人了解法院工作提供便利，还可以更好地树立先进典型、总结审判经验。④ 更何况，在司法审判

---

① 陈柏峰：《从唐慧案看中国法治生态》，《中国法律评论》2014年第3期。
② 医院医生每天接诊的挂号数相对固定，每天做多少台手术也相对固定；工厂工人大致都有工作量，是三班倒，还是其他，是计件还是计时，每天做多少也相对固定。……尽管有关审判工作的各项指标是林林总总、五花八门，却鲜见有法官工作量的标准。
③ 毛天鹏：《关于限设法官工作量的探讨》，《人民司法·应用》2007年第19期。
④ 王洪坚：《怎样合理测算法官工作量》，《人民法院报》2016年6月25日第2版。

实践中，从案件与人员数量增长动态数据得出的"案多人少"与从人均结案数静态指标得出的"人多案少"均是现实问题，二者之间的对立和矛盾，表面上是描述视角的差异，实质上隐藏着对审判人员"应该做什么"和"应该做多少"的追问。

（一）影响审判人员工作量测算的现实因素

研究审判人员工作量，最理想化的结果是确定正常状况下一名审判人员单位时间办案数量。尽管由于不同审级、不同地区人民法院间的差异，无法用某个统一确切的数字概括和衡量工作量，但还是可以大致分析影响审判人员工作量的因素。

1. 依据审判人员法定职责划清工作量。审判队伍的专业化、职业化发展方向要求审判人员从身份符号转向从业者称谓。《法官法》规定法官的职责为"依法参加合议庭审判或者独任审判案件"，因此，审判人员工作量的最主要组成部分应是审理案件，政工党务、后勤管理等行政管理事务应当从中排除。

2. 围绕审判权属性划定审判核心事务。"审判权是判断权和裁量权"，这是审判责任制度改革的理论基点。现阶段审判工作实行"承办法官负责制"，承办一个案件往往需要处理多项工作，承办法官负责涉及审判工作的方方面面，大量与判断权无关的辅助事务占用了法官主要精力。科学核定法官工作量，有必要合理区分核心审判工作与辅助审判工作，让法官专心从事与判断权密切相关的认定事实、适用法律和司法裁断（司法决策）等审判核心事务。[1] 同时建立必要的审判辅助人员队伍，让法官从大量的辅助性事务中解脱出来，提升法官单位时间审理案件的数量。[2]

以民事案件的审理为例，按照审理流程，可以将完整的案件审理环节划分为：阅卷、送达、调解、诉讼保全、庭前调查、开庭审理、案件合议定案、裁判文书制作、结案归档等环节（见图6-1）。

---

[1] 贺小荣：《人民法院四五改革纲要的理论基点、逻辑结构和实现路径》，《人民法院报》2014年7月16日第5版。

[2] 王静、李学尧、夏志阳：《如何编制法官员额——基于民事案件工作量的分类与测量》，《法制与社会发展》2015年第2期。

```
阅卷 → 送达 → 财产保全 → 调解 → 调解文书制作 → 结案归档
                              ↓
                           庭前调查
                              ↓
                           开庭审理
                              ↓
                           合理定案
                              ↓
                          裁判文书制作 ↗
```

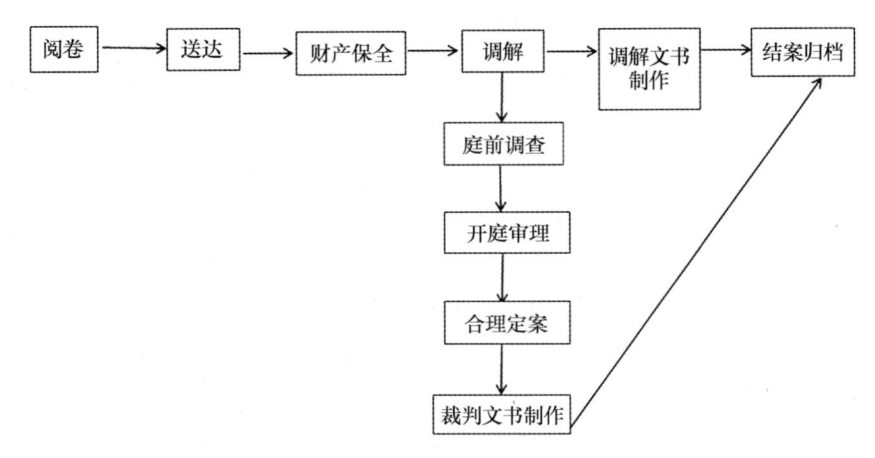

图 6-1 民事案件的审判流程

那么，根据各个环节的性质，可以认定只有开庭审理、合议定案、裁判文书制作这三个环节属于核心审判工作，必须由员额法官亲力亲为，且体现了审判权的基本属性。其他环节的辅助审判工作又可分为司法技术性事务和纯事务性事务。当辅助审判事务都交由审判辅助人员完成时，就能够进一步明晰员额法官与审判辅助人员的职能分工，使法官专注于核心审判工作，提高其工作效率。通过人员分类改革和员额制度改革，不仅能将法官从劳累中解脱出来，而且，也是维护正义的需求。因为疲劳度会引起司法裁判结果的变化。[①] 在此基础上，进而合理确定法官员额，进一步推动法官职业化进程。

3. 兼顾公正与效率划定工作量界限。效率对于实现公正非常重要，然而审判效率不是单纯追求单位时间内办理案件越多越好，效率作为一种价值引入审判领域并成为一种实践，其应有的功能应该是更加有效地实现公正，至少不能损及公正。设定审判人员工作量，除考虑生理承受极限外，还应当考虑的另一个重要限制因素是审判质量，也就是司法公正问题。

4. 合理确定案件类型差异对不同领域审判人员工作量的影响。不同类型案件产生不同工作量，因此测算法官单位时间内办案的合理数量也必

[①] 李学尧、葛岩、何俊涛、秦裕林：《认知流畅度对司法裁判的影响》，《中国社会科学》2014 年第 5 期。

须考虑案件类型。案件类型对审判人员工作量的影响至少体现在两方面：一是在基本诉讼类型方面，由于基础法律关系、诉讼参加人、适用程序等差异，法院受理的案件分为刑事、民商事、行政三大基本类型，不同类型案件对法官工作量需求不尽相同；二是在对审判组织的需求方面，民商事案件、刑事案件有简易程序和普通程序之分，刑事案件的简易程序根据是否可能判处三年以上有期徒刑而对审判组织和审理期限进行更加细致的划分。不同类型的案件所蕴含的工作量不同，因此，科学测算审判人员合理工作量应当考虑案件类型的影响。

5. 合理确定办案成本差异对不同地域审判人员工作量的影响。审判工作究其实质包括查明事实与法律适用两部分，查明事实是当前基层法官办案的主要工作。现阶段，在交通不便地区，下乡办案、巡回审判仍然是较为普遍的工作方式。因此，确定审判人员工作量必然要考虑这种便民审判方式带来的办案成本，影响这种办案成本的主要因素是经济水平、辖区面积和交通便捷度。因此就有国家层面东部、中部、西部的差异，省市层面则有城区、郊区、山区的区别。

6. 合理确定办案主体差异对不同审判人员合理工作量的影响。审判工作尤其是与判断权紧密相关的审判核心事务，是充满智慧的创造性活动。审判人员的业务能力直接影响办案的质量和效率，一个司法实践经验丰富的审判人员单位时间内审理案件的数量往往会高于一个刚从事审判工作的审判人员。成熟的审判人员必然要对法律知识和司法理念有深刻的理解，并能够熟练运用审判技能。因此，从法院工作的可持续发展角度讲，在测算审判人员工作量时应当合理考虑各法院间的审判队伍构成差异以及审判职业群体的养成机制。[①]

（二）合理测算工作量的具体建议

当前最高人民法院力推法院信息化建设，测算审判人员工作量等司法管理也应逐步运行到信息化、数据化的轨道上来。因此，应该运用系统论的理念建构实证测算体系，将全部办案数作为一个有机整体，遵循"整体重于部分、且不可分割"的原则，[②] 从宏观层面着手，使用全数

[①] 齐志超：《怎样科学测算法官工作量》，《人民法院报》2014 年 8 月 23 日第 2 版。

[②] [美] 弗莱蒙特·E. 卡斯特、詹姆斯·E. 罗森茨韦克：《组织与管理：系统与权变的方法》，傅严等译，中国社会科学出版社 2000 年版，第 130—132 页。

据方法替代过去的抽样推断,尊重客观司法现状,实现"样本即总体"的根本性蜕变。S 直辖市高级人民法院通过采集近 150 万件案件数据、每件涉及 70 余项信息点,运用大数据分析技术,已完成法院"案件权重系数"专项课题,并已将该项成果应用于司法改革试点法官实际工作量的评估测算中。[①]

1. 科学确定案件权重。案件权重是指某类案件的审理在全部案件审理中的相对复杂程度。S 直辖市人民法院的案件权重系数测算采取的是以案由和审理程序两项为基础,以庭审时间、笔录字数、审理天数、法律文书字数四项要素为计算依据的"2+4"模式。通过比较不同类型案件审理中这四项要素与全部案件审理中四项要素的占比程度,来区分不同类型案件的适用系数。此外还兼顾特殊情况:对于刑事附带民事诉讼、反诉、审计鉴定评估、涉未成年人案件的庭外延伸工作等工作量增加的情况,则在基本系数基础上,增加浮动系数;对于不予受理、诉前保全等不完全具备上述四项要素的案件,或者是被告人认罪的简易程序案件等整体工作量差异不大的案件则设定固定系数;执行案件和财产保全案件的权重则根据具体办案工作量的付出情况灵活设定。[②]

2. 科学确定有关的时间和工作量。就此问题而言,可借鉴美国的做法。办案法官的"饱和工作量"可通过以下步骤来确定:首先,确定"法官年可用天数",即排除每年中的周末、节假日、休假天、病假等时段之后用于工作的时间,约为 215 天(美国各州的中位值)。其次,确定"法官日可用于案件时间",即排除每日之中午饭、路途及法院管理等时段之后用于案件相关工作的时间,约为 6 小时。再次,每年能用于案件的时间总量为 215 天 × 6 小时 = 1290 小时。如果一年内办案工作时间超过这一数值,即可知超过饱和工作量。[③] 参照美国的实践,可从以下几方面着手测算审判人员的工作量。

第一,确定审判人员的理论办案时间。一是标准工作时间。以 2015 年 12 月 21 日至 2016 年 12 月 20 日为工作时间周期。[④] 在这一年度里,审

[①] 卫建萍、谢钧:《合理测算科学评价法官办案业绩》,《人民法院报》2015 年 5 月 9 日第 1 版。

[②] 同上。

[③] 黄海锭:《美国州法院法官工作量评估方法》,《人民法院报》2017 年 3 月 24 日第 8 版。

[④] 根据司法统计的要求,12 月 20 日为每年法院的年度结案日计算时间。

判人员的工作时间为 365 天 – 127 天（休息日 + 法定节假日 + 年休假）= 238 天。以每天工作 7 小时计算，审判人员年度标准工作时间为 238 天 × 7 小时 = 1666 小时。二是非审判工作时间。鉴于审判人员除审理案件以外，还需参加会议、培训、出差、活动等其他必要活动，为确保审判人员办案时间统计的精确性，必须将上述"非审判工作时间"予以剔除。因此，审判人员的年度理论办案时间 = 年度工作时间 – 非审判工作时间。[①]

第二，单位案件核心审判工作所需时间。单位案件所需时间的计算方法包括三个步骤：一是根据案件审理的具体流程，将审判工作区分为核心审判工作与辅助审判工作。二是通过调取开庭录像得出庭审环节平均所需时间；通过问卷调查和深度访谈估算其他平均所需时间。三是将各核心审判工作环节平均所需时间相加得到"单位案件核心审判工作所需时间"。将阅卷、送达、调解、诉讼保全、庭前调查、开庭审理、案件合议定案、裁判文书制作（分为"调解、撤诉结案制作文书"和"判决结案制作判决书"两种情形）、结案归档各环节平均所需时间相加即可得出"审判人员正常办理案件所需时间"，将核心审判工作环节平均所需时间相加即可得出"单个案件核心审判工作所需时间"，将辅助性审判工作环节平均所需时间相加即可得出"单个案件辅助审判工作所需时间"。

第三，审判人员审判工作量与审判核心工作量的测算。审判人员的审判工作量应为审判人员的理论办案时间除以单个案件办理所需时间。审判人员的审判核心工作量应为审判人员的理论办案时间除以单个案件核心审判工作所需时间。

三　科学建构审判人员退休制度

（一）延缓审判人员退休年龄是大势所趋

尽管《法官法》第 42 条规定："法官的退休制度，根据审判工作特点，由国家另行规定"。然而，国家就此问题的配套立法迟迟没有出台，进而导致了审判人员退休缺乏执行依据、执行退休年龄标准不统一、退休后待遇不定、过早退休浪费审判资源一系列问题。[②]

[①] 何帆：《"案多人少"是伪命题吗?》，《北京日报》2015 年 12 月 14 日第 3 版。

[②] 有关问题的讨论和分析，可参见刘风景《法官退休年龄的省思与再定》，《学术交流》2017 年第 1 期；胡少安：《建议尽早出台法官退休制度》，《人民法院报》2003 年 4 月 3 日第 2 版；[德] 拉德布鲁赫：《法学导论》，米健、朱林译，法律出版社 2012 年版，第 138 页。

通过比较研究可以看到，国外法官退休制度与其他公职人员退休制度相比，具有许多不同特点。其中，对终身制、常任制和任期制的不同选择，退休年龄普遍较高，（部分国家）退休不带强制性，退休后待遇有保障等一系列做法，非常值得我们借鉴。同时，在美国等国家出现的法官"老龄化"已经成为司法系统一大隐患、法官的法定退休年龄受到挑战等问题，[①] 也需要我们加以研究和防范。

总体而言，要在制度设计层面上延缓审判人员的退休年龄，还需要解决延缓退休年龄的适用对象有限、延缓退休年龄无助于解决法院根本性问题、延缓退休年龄很难为当下社会所认同等一系列现实问题。[②] 因此，这就是一个切实深入推进司法改革特别是审判责任制度改革和审判职业保障制度改革，并完成相应的观念转变和制度设计的复杂过程。

（二）新时期审判人员退休制度的建构

根据我国审判队伍建设的实际情况和推进司法改革的迫切需要，针对审判人员退休制度存在的现实问题，同时借鉴国外法官退休制度的成功经验，除创新退休审判人员的管理机制之外，[③] 还应当采取以下几方面措施，着力建构具有中国特色的审判人员退休制度。

1. 增加退休方式

所谓退休方式，是指根据条件不同而确定的退休种类。根据我国《公务员法》，审判人员退休方式有自愿退休和法定退休，这与大多数国家情形相同。自愿退休，又称批准退休，是指具备法定最低退休条件的审判人员，自愿申请退休，离开审判队伍。这种退休方式体现了退休是审判人员的权利。法定退休，又称安排退休，是指审判人员达到法定退休年龄后，由任命机关命令其退休。这种退休方式体现了退休是审判人员的义务。此外，美国还规定了"强迫退休"，分为"有退休金的强迫退休"和"无退休金的强迫退休"两种。强迫退休被认为是对法官司法不当行为的惩戒。法官不当行为严重违反法官纪律或者严重损害司法权威，如果适用警告、停职等一般惩戒方式惩罚力度过轻，而其不当行为又不构成刑事犯

---

① 有关分析，可参见李贤华：《域外法官退休制度》，《人民法院报》2014 年 9 月 19 日第 8 版；兰荣杰：《法官该什么时候退休》，《方圆》2016 年 5 月下期；林娜编译：《美国宾州法官起诉州宪法中的法定退休年龄条款》，《人民法院报》2012 年 11 月 30 日第 8 版。
② 张志铭：《也谈"延缓法官退休年龄"》，《法制日报》2005 年 7 月 23 日第 3 版。
③ 侯学宾：《法官惩戒制度的"中国式"难题及其破解》，《法律适用》2017 年第 7 期。

罪，那么法官委员会就会给予其强迫退休的惩戒。这种方式不但考虑法官权益，而且维护司法尊严。①

在我国，实际上也存在强迫退休这种情形。对于距离退休年龄还有几年的审判人员，如果其行为严重违反法官纪律，但又不构成刑事犯罪，就会有法院领导或党政机关领导出面，要求其自愿退休，其用意一是维护审判人员的"脸面"，二是维护司法机关乃至政府的"体面"。笔者建议增加强迫退休方式。一方面，既是保障审判人员权益，也是对其的警示；另一方面，有利于提高司法透明度，增强司法权威。

2. 延长"资深法官"退休年龄

所谓"资深法官"，笔者以为，结合法官员额制度改革精神，应该是从事审判工作达 20 年以上、审理案件达 2000 件以上且已进入员额的法官。在司法实践中，审判人员的个性因素是绝对不可忽视的客观因素，必然会对其裁判行为产生影响。优秀审判人员须具备多项条件，但其中，"年龄较大、阅历丰富"是不可或缺的元素。② 长期以来，我国的审判人员被等同于一般公务员，致使很多优秀成员迫于强制性规定，过早惜别审判岗位，严重浪费审判资源。因此，全国人大常委会、最高人民法院就曾明确要求，必须严格执行国家退休制度，不得要求审判人员提前退休，进而着手建立符合审判工作特点的一线办案审判人员退休制度。③ 一些人大代表更是就此问题多次提出合理化建议。其中，时任全国人大代表、原浙江省高级人民法院院长齐奇就曾建议，法官退休年龄至少延长五年。时任全国人大代表、原湖北省高级人民法院院长郑少三建议，有关部门认真考虑能否适当延长资深法官退休年龄，或者设置规范合理的资深法官退休返聘制度，以充分发挥资深优秀法官这一宝贵人才资源的作用。全国人大代表迟凤生也曾建议，应该明确现行《法官法》第 42 条"法官的退休制度，根据审判特点，由国家另行规定"的

---

① 参见美国职业惩戒联合委员会、美国律师协会制定的《有关司法惩戒及因丧失能力退休的范围》第 6 节第 7 条之规定。转引自周道鸾主编《外国法院组织与法官制度》，人民法院出版社 2000 年版，第 19 页。

② 刘风景：《法官退休年龄的省思与再定》，《学术交流》2017 年第 1 期。

③ 有关问题的论述和分析，可参见王松苗、庄永廉、王丽丽：《不得要求法官检察官提前离岗或退休》，《检察日报》2007 年 8 月 30 日第 1 版；王斗斗、袁定波：《基层法官职级有望提高一线法官退休制将改变》，《法制日报》2008 年 12 月 21 日第 1 版。

模糊规定。① 实践中，S 直辖市、海南省已开始探索建立健全有别于普通公务员的法官延迟退休制度。②

当然，我国审判队伍目前还是良莠不齐，即便法官员额制度改革的实施，审判人员的整体素养也不可能在短期内实现质变。因此，目前还不宜全面推行延迟退休制度，只能按照中共十八届五中全会"出台渐进式延迟退休年龄政策"的要求，③ 准用高级专家退休年龄之规定，④ 先适当延迟"男女资深法官"的退休年龄至 65 岁。

3. 改善退休审判人员的待遇

一是提高退休审判人员的物质待遇。这是建构我国审判人员退休制度最基本的保障措施。目前，我国审判职业并非高收入职业，其工资也仅能维持其家庭开支，无法使其保持较高生活水准。在职审判人员尚且如此，拿不到全薪的退休审判人员更无从实现"无忧"的生活。当前，作为新一轮司法改革重要内容的法官员额制度改革，其中对法官单独职务序列改革和法官工资制度改革已进行顶层设计并付诸实施，⑤ 这从实质上已经触动了我国将审判人员退休工资比照国家公务员统一标准支付的现状，将有助于维持"法官行为—法官责任—法官利益"之间的有机平衡。⑥

这样，即使按照工资比例领取退休金，退休审判人员的待遇也能高于其他公务员，可以使退休审判人员在心理上得到慰藉，并激励在职审判人员的职业荣誉感。而且，《法官法》第 36 条规定："法官实行定期增资制度。"据此，退休审判人员的退休金也应当随着经济的发展和物价指数的上涨定期增加，而不能在其退休后一成不变。给退休审判人员定期增加退

---

① 有关问题的论述和分析，可参见宋连斌《法官退休：年龄不是关键》，《人民法院报》2009 年 3 月 9 日第 5 版；李吉斌：《郑少三代表建议适当延长资深法官退休年龄》，《法制日报》2012 年 3 月 13 日第 5 版。

② 有关问题的论述和分析，可参见邢东伟《海南四方面推进司法体制改革试点工作试行法官检察官延迟退休制度》，《法制日报》2014 年 12 月 30 日第 1 版；刘昕璐：《上海力争试点法官延迟退休》，《组织人事报》2014 年 3 月 20 日第 1 版。

③ 参见《中共中央关于制定国民经济和社会发展第十三个五年规划的建议》。

④ 有关内容参见国务院《关于高级专家离休退休年龄的暂行规定》和中央组织部、劳动人事部《关于女干部离休退休年龄问题的通知》之有关规定。

⑤ 参见《法官、检察官单独职务序列改革试点方案》和《法官、检察官工资制度改革试点方案》（人社部发〔2015〕111 号）之相关规定。

⑥ 蒋格伟、肖鹏：《上海司法改革亮点解读优秀法官、检察官可延迟退休》，《法制周报》2014 年 7 月 15 日第 3 版。

休金，既体现改革发展成果惠及全民的政策，也体现国家对退休审判人员的关心，有利于保持退休审判人员的生活稳定，促进在职审判人员的清正廉洁。

二是规定退休审判人员的政治待遇。我国法官退休后所享受的政治待遇，法律不仅没有明确规定具体内容，而且也没有明确规定享受政治待遇的条件。退休法官实际享受的政治待遇和退休公务员基本相同，也呈现出两极分化的弊端。笔者认为，应当借修改《法官法》之机，规定退休法官政治待遇及其具体内容，明确退休法官行使政治权利的程序和要求，以真正落实退休法官政治待遇。[①]

[①] 谭世贵、王佳：《我国法官退休制度的初步研究》，《河北法学》2009 年第 8 期。

结语 动态的制度变迁与深化改革的建议

完全不同于以往，新一轮司法改革是一项长期、浩大且艰巨的系统工程，从根本上决定了对其的研究和建构都应立足于全局视野。总体而言，东中西部不同地域，在审判责任制度改革中，均已取得了阶段性成果，同时也遭遇了亟待解决的系列难题。无论是启动较早、基础较好、成果相对较多的东部，还是试点较晚、基础薄弱、困难相对更多的中西部，都迫切需要立足于完善国家治理体系、提升国家治理能力的改革初衷，并借助于国内外最新的理论研究成果和制度建设成果，对作为改革重点和难点的审判责任制度本身以及与之密切相关的法官员额制度、司法保障制度乃至其他配套制度，进行切合实际的分析和建构，使之在改革思路、推进模式和运行机制上具有更强的现实意义。

一　动态的制度变迁：改革进程的互补性和反复性

毫无疑问，现代社会的任何制度设计及其实践之根本目的，均在于解决实际问题，实现社会正义。尽管审判责任制度的功能须依托于掌控生杀予夺的审判权加以发挥和行使，尽管审判责任制度迄今尚有诸多问题需要解决、尚有诸多环节需要完善，但在社会急剧转型、矛盾纠纷多发的当下中国，相对于其他治理方式，司法制度终究仍是无法替代且将始终发挥重要作用的治理模式。尤其是对于国家治理而言，司法性资源的开掘重构和理性运用，是一个必要且必然的途径。更何况，基于国家治理的内在规律和司法制度设计的初衷，建立在司法权威之上的审判责任制度，因其在实现执政者国家治理目标上具有的独特功能，已经显现出日渐强化的趋势。显然，研究这一现代法治色彩极其浓厚的制度设计，对于探究如何通过强化审判人员办案责任来提升审判制度在国家治理中的制度功能,① 对于如何规范院庭长、员额法官、法官助理、书记员等审判人员之间,法院和惩戒委员会与审判人员之间,法院系统与其他相关部门之间,以及其他相关主体之间的权责利关系,都将会有积极意义。因此,法学界特别是研究司法制度的法理学者和宪法学者应当正视审判责任制度所具有的学术价值,实务部门更应当努力践行和不断提升该项制度的实际功效。

（一）改革进程的互补性

诚然,纠纷的妥当解决、国家的有效治理、社会的有序运行,主要还是有赖于良法之治下各类公权的有效规范行使。法院审判人员及其审判权能的发挥,审判制度及其审判责任制度功效的彰显,都需要其他公权及其制度设计的配合与支持。因为,社会中各种制度彼此关联,不参照其他相关制度,就无法估价某个特定制度的效率。总之,我们不是要用某种制度完全取代另一种制度,从一个极端走向另一个极端,而是通过不同制度之间的互补,形成制度间的竞争,针对相异的问题和领域,充分发挥不同制度各自的比较优势,以最终实现国家治理正效应的最大化。特别是在当下司法制度总体功效欠佳、司法权威不彰的特殊时段,作为拥有丰厚历史文化积淀、依托于当代中国政治体制支撑、统筹和掌控一定社会资源的司法职能运作模式,审判责任制度必然更加需要司法制度范畴之内的法官员额、职业保障等多项制度设计与司法制度范畴之外的组织人事、编制财政等多个战线的配合、支持与保障。

因此,我们在进行制度研究时,不能仅仅从单一的制度结构和法律文本出发作肤浅的分析,还应当关注制度和文本之外使得制度和文本得以践行的原动力。无论是从微观具体的机构人员层面,还是从宏观抽象的制度设计层面,对审判责任制度与法官员额制度和司法职业保障制度等司法制度,进而与非司法制度之关系的考量,都必须以对制度内在运行机理与东中西部不同地域制度实践的学理分析和实证调查为原点。必须看到,体制变革与社会转型的现实情境,既为审判责任制度展现内在价值、发挥制度功能带来了绝佳机遇,更为其提升制度功效、维护社会公正赋予了艰巨使命。虽然制度设计自身尚有不足和制度外在环境暂且不佳的双重作用,使

---

① 王亚新:《解读司法改革——走向权能、资源与责任之新的均衡》,《清华法学》2014 年第 5 期。

得审判责任制度改革的实效与执政者、审判人员职业群体和社会民众对改革的预期之间出现了明显的反差，但"机遇"和"使命"所催生的旨在强化制度功效的"制度变迁"，既为执政者所倚重，也为审判人员所急需，更为民众所期待。

很显然，执政者对审判制度乃至于审判责任制度已然寄托了希望，要求各相关单位以各种努力为实现这一目标作出贡献。[①] 明确了这一点，就意味着，尽管要尊重审判制度以及审判责任制度自身的特点和要求，但仅仅强调其自身的优势或困难，或借用纵向横向的经验作为支持论证，都意义不大。目前中国的审判责任制度改革面临的问题，非各级人民法院及其审判人员独自可以解决，根本的改善还需要社会经济的进一步发展，政治体制的进一步改革，特别是需要在执政者全面统筹和综合协调之下各级党委和政府的支持和保障。也只有如此，当代中国的审判责任制度才能回应当代中国的实际问题。因为，虽然审判责任制度只是运用审判权的一种方式，但它却从属于整个国家治理的全局。对治理国家和社会之政治责任的分担，国家之内的任何公权力都责无旁贷。

(二) 改革进程的反复性

当下中国"由于发展不平衡、不协调、不可持续问题短期内难以根本解决，人民内部各种具体利益矛盾难免会经常地大量地表现出来"。[②] 因此，解决社会纠纷、规范社会行为、维护社会秩序，就成为国家司法制度义不容辞必须承载的历史使命。尽管历代执政者都不乏对其所处时局的清醒认识，且无论是最高决策层的政治领袖还是专司审判的法院系统，都非常清楚当下司法制度的症结所在。然而，准确的认识并不等同于有效的行动。

就本研究主题而言，审判责任制度改革，能否实现审判权机制的科学运行，进而强化司法能力、提升司法公信以改善国家治理，往往取决于多种因素的综合作用：执政者对改革进行顶层设计的科学合理程度以及推进改革的决心和力度；各级人民法院贯彻落实中央改革精神的态度和方法；审判人员对改革的认同感和积极性；以及这一切所依托的国家

[①] 陈瑞华：《司法改革的理论反思》，《苏州大学学报（哲社版）》2016年第1期。

[②] 胡锦涛：《扎实做好正确处理人民内部矛盾工作，为经济社会发展创造良好社会环境》，《人民日报》2010年9月30日第1版。

政治制度和历史文化传统。即便只是审判责任制度本身的各项举措能否落实到位,都将会基于多种因素的相互作用进而呈现出多种情形:既有可能是这些因素集体性的"坚如磐石"而使审判制度的既有状态不为所动,也有可能是尽管其中一项或几项因素发生变化但最终却未能引起审判责任制度的变革,更有可能是虽只限于一项因素发生了变异,然而最终却实现了审判权符合司法规律的运行,进而实现了国家治理的改善,使得社会成员因这一变迁而获得"正值"的制度净收益。更何况,任何一项制度安排都非执政者随意决定,而是人们依据"成本—收益"分析进行权衡的结果。当现存的制度安排和制度结构的净收益小于另一种可供选择的制度安排和制度结构,人们便会去寻求改变现状。很显然,审判责任制度改革以及与之相关的法官员额制度改革、司法职业保障制度改革,均无法例之于外。

同时,还需看到,各类社会主体在审判责任制度规则之下相互影响、相互作用,这种互动博弈又在影响着该项制度本身的建构与完善。特别是随着主客观条件的变化,法院的院长、专委、庭长、普通法官、法官助理、书记员乃至于诉讼参与人,以及法院之外的党委、政府、学术界、律师界,在审判责任制度运行过程中所作出的各种行为选择,必然会引起其对审判责任制度从设计到实践等多个层面的新需求,而且审判责任制度改革的成效也在很大程度上受制于这些选择和需求。具体而言,院庭长是否既能准确及时行使审判监督和审判管理权,又能办理一定数量的重大疑难复杂敏感以及新类型案件,充分发挥法院内部优质审判资源的应有优势?普通员额法官是否既能免受司法行政化的干扰,切实做到独立办案、独立负责,又能获得良好的职业保障,免除行使审判权时所有的后顾之忧?法官助理、书记员作为审判辅助人员是否既能依托于改革对其的基本定位而充分尽职履责,以大大减轻法官的事务性负担,又能有效提升自身业务素质和工作能力,进而为成为员额法官或法官助理奠定坚实基础?各类诉讼参与人是否既能在符合司法规律的审判权主导下充分实现实体正义,又能在科学合理有序的诉讼机制中充分感受到程序正义?党委政府是否既能立足于应有的法治思维和法治精神以有效支持和保障司法机关依法独立公正行使职权,又能借助司法权威有效提升自身的执政权威和政府公信?学术界和律师界是否既能为审判责任制度改革提供理论支撑和实务配合而非只是一味地泼冷水,又能为实质性地推进改革建言献策并给予价值认同和道义支持而非只是单纯地唱衰歌?[①] 无疑,上述因素都是审判责任制度改革进程中不可忽略的重要环节,有时甚至是决定性的。

伴随着经济社会的急剧发展,已经危及社会局部秩序、挑战个别地方司法权威的社会治理现状,将迫使执政者基于通过提升司法公信进而巩固执政权威的根本目标,而主动变革、改造甚或废弃某些现行的有关审判权的制度安排,从而使得上至执政者、中至审判机关、下至普罗大众均能获得远远高于制度变革所需成本费用的社会安定有序之"红利"。但无论如何,在明确发展过程中推动制度变革必然性的同时,更要看到审判责任制度建构的长期性和反复性,必须整体性地从国家治理的宏观视野出发去理解、去研究、去建构这项制度。

毫无疑问,本书所论述的肯定不是审判责任制度的全部环节和要素,仅本文的能量实在无力追求全面和圆满,笔者只是试图通过初步的梳理来展示审判责任制度改革从设计到实践存在哪些问题、可能解决哪些问题。显然,我们所追求的只不过是一个相对较好的制度,一个相对较好的国家治理状态。制度的关键并不仅在于是否理想,而是更在于能否与现实相契合。如何使得有限的国家治理资源最有效地履行其治理职能,这是任何一个务实的法律人/政治家一定会遇到且须认真关注的理论问题和实践问题。[②] 现实社会对我们的要求是,在探讨解决审判责任制度等宪法性问题时,理论研究必须根植于社会实践,直面国家司法现状,拓宽理论研究的视域,以开放的心态看待现代性对社会的总体影响,并且保持对社会和经济之变迁影响国家治理体系的敏感性,时刻产生问题意识,并致力于回答:法律制度如何为当代社会提供一种能够科学安排法院系统内部结构及其与其他系统之协调运作的规范性框架。

二 推进审判责任制度改革的几点建议

如果从 20 世纪 90 年代审判方式改革算起,我国的司法改革已走过 20 多个年头。特别是中共十八大以来,我国司法改革更加注重系统性和整体性,坚持问题导向和目标导向,统筹中央地方、着眼体制机制、协调

[①] 何帆:《什么样的法官应当退出员额》,《人民法院报》2017 年 5 月 26 日第 2 版。
[②] 苏力:《关于海瑞定理Ⅰ》,《法律和社会科学》第四卷,法律出版社 2009 年版,第 47 页。

内部外部，先后推出一系列改革举措。新时期，为确保司法改革特别是审判责任制度改革巩固已经取得的成果，并啃下"硬骨头",[①] 笔者提出下述建议。

（一）宏观层面的建议

1. 必须始终秉持科学理念

一是以人为本。"人民对美好生活的向往，就是我们的奋斗目标"。2012年11月15日，履新伊始的习总书记便向全党全国作出了郑重承诺，也为审判责任制度改革指明了方向。评判审判责任制度改革的成效如何，关键是看人民群众在改革中的获得感如何。二是遵循法治。确保将审判责任制度改革纳入法治轨道，确保每一项改革措施都于法有据，这不论是对于改革的过程，还是改革的结果，都至关重要。三是多方参与。从我国审判权的运作实践出发，应当在"大司法"的概念下统筹推进审判责任制度改革，综合考虑侦、控、审机关之间以及各机关内部的职能划分。四是尊重规律。审判责任制度改革是一场制度变迁，有其自身规律和逻辑，既要尊重司法规律，又要尊重改革规律。尊重司法规律，就要厘清审判权力的运行机制；尊重改革规律，就要把握改革内在逻辑，重要改革经立项、论证、试点、评估等环节后再推行。尊重规律推进审判责任制度改革还须立足我国国情。审判制度的有效性在很大程度上取决于与其所在社会其他制度的契合度，不能想当然地认为建立了某种制度，该制度就必然发生效用。[②]

2. 必须有效提升政治智慧

在现代国家，司法审判制度及其改革不可能摆脱政治特别是政党政治的影响。尽管司法审判机关要淡化具体司法办案的政治色彩，但千万不要只埋头业务而忽视司法所承担的政治功能，否则，就会在根本性问题上犯颠覆性错误。从根本上讲，司法权是执政权的重要组成部分，司法权威是执政权威的重要体现。可以看到，在面对解决矛盾纷争、救济公民权利、规范社会秩序这一系列共同任务、共同使命时，中外各国的国家治理实践和司法审判实践均表明：所有治国理政伟大事业的推进者和参与者，既要具备法治精神，又要拥有政治智慧。这绝不是历史的巧合，而是国家治理

[①] 陈卫东：《司法改革应坚持科学理念》，《人民日报》2016年7月13日第7版。

[②] 同上。

内在规律的必然要求。特别是在审判责任制度改革实践中,各级审判机关及其主要负责人,一定要切忌出于对"省以下法院人财物统一管理"的片面认识,而目空一切、自以为是,必须尽快提升并积极运用政治智慧,有效争取地方党委政府的支持,有效协调其他部门单位的支持,确保将事关审判责任制度的各项改革精神落到实处。各级审判机关及其审判人员决不能为司法而司法,决不能为办案而办案,所有的司法办案活动,最终都要落脚在国家利益之上,都要服从于国家治理全局。因此,集政治智慧和法治精神于一身,这就成为当下中国推进国家治理进程中,全体审判人员必须具备的能力和素养。须知"真正伟大的法律人,从来都是杰出的政治家"。[①]

3. 必须以立法形式巩固改革成果

要立足全面推进依法治国的大背景,紧密结合东中西部改革实践特别是改革进程中形成的成熟做法,正确处理改革和立法的关系,实现《人民法院组织法》《法官法》等国家立法和改革决策的有效衔接,以立法的形式固化改革成果。同时,根据 2015 修改后的《立法法》之规定,地方立法权进一步扩大,使地方改革试点成果以立法形式加以巩固的问题值得探索。当然,这一过程中必须遵循的基本原则是,地方立法不得与上位法相冲突。

4. 必须正确处理好体制改革与机制创新的关系

同司法改革的其他内容一样,审判责任制度改革必须在破解体制性障碍的基础上,更多地在机制性创新上下功夫,破解审判责任制度乃至司法体制的深层次难题,迫切需要兼顾体制改革和机制创新。应当在兼顾审判责任制度改革与审判权运行机制改革、法官职业保障制度改革、司法人员分类管理和法官员额制度改革齐头并举、互相促进的基础上,进一步深化多元化纠纷解决机制改革,深入推进案件繁简分流、繁案精办、简案快办工作机制,实现繁出精品、简出效率,从源头上、制度上缓解案多人少难题。要做好"以审判为中心"的刑事诉讼制度改革、刑事认罪认罚从宽制度改革等相关改革与审判责任制度改革之间的有效衔接,进一步明确办案权力、强化办案责任、缩短办案周期。要根据各地实际人口数、案件数

---

① 美国联邦最高人民法院历史上的约翰·马歇尔、奥利弗·霍姆斯等多位著名大法官,都是"集法律人与政治家于一身"的杰出代表。

量确定法官员额比例，争取加快后续员额法官遴选工作，进一步完善新型办案组织模式，加快内设机构改革进度，提高团队内部工作效能。

（二）微观层面的建议

1. 在深入推进改革的过程中，处理好放权与监督的关系

进一步厘清审判、管理、监督等权力主体的职责范围，完善审判权、审判管理权、审判监督权的运行规则，确保管理监督不越位、不缺位。完善院庭长对特定案件事中监督制度，推进专业法官会议的规范化和常态化。增强审判委员会的专业性，强化对案件的审判指导与监督功能。规范法官的自由裁量权，完善标准化办案机制。通过这些机制的完善真正做到既要对法官办案实施有效监督，又要避免对法官依法独立办案的不当干预。

2. 在进一步完善司法职业保障机制上，坚持责任与保障相统一

加快推进司法辅助人员分类管理制度改革，实现与审判权运行机制相适应的人力资源配置模式。完善法官及司法辅助人员、司法行政人员绩效考核激励机制，形成科学的工作导向。建立健全对司法人员因依法履职遭受不实举报、错误追责的补偿救济制度，及时惩治妨碍诉讼活动、严重藐视审判权威、侵犯审判人员人格尊严和人身财产安全的行为，切实保障审判人员依法履行法定职责的权利。

3. 在新型管理格局下，注重处理好法院内外部关系

此轮司法改革，特别是人财物统管改革后，打破了原有的管理格局，法院与地方党委、人大的关系，以及法院内部关系都出现了重大变化。列明地方党委政府对法院的"权限清单"。明确地方党委对法院领导的范围与方式，制定处理地方党委政府与法院关系的操作规定和问责机制。同时，明确省级高级人民法院在人员统管中的权限。从人员统管的角度看，需要警惕上下级法院由审级关系异化为领导、命令关系的倾向，也应充分理解基层司法人员对今后班子成员是否主要从上级司法机关下派、是否会挤占本院内部正常晋升渠道的关切。因此，对于省级高级人民法院对基层人民法院的干部管理权同样应设置科学规范的范围、程序与标准，并充分尊重基层人民法院班子以及干部的民主意见。

4. 应当有针对性地做好宣传引导工作

按照习近平总书记"改革推进到哪一步，思想政治工作就要跟进到哪一步"的要求，坚持把思想政治工作贯穿于审判责任制度改革之始终。

要及时向省、市、县司法机关进行改革政策的宣讲和辅导,及时传达中央司法改革最新精神,有效消除对改革的模糊认识。同时,及时总结前期改革试点取得的成效,用改革成果增强审判人员的改革信心,使"早改早受益、早改早发展"的认识深入人心。

  总之,一项优良的制度设计不仅能够科学配置和优化既有审判资源,充分发掘和利用潜在的社会动力,更应该能够有效提供协调社会关系、规范社会秩序的公共产品,实现并保障社会公平与正义。显然,正义的实现,离不开对公共利益的维护和社会纠纷的解决。如何在当下中国成功构建一套结构完整周全、内外进退有据、公正高效权威的审判责任制度体系,进而实施能有效回应国家治理需求的最佳"制度变迁"?如何打造真正"为人民服务"的司法制度,实现习近平同志提出的"努力让人民群众在每一个司法案件中都能感受到公平正义"的目标,让"正义成为社会主义制度的首要价值"?[①] 这是当下中国执政者必须解决的重大现实问题,更是广大民众翘首期盼的社会愿景。本文运用实证分析的研究路径探求审判责任制度的改良和实践,就是为此而作的一种积极努力。

---

① 赵修义:《公平正义是社会主义制度的首要价值》,《文汇报》2007年4月9日第3版。

附录　审判责任制度改革相关规范性文件

一　最高人民法院《关于加强各级人民法院院庭长办理案件工作的意见(试行)》

为全面贯彻落实司法责任制,优化审判资源配置,充分发挥各级人民法院院庭长对审判工作的示范、引领和指导作用,根据《中央政法委关于严格执行法官、检察官遴选标准和程序的通知》《最高人民法院关于完善人民法院司法责任制的若干意见》等有关规定,结合审判工作实际,就加强院庭长办理案件工作提出如下意见:

一、各级人民法院院庭长入额后应当办理案件,包括独任审理案件、参加合议庭作为承办法官审理案件、参加合议庭担任审判长或作为合议庭成员参与审理案件,禁止入额后不办案、委托办案、挂名办案,不得以听取汇报、书面审查、审批案件等方式代替办案。

二、各级人民法院院庭长应当根据分管的审判工作,结合专业背景和个人专长办理案件,重点审理重大、疑难、复杂、新类型和在法律适用方面具有普遍指导意义的案件。

三、各级人民法院院庭长应当作为承办法官办理一定数量的案件。主持或参加专业法官会议、审判委员会、协调督办重大敏感案件、接待来访、指挥执行等事务应当计入工作量,纳入岗位绩效考核,但不能以此充抵办案数量。

四、基层、中级人民法院的庭长每年办案量应当达到本部门法官平均办案量的50%—70%。

基层人民法院院长办案量应当达到本院法官平均办案量的5%—10%，其他入额院领导应当达到本院法官平均办案量的30%—40%。

中级人民法院院长办案量应当达到本院法官平均办案量的5%，其他入额院领导应当达到本院法官平均办案量的20%—30%。

基层、中级人民法院可以根据本院的收结案情况，结合完成审判工作任务的需要，在本意见规定的最低标准基础上，适当提高本院院庭长独立承办和参与审理的案件数量。

高级人民法院和最高人民法院院庭长办案数量的最低标准，分别由高级人民法院和最高人民法院规定。

各级人民法院应当综合考虑法院审级、领导职务、分管领域、所承担的审判管理监督事务和行政事务工作量等因素，综合运用案件权重系数等方法测算平均办案量，合理确定院庭长每年独立承办和参与审理案件的数量要求，并在办公办案系统公开。办案数量的最低标准应当根据审判工作任务、法官员额编制、辅助人员配置变化情况及时调整。

五、各级人民法院应当建立保障院庭长办案的工作机制。实行审判团队改革的基层人民法院，庭长、副庭长应当直接编入审判团队，承担相关案件的审判和监督职责；探索将院长、副院长和其他入额院领导编入相应的审判团队审理案件。

各级人民法院应当结合实际，为院庭长配备必要的法官助理和书记员，让院庭长能够集中精力投入开庭审理、评议案件、撰写文书等办案核心事务。

各级人民法院应当严格执行《关于保护司法人员依法履行法定职责规定》及其实施办法，积极争取地方党委政府支持，进一步精简会议文件，压缩管理流程，确保院庭长有更多时间和精力投入办案工作。

六、院庭长分案应当以指定分案为主。各级人民法院应当健全立案环节的甄别分流机制，推动将重大、疑难、复杂、新类型和在法律适用方面具有普遍意义的案件优先分配给院庭长审理。对于特别重大、疑难、复杂的案件，可以依法由院长、副院长、审判委员会委员组成合议庭审理。

七、各级人民法院院庭长办理案件，应当起到示范、引领和指导作用。鼓励院庭长开示范庭，加大院庭长办案的庭审直播工作力度。院庭长办理案件应当同时注意总结审判工作经验，统一裁判尺度，规范指导审判工作。

八、各级人民法院院庭长办案任务完成情况应当公开接受监督。各高级人民法院审判管理部门负责每年度辖区各法院院庭长办案量的测算核定，逐月通报辖区各级人民法院院长、副院长、审判委员会专职委员、其他入额院领导的办案任务完成情况，包括办案数量、案件类型、审判程序、参与方式、开庭数量、审判质量等。各院审判管理部门负责本院庭长、副庭长办案量的测算核定和定期通报。

上级人民法院应当定期对下级人民法院院庭长办案情况开展督察，对办案不达标的要进行通报，存在委托办案、挂名办案等问题的，一经发现，严肃问责。

九、各级人民法院院庭长办案绩效应当纳入对其工作的考评和监督范围。院庭长年度办案绩效达不到考核标准的，应当退出员额。院庭长因承担重要专项工作、协调督办重大敏感案件等原因，需要酌情核减年度办案任务的，应当报上一级人民法院审批备案。

十、本意见所称院庭长，除特别列明的以外，包括进入法官员额的院长、副院长、审判委员会专职委员、其他入额的院领导、庭长、副庭长和其他有审判职称的审判（执行）业务部门负责人。

十一、本意见由最高人民法院负责解释。

十二、本意见自 2017 年 5 月 1 日起试行。最高人民法院此前发布的规范性文件与本意见不一致的，不再适用。

二 最高人民法院《关于落实司法责任制完善审判监督管理机制的意见（试行）》

为全面落实司法责任制改革，正确处理充分放权与有效监管的关系，规范人民法院院庭长审判监督管理职责，切实解决不愿放权、不敢监督、不善管理等问题，根据《最高人民法院关于完善人民法院司法责任制的若干意见》等规定，就完善人民法院审判监督管理机制提出如下意见：

一、各级人民法院在法官员额制改革完成后，必须严格落实司法责任制改革要求，确保"让审理者裁判，由裁判者负责"。除审判委员会讨论决定的案件外，院庭长对其未直接参加审理案件的裁判文书不再进行审核签发，也不得以口头指示、旁听合议、文书送阅等方式变相审批案件。

二、各级人民法院应当逐步完善院庭长审判监督管理权力清单。院庭长审判监督管理职责主要体现为对程序事项的审核批准、对审判工作的综合指导、对裁判标准的督促统一、对审判质效的全程监管和排除案外因素对审判活动的干扰等方面。

院庭长可以根据职责权限，对审判流程运行情况进行查看、操作和监控，分析审判运行态势，提示纠正不当行为，督促案件审理进度，统筹安排整改措施。院庭长行使审判监督管理职责的时间、内容、节点、处理结果等，应当在办公办案平台上全程留痕、永久保存。

三、各级人民法院应当健全随机分案为主、指定分案为辅的案件分配机制。根据审判领域类别和繁简分流安排，随机确定案件承办法官。已组建专业化合议庭或者专业审判团队的，在合议庭或者审判团队内部随机分案。承办法官一经确定，不得擅自变更。因存在回避情形或者工作调动、身体健康、廉政风险等事由确需调整承办法官的，应当由院庭长按权限审批决定，调整理由及结果应当及时通知当事人并在办公办案平台公示。

有下列情形之一的，可以指定分案：（1）重大、疑难、复杂或者新类型案件，有必要由院庭长承办的；（2）原告或者被告相同、案由相同、同一批次受理的两件以上的批量案件或者关联案件；（3）本院提审的案件；（4）院庭长根据个案监督工作需要，提出分案建议的；（5）其他不适宜随机分案的案件。指定分案情况，应当在办公办案平台上全程留痕。

四、依法由合议庭审理的案件，合议庭原则上应当随机产生。因专业化审判需要组建的相对固定的审判团队和合议庭，人员应当定期交流调整，期限一般不应超过两年。

各级人民法院可以根据本院员额法官和案件数量情况，由院庭长按权限指定合议庭中资历较深、庭审驾驭能力较强的法官担任审判长，或者探索实行由承办法官担任审判长。院庭长参加合议庭审判案件的时候，自己担任审判长。

五、对于符合《最高人民法院关于完善人民法院司法责任制的若干意见》第24条规定情形之一的案件，院庭长有权要求独任法官或者合议庭报告案件进展和评议结果。院庭长对相关案件审理过程或者评议结果有异议的，不得直接改变合议庭的意见，可以决定将案件提请专业法官会议、审判委员会进行讨论。

独任法官或者合议庭在案件审理过程中，发现符合上述个案监督情形的，应当主动按程序向院庭长报告，并在办公办案平台全程留痕。符合特定类型个案监督情形的案件，原则上应当适用普通程序审理。

六、各级人民法院应当充分发挥专业法官会议、审判委员会总结审判经验、统一裁判标准的作用，在完善类案参考、裁判指引等工作机制基础上，建立类案及关联案件强制检索机制，确保类案裁判标准统一、法律适用统一。

院庭长应当通过特定类型个案监督、参加专业法官会议或者审判委员会、查看案件评查结果、分析改判发回案件、听取辖区人民法院意见、处理各类信访投诉等方式，及时发现并处理裁判标准、法律适用等方面不统一的问题。

七、各级人民法院应当强化信息平台应用，切实推进电子卷宗同步录入、同步生成、同步归档，并与办公办案平台深度融合，实现对已完成事项的记录跟踪、待完成事项的提示催办、即将到期事项的定时预警、禁止操作事项的及时冻结等自动化监管功能。

八、各级人民法院应当认真落实党风廉政建设主体责任和监督责任，自觉接受权力机关法律监督、人民政协民主监督、检察监督、舆论监督和社会监督，不断提高公正裁判水平。组织人事、纪检监察、审判管理部门与审判业务部门应当加强协调配合，形成内部监督合力，坚持失责必问、问责必严。

九、院庭长收到涉及审判人员的投诉举报或者情况反映的，应当按照规定调查核实。对不实举报应当及时了结澄清，对不如实说明情况或者查证属实的依纪依法处理。所涉案件尚未审结执结的，院庭长可以依法督办，并按程序规定调整承办法官、合议庭组成人员或者审判辅助人员；案件已经审结的，按照诉讼法的相关规定处理。

十、本意见自2017年5月1日起试行。

三 最高人民法院《关于全面深化人民法院改革的意见——人民法院第四个五年改革纲要（2014—2018）》（节选）

1至27（略）

（四）健全审判权力运行机制

28. 完善主审法官、合议庭办案责任制

按照权责利相统一的原则，明确主审法官、合议庭及其成员的办案责任与免责条件，实现评价机制、问责机制、惩戒机制、退出机制与保障机制的有效衔接。主审法官作为审判长参与合议时，与其他合议庭成员权力平等，但负有主持庭审活动、控制审判流程、组织案件合议、避免程序瑕疵等岗位责任。科学界定合议庭成员的责任，既要确保其独立发表意见，也要明确其个人意见、履职行为在案件处理结果中的责任。

29. 健全院、庭长审判管理机制

明确院、庭长与其职务相适应的审判管理职责。规范案件审理程序变更、审限变更的审查报批制度。健全诉讼卷宗分类归档、网上办案、审判流程管控、裁判文书上网工作的内部督导机制。

30. 健全院、庭长审判监督机制

明确院、庭长与其职务相适应的审判监督职责，健全内部制约监督机制。完善主审法官会议、专业法官会议机制。规范院、庭长对重大、疑难、复杂案件的监督机制，建立院、庭长在监督活动中形成的全部文书入卷存档制度。依托现代信息化手段，建立主审法官、合议庭行使审判权与院、庭长行使监督权的全程留痕、相互监督、相互制约机制，确保监督不缺位、监督不越位、监督必留痕、失职必担责。

31. 健全审判管理制度

发挥审判管理在提升审判质效、规范司法行为、严格诉讼程序、统一裁判尺度等方面的保障、促进和服务作用，强化审判流程节点管控，进一步改善案件质量评估工作。

32. 改革审判委员会工作机制

合理定位审判委员会职能，强化审判委员会总结审判经验、讨论决定审判工作重大事项的宏观指导职能。建立审判委员会讨论事项的先行过滤机制，规范审判委员会讨论案件的范围。除法律规定的情形和涉及国家外交、安全和社会稳定的重大复杂案件外，审判委员会主要讨论案件的法律适用问题。完善审判委员会议事规则，建立审判委员会会议材料、会议记录的签名确认制度。建立审判委员会决议事项的督办、回复和公示制度。建立审判委员会委员履职考评和内部公示机制。

33 至 47（略）

（六）推进法院人员的正规化、专业化、职业化建设

建立中国特色社会主义审判权力运行体系，必须坚持以审判为中心、以法官为重心，全面推进法院人员的正规化、专业化、职业化建设，努力

提升职业素养和专业水平。到 2017 年年底，初步建立分类科学、分工明确、结构合理和符合司法职业特点的法院人员管理制度。

48. 推动法院人员分类管理制度改革

建立符合职业特点的法官单独职务序列。健全法官助理、书记员、执行员等审判辅助人员管理制度。科学确定法官与审判辅助人员的数量比例，建立审判辅助人员的正常增补机制，切实减轻法官事务性工作负担。拓宽审判辅助人员的来源渠道，探索以购买社会化服务的方式，优化审判辅助人员结构。探索推动司法警察管理体制改革。完善司法行政人员管理制度。

49. 建立法官员额制度

根据法院辖区经济社会发展状况、人口数量（含暂住人口）、案件数量、案件类型等基础数据，结合法院审级职能、法官工作量、审判辅助人员配置、办案保障条件等因素，科学确定四级法院的法官员额。根据案件数量、人员结构的变化情况，完善法官员额的动态调节机制。科学设置法官员额制改革过渡方案，综合考虑审判业绩、业务能力、理论水平和法律工作经历等因素，确保优秀法官留在审判一线。

50. 改革法官选任制度

针对不同层级的法院，设置不同的法官任职条件。在国家和省一级分别设立由法官代表和社会有关人员参与的法官遴选委员会，制定公开、公平、公正的选任程序，确保品行端正、经验丰富、专业水平较高的优秀法律人才成为法官人选，实现法官遴选机制与法定任免机制的有效衔接。健全初任法官由高级人民法院统一招录，一律在基层人民法院任职机制。配合法律职业人员统一职前培训制度改革，健全预备法官训练制度。适当提高初任法官的任职年龄。建立上级法院法官原则上从下一级法院遴选产生的工作机制。完善将优秀律师、法律学者，以及在立法、检察、执法等部门任职的专业法律人才选任为法官的制度。健全法院和法学院校、法学研究机构人员双向交流机制，实施高校和法院人员互聘计划。

51. 完善法官业绩评价体系

建立科学合理、客观公正、符合规律的法官业绩评价机制，完善评价标准，将评价结果作为法官等级晋升、择优遴选的重要依据。建立不适任法官的退出机制，完善相关配套措施。

52. 完善法官在职培训机制

严格以实际需求为导向，坚持分类、分级、全员培训，着力提升法官的庭审驾驭能力、法律适用能力和裁判文书写作能力。改进法官教育培训的计划生成、组织调训、跟踪管理和质量评估机制，健全教学师资库、案例库、精品课件库。加强法官培训机构和现场教学基地建设。建立中国法官教育培训网，依托信息化手段，大力推广网络教学，实现精品教学课件由法院人员免费在线共享。大力加强基层人民法院法官和少数民族双语法官的培训工作。

53. 完善法官工资制度

落实法官法规定，研究建立与法官单独职务序列配套的工资制度。

54（略）

55. 建立防止干预司法活动的工作机制

配合中央有关部门，推动建立领导干部干预审判执行活动、插手具体案件处理的记录、通报和责任追究制度。按照案件全程留痕要求，明确审判组织的记录义务和责任，对于领导干部干预司法活动、插手具体案件的批示、函文、记录等信息，建立依法提取、介质存储、专库录入、入卷存查机制，相关信息均应当存入案件正卷，供当事人及其代理人查询。

56. 健全法官履行法定职责保护机制

合理确定法官、审判辅助人员的工作职责、工作流程和工作标准。明确不同主体、不同类型过错的甄别标准和免责事由，确保法官依法履职行为不受追究。非因法定事由，未经法定程序，不得将法官调离、辞退或者作出免职、降级等处分。完善法官申诉控告制度，建立法官合法权益因依法履职受到侵害的救济机制，健全不实举报澄清机制。在国家和省一级分别设立由法官代表和社会有关人员参与的法官惩戒委员会，制定公开、公正的法官惩戒程序，既确保法官的违纪违法行为及时得到应有惩戒，又保障其辩解、举证、申请复议和申诉的权利。

57 至　（略）

四　最高人民法院《关于审判权运行机制改革试点方案》(节选)

引言（略）

一、改革目标

1 至 9，10（1）至（3）（略）

（4）严格落实独任法官、合议庭、审判委员会的办案责任，做到"权责利统一"。

三、审判委员会制度改革

11. 人民法院院长提请人民代表大会常务委员会任命审判委员会委员时，应当按照一定标准和条件，通过竞争性遴选与全体法官推选相结合的方式提名人选。被提名的人选应当包括若干名不担任领导职务，政治素质好、审判经验丰富、法学理论水平较高、具有法律专业高等学历的资深法官。

12. 审判委员会讨论重大、疑难、复杂案件，应当严格限定范围，且仅限于法律适用问题。

13. 合议庭认为案件需要审判委员会讨论决定的，应当归纳关于案件法律适用的不同意见，并阐述相应的理由。

14. 提交审判委员会讨论决定的案件，院长可以指定二至三名审判委员会委员或者其他资深法官先行审查是否属于审判委员会讨论决定案件的范围，并提出意见，报请院长决定。

15. 对于提交审判委员会讨论决定的案件，应当将拟讨论决定的事项、审判委员会委员名单、召开审判委员会的时间等提前告知当事人。当事人有权申请审判委员会委员回避。当事人对审判委员会拟讨论决定的案件法律适用问题提交新的辩论意见的，应当附卷。审判委员会委员应当事先阅读审理报告，了解合议庭对案件事实问题的认定和对法律问题的意见，并根据需要调阅庭审视频或者查阅案卷。合议庭全体成员列席审判委员会。

16. 审判委员会委员讨论案件时充分发表意见，表决时应当按照资历由低到高的顺序进行，主持人最后发表意见和表决。审判委员会委员可以在讨论后一定时间内就自己已经发表的表决意见补充书面理由。所有参加讨论和表决的委员应当在审判委员会会议记录上署名。审判委员会作出决定的理由应当反映在以合议庭名义制作的裁判文书中。

17. 审判委员会委员在讨论或者表决案件时发表意见，不受追究，但违法违纪和违反职业道德的行为除外。

四、18 至　（略）

五 最高人民法院《关于完善人民法院司法责任制的若干意见》

为贯彻中央关于深化司法体制改革的总体部署,优化审判资源配置,明确审判组织权限,完善人民法院的司法责任制,建立健全符合司法规律的审判权力运行机制,增强法官审理案件的亲历性,确保法官依法独立公正履行审判职责,根据有关法律和人民法院工作实际,制定本意见。

一、目标原则

1. 完善人民法院的司法责任制,必须以严格的审判责任制为核心,以科学的审判权力运行机制为前提,以明晰的审判组织权限和审判人员职责为基础,以有效的审判管理和监督制度为保障,让审理者裁判、由裁判者负责,确保人民法院依法独立公正行使审判权。

2. 推进审判责任制改革,人民法院应当坚持以下基本原则:

(1) 坚持党的领导,坚持走中国特色社会主义法治道路;
(2) 依照宪法和法律独立行使审判权;
(3) 遵循司法权运行规律,体现审判权的判断权和裁决权属性,突出法官办案主体地位;
(4) 以审判权为核心,以审判监督权和审判管理权为保障;
(5) 权责明晰、权责统一、监督有序、制约有效;
(6) 主观过错与客观行为相结合,责任与保障相结合。

3. 法官依法履行审判职责受法律保护。法官有权对案件事实认定和法律适用独立发表意见。非因法定事由,非经法定程序,法官依法履职行为不受追究。

二、改革审判权力运行机制

(一) 独任制与合议庭运行机制

4. 基层、中级人民法院可以组建由一名法官与法官助理、书记员以及其他必要的辅助人员组成的审判团队,依法独任审理适用简易程序的案件和法律规定的其他案件。

人民法院可以按照受理案件的类别,通过随机产生的方式,组建由法官或者法官与人民陪审员组成的合议庭,审理适用普通程序和依法由合议庭审理的简易程序的案件。案件数量较多的基层人民法院,可以组建相对固定的审判团队，实行扁平化的管理模式。

人民法院应当结合职能定位和审级情况，为法官合理配置一定数量的法官助理、书记员和其他审判辅助人员。

5. 在加强审判专业化建设基础上，实行随机分案为主、指定分案为辅的案件分配制度。按照审判领域类别，随机确定案件的承办法官。因特殊情况需要对随机分案结果进行调整的，应当将调整理由及结果在法院工作平台上公示。

6. 独任法官审理案件形成的裁判文书，由独任法官直接签署。合议庭审理案件形成的裁判文书，由承办法官、合议庭其他成员、审判长依次签署；审判长作为承办法官的，由审判长最后签署。审判组织的法官依次签署完毕后，裁判文书即可印发。除审判委员会讨论决定的案件以外，院长、副院长、庭长对其未直接参加审理案件的裁判文书不再进行审核签发。

合议庭评议和表决规则，适用人民法院组织法、诉讼法以及《最高人民法院关于人民法院合议庭工作的若干规定》《最高人民法院关于进一步加强合议庭职责的若干规定》。

7. 进入法官员额的院长、副院长、审判委员会专职委员、庭长、副庭长应当办理案件。院长、副院长、审判委员会专职委员每年办案数量应当参照全院法官人均办案数量，根据其承担的审判管理监督事务和行政事务工作量合理确定。庭长每年办案数量参照本庭法官人均办案数量确定。对于重大、疑难、复杂的案件，可以直接由院长、副院长、审判委员会委员组成合议庭进行审理。

按照审判权与行政管理权相分离的原则，试点法院可以探索实行人事、经费、政务等行政事务集中管理制度，必要时可以指定一名副院长专门协助院长管理行政事务。

8. 人民法院可分别建立由民事、刑事、行政等审判领域法官组成的专业法官会议，为合议庭正确理解和适用法律提供咨询意见。合议庭认为所审理的案件因重大、疑难、复杂而存在法律适用标准不统一的，可以将法律适用问题提交专业法官会议研究讨论。专业法官会议的讨论意见供合议庭复议时参考，采纳与否由合议庭决定，讨论记录应当入卷备查。

建立审判业务法律研讨机制，通过类案参考、案例评析等方式统一裁判尺度。

（二）审判委员会运行机制

9. 明确审判委员会统一本院裁判标准的职能，依法合理确定审判委员会讨论案件的范围。审判委员会只讨论涉及国家外交、安全和社会稳定的重大复杂案件，以及重大、疑难、复杂案件的法律适用问题。强化审判委员会总结审判经验、讨论决定审判工作重大事项的宏观指导职能。

10. 合议庭认为案件需要提交审判委员会讨论决定的，应当提出并列明需要审判委员会讨论决定的法律适用问题，并归纳不同的意见和理由。

合议庭提交审判委员会讨论案件的条件和程序，适用人民法院组织法、诉讼法以及《最高人民法院关于人民法院合议庭工作的若干规定》《最高人民法院关于改革和完善人民法院审判委员会制度的实施意见》。

11. 案件需要提交审判委员会讨论决定的，审判委员会委员应当事先审阅合议庭提请讨论的材料，了解合议庭对法律适用问题的不同意见和理由，根据需要调阅庭审音频视频或者查阅案卷。

审判委员会委员讨论案件时应当充分发表意见，按照法官等级由低到高确定表决顺序，主持人最后表决。审判委员会评议实行全程留痕，录音、录像，作出会议记录。审判委员会的决定，合议庭应当执行。所有参加讨论和表决的委员应当在审判委员会会议记录上签名。

建立审判委员会委员履职考评和内部公示机制。建立审判委员会决议事项的督办、回复和公示制度。

（三）审判管理和监督

12. 建立符合司法规律的案件质量评估体系和评价机制。审判管理和审判监督机构应当定期分析审判质量运行态势，通过常规抽查、重点评查、专项评查等方式对案件质量进行专业评价。

13. 各级人民法院应当成立法官考评委员会，建立法官业绩评价体系和业绩档案。业绩档案应当以法官个人日常履职情况、办案数量、审判质量、司法技能、廉洁自律、外部评价等为主要内容。法官业绩评价应当作为法官任职、评先评优和晋职晋级的重要依据。

14. 各级人民法院应当依托信息技术，构建开放动态透明便民的阳光司法机制，建立健全审判流程公开、裁判文书公开和执行信息公开三大平台，广泛接受社会监督。探索建立法院以外的第三方评价机制，强化对审判权力运行机制的法律监督、社会监督和舆论监督。

三、明确司法人员职责和权限

（一）独任庭和合议庭司法人员职责

15. 法官独任审理案件时，应当履行以下审判职责：
（1）主持或者指导法官助理做好庭前会议、庭前调解、证据交换等庭前准备工作及其他审判辅助工作；
（2）主持案件开庭、调解，依法作出裁判，制作裁判文书或者指导法官助理起草裁判文书，并直接签发裁判文书；
（3）依法决定案件审理中的程序性事项；
（4）依法行使其他审判权力。

16. 合议庭审理案件时，承办法官应履行以下审判职责：
（1）主持或者指导法官助理做好庭前会议、庭前调解、证据交换等庭前准备工作及其他审判辅助工作；
（2）就当事人提出的管辖权异议及保全、司法鉴定、非法证据排除申请等提请合议庭评议；
（3）对当事人提交证据进行全面审核，提出审查意见；
（4）拟定庭审提纲，制作阅卷笔录；
（5）自己担任审判长时，主持、指挥庭审活动；不担任审判长时，协助审判长开展庭审活动；
（6）参与案件评议，并先行提出处理意见；
（7）根据合议庭评议意见制作裁判文书或者指导法官助理起草裁判文书；
（8）依法行使其他审判权力。

17. 合议庭审理案件时，合议庭其他法官应当认真履行审判职责，共同参与阅卷、庭审、评议等审判活动，独立发表意见，复核并在裁判文书上签名。

18. 合议庭审理案件时，审判长除承担由合议庭成员共同承担的审判职责外，还应当履行以下审判职责：
（1）确定案件审理方案、庭审提纲、协调合议庭成员庭审分工以及指导做好其他必要的庭审准备工作；
（2）主持、指挥庭审活动；
（3）主持合议庭评议；
（4）依照有关规定和程序将合议庭处理意见分歧较大的案件提交专业法官会议讨论，或者按程序建议将案件提交审判委员会讨论决定；

(5) 依法行使其他审判权力。

审判长自己承办案件时，应当同时履行承办法官职责。

19. 法官助理在法官的指导下履行以下职责：

(1) 审查诉讼材料，协助法官组织庭前证据交换；

(2) 协助法官组织庭前调解，草拟调解文书；

(3) 受法官委托或者协助法官依法办理财产保全和证据保全措施等；

(4) 受法官指派，办理委托鉴定、评估等工作；

(5) 根据法官的要求，准备与案件审理相关的参考资料，研究案件涉及的相关法律问题；

(6) 在法官的指导下草拟裁判文书；

(7) 完成法官交办的其他审判辅助性工作。

20. 书记员在法官指导下，按照有关规定履行以下职责：

(1) 负责庭前准备的事务性工作；

(2) 检查开庭时诉讼参与人出庭情况，宣布法庭纪律；

(3) 负责案件审理中的记录工作；

(4) 整理、装订、归档案卷材料；

(5) 完成法官交办的其他事务性工作。

(二) 院长庭长管理监督职责

21. 院长除依照法律规定履行相关审判职责外，还应当从宏观上指导法院各项审判工作，组织研究相关重大问题和制定相关管理制度，综合负责审判管理工作，主持审判委员会讨论审判工作中的重大事项，依法主持法官考评委员会对法官进行评鉴，以及履行其他必要的审判管理和监督职责。副院长、审判委员会专职委员受院长委托，可以依照前款规定履行部分审判管理和监督职责。

22. 庭长除依照法律规定履行相关审判职责外，还应当从宏观上指导本庭审判工作，研究制定各合议庭和审判团队之间、内部成员之间的职责分工，负责随机分案后因特殊情况需要调整分案的事宜，定期对本庭审判质量情况进行监督，以及履行其他必要的审判管理和监督职责。

23. 院长、副院长、庭长的审判管理和监督活动应当严格控制在职责和权限的范围内，并在工作平台上公开进行。院长、副院长、庭长除参加审判委员会、专业法官会议外不得对其没有参加审理的案件发表倾向性意见。

24. 对于有下列情形之一的案件，院长、副院长、庭长有权要求独任法官或者合议庭报告案件进展和评议结果：

(1) 涉及群体性纠纷，可能影响社会稳定的；

(2) 疑难、复杂且在社会上有重大影响的；

(3) 与本院或者上级法院的类案判决可能发生冲突的；

(4) 有关单位或者个人反映法官有违法审判行为的。院长、副院长、庭长对上述案件的审理过程或者评议结果有异议的，不得直接改变合议庭的意见，但可以决定将案件提交专业法官会议、审判委员会进行讨论。院长、副院长、庭长针对上述案件监督建议的时间、内容、处理结果等应当在案卷和办公平台上全程留痕。

四、审判责任的认定和追究

(一) 审判责任范围

25. 法官应当对其履行审判职责的行为承担责任，在职责范围内对办案质量终身负责。法官在审判工作中，故意违反法律法规的，或者因重大过失导致裁判错误并造成严重后果的，依法应当承担违法审判责任。法官有违反职业道德准则和纪律规定，接受案件当事人及相关人员的请客送礼、与律师进行不正当交往等违纪违法行为，依照法律及有关纪律规定另行处理。

26. 有下列情形之一的，应当依纪依法追究相关人员的违法审判责任：

(1) 审理案件时有贪污受贿、徇私舞弊、枉法裁判行为的；

(2) 违反规定私自办案或者制造虚假案件的；

(3) 涂改、隐匿、伪造、偷换和故意损毁证据材料的，或者因重大过失丢失、损毁证据材料并造成严重后果的；

(4) 向合议庭、审判委员会汇报案情时隐瞒主要证据、重要情节和故意提供虚假材料的，或者因重大过失遗漏主要证据、重要情节导致裁判错误并造成严重后果的；

(5) 制作诉讼文书时，故意违背合议庭评议结果、审判委员会决定的，或者因重大过失导致裁判文书主文错误并造成严重后果的；

(6) 违反法律规定，对不符合减刑、假释条件的罪犯裁定减刑、假释的，或者因重大过失对不符合减刑、假释条件的罪犯裁定减刑、假释并造成严重后果的；

（7）其他故意违背法定程序、证据规则和法律明确规定违法审判的，或者因重大过失导致裁判结果错误并造成严重后果的。

27. 负有监督管理职责的人员等因故意或者重大过失，怠于行使或者不当行使审判监督权和审判管理权导致裁判错误并造成严重后果的，依照有关规定应当承担监督管理责任。追究其监督管理责任的，依照干部管理有关规定和程序办理。

28. 因下列情形之一，导致案件按照审判监督程序提起再审后被改判的，不得作为错案进行责任追究：

（1）对法律、法规、规章、司法解释具体条文的理解和认识不一致，在专业认知范围内能够予以合理说明的；

（2）对案件基本事实的判断存在争议或者疑问，根据证据规则能够予以合理说明的；

（3）当事人放弃或者部分放弃权利主张的；

（4）因当事人过错或者客观原因致使案件事实认定发生变化的；

（5）因出现新证据而改变裁判的；

（6）法律修订或者政策调整的；

（7）裁判所依据的其他法律文书被撤销或者变更的；

（8）其他依法履行审判职责不应当承担责任的情形。

（二）审判责任承担

29. 独任制审理的案件，由独任法官对案件的事实认定和法律适用承担全部责任。

30. 合议庭审理的案件，合议庭成员对案件的事实认定和法律适用共同承担责任。

进行违法审判责任追究时，根据合议庭成员是否存在违法审判行为、情节、合议庭成员发表意见的情况和过错程度合理确定各自责任。

31. 审判委员会讨论案件时，合议庭对其汇报的事实负责，审判委员会委员对其本人发表的意见及最终表决负责。案件经审判委员会讨论的，构成违法审判责任追究情形时，根据审判委员会委员是否故意曲解法律发表意见的情况，合理确定委员责任。审判委员会改变合议庭意见导致裁判错误的，由持多数意见的委员共同承担责任，合议庭不承担责任。审判委员会维持合议庭意见导致裁判错误的,由合议庭和持多数意见的委员共同承担责任。合议庭汇报案件时,故意隐瞒主要证据或者重要情节,或者故意提供虚假情况,导致审判委员会作出错误决定的,由合议庭成员承担责任,审判委员会委员根据具体情况承担部分责任或者不承担责任。审判委员会讨论案件违反民主集中制原则,导致审判委员会决定错误的,主持人应当承担主要责任。

32. 审判辅助人员根据职责权限和分工承担与其职责相对应的责任。法官负有审核把关职责的,法官也应当承担相应责任。

33. 法官受领导干部干预导致裁判错误的,且法官不记录或者不如实记录,应当排除干预而没有排除的,承担违法审判责任。

(三) 违法审判责任追究程序

34. 需要追究违法审判责任的,一般由院长、审判监督部门或者审判管理部门提出初步意见,由院长委托审判监督部门审查或者提请审判委员会进行讨论,经审查初步认定有关人员具有本意见所列违法审判责任追究情形的,人民法院监察部门应当启动违法审判责任追究程序。各级人民法院应当依法自觉接受人大、政协、媒体和社会监督,依法受理对法官违法审判行为的举报、投诉,并认真进行调查核实。

35. 人民法院监察部门应当对法官是否存在违法审判行为进行调查,并采取必要、合理的保护措施。在调查过程中,当事法官享有知情、辩解和举证的权利,监察部门应当对当事法官的意见、辩解和举证如实记录,并在调查报告中对是否采纳作出说明。

36. 人民法院监察部门经调查后,认为应当追究法官违法审判责任的,应当报请院长决定,并报送省(区、市)法官惩戒委员会审议。

高级人民法院监察部门应当派员向法官惩戒委员会通报当事法官的违法审判事实及拟处理建议、依据,并就其违法审判行为和主观过错进行举证。当事法官有权进行陈述、举证、辩解、申请复议和申诉。法官惩戒委员会根据查明的事实和法律规定作出无责、免责或者给予惩戒处分的建议。

法官惩戒委员会工作章程和惩戒程序另行制定。

37. 对应当追究违法审判责任的相关责任人,根据其应负责任依照《中华人民共和国法官法》等有关规定处理:

(1) 应当给予停职、延期晋升、退出法官员额或者免职、责令辞职、辞退等处理的，由组织人事部门按照干部管理权限和程序依法办理；

（2）应当给予纪律处分的，由纪检监察部门依照有关规定和程序依法办理；

（3）涉嫌犯罪的，由纪检监察部门将违法线索移送有关司法机关依法处理。免除法官职务，必须按法定程序由人民代表大会罢免或者提请人大常委会决定。

五、加强法官的履职保障

38. 在案件审理的各个阶段，除非确有证据证明法官存在贪污受贿、徇私舞弊、枉法裁判等严重违法审判行为外，法官依法履职的行为不得暂停或者终止。

39. 法官依法审判不受行政机关、社会团体和个人的干涉。任何组织和个人违法干预司法活动、过问和插手具体案件处理的，应当依照规定予以记录、通报和追究责任。领导干部干预司法活动、插手具体案件和司法机关内部人员过问案件的，分别按照《领导干部干预司法活动、插手具体案件处理的记录、通报和责任追究规定》和《司法机关内部人员过问案件的记录和责任追究规定》及其实施办法处理。

40. 法官因依法履职遭受不实举报、诬告陷害，致使名誉受到损害的，或者经法官惩戒委员会等组织认定不应追究法律和纪律责任的，人民法院监察部门、新闻宣传部门应当在适当范围以适当形式及时澄清事实，消除不良影响，维护法官良好声誉。

41. 人民法院或者相关部门对法官作出错误处理的，应当赔礼道歉、恢复职务和名誉、消除影响，对造成经济损失的依法给予赔偿。

42. 法官因接受调查暂缓等级晋升的，后经有关部门认定不构成违法审判责任，或者法官惩戒委员会作出无责或者免责建议的，其等级晋升时间从暂缓之日起连续计算。

43. 依法及时惩治当庭损毁证据材料、庭审记录、法律文书和法庭设施等妨碍诉讼活动或者严重藐视法庭权威的行为。依法保护法官及其近亲属的人身和财产安全，依法及时惩治在法庭内外恐吓、威胁、侮辱、跟踪、骚扰、伤害法官及其近亲属等违法犯罪行为。侵犯法官人格尊严，或者泄露依法不能公开的法官及其亲属隐私，干扰法官依法履职的，依法追究有关人员责任。

44. 加大对妨碍法官依法行使审判权、诬告陷害法官、藐视法庭权威、严重扰乱审判秩序等违法犯罪行为的惩罚力度，研究完善配套制度，推动相关法律的修改完善。

六、附则

45. 本意见所称法官是指经法官遴选委员会遴选后进入法官员额的法官。

46. 本意见关于审判责任的认定和追究适用于人民法院的法官、副庭长、庭长、审判委员会专职委员、副院长和院长。执行员、法官助理、书记员、司法警察等审判辅助人员的责任认定和追究参照执行。技术调查官等其他审判辅助人员的职责另行规定。人民陪审员制度改革试点地区人民法院人民陪审案件中的审判责任根据《人民陪审员制度改革试点方案》另行规定。

47. 本意见由最高人民法院负责解释。

48. 本意见适用于中央确定的司法体制改革试点法院和最高人民法院确定的审判权力运行机制改革试点法院。

六 最高人民法院《人民法院落实〈保护司法人员依法履行法定职责规定〉的实施办法》

为落实中共中央办公厅、国务院办公厅印发的《保护司法人员依法履行法定职责规定》，健全完善法官、审判辅助人员依法履行法定职责保护机制，确保人民法院依法独立公正行使审判权，结合法院工作实际，制定本办法。

第一条 法官依法办理案件不受行政机关、社会团体和个人的干涉，有权拒绝执行任何单位、个人违反法定职责或者法定程序、有碍司法公正的要求。对于任何单位、个人在诉讼程序之外递转的涉及具体案件的函文、信件或者口头意见，法官应当按照《领导干部干预司法活动、插手具体案件处理的记录、通报和责任追究规定》《司法机关内部人员过问案件的记录和责任追究规定》及其实施办法予以记录

第二条 对于任何单位、个人安排法官从事招商引资、行政执法、治安巡逻、交通疏导、卫生整治、行风评议等超出法定职责范围事务的要求，人民法院应当拒绝，并不得以任何名义安排法官从事上述活动。

严禁人民法院工作人员参与地方招商、联合执法，严禁提前介入土地征收、房屋拆迁等具体行政管理活动，杜绝参加地方牵头组织的各类"拆迁领导小组""项目指挥部"等临时机构。

第三条 法官依法履行法定职责受法律保护，有权就参与审理案件的证据采信、事实认定、法律适用、裁判结果、诉讼程序等问题独立发表意见。

除参加专业法官会议外，法官有权拒绝就尚未进入诉讼程序的案件或者本人未参与审理的案件发表意见。

第四条 法官履行法定职责的行为，非经法官惩戒委员会听证和审议，不受错案责任追究。涉及错案责任的认定标准、追究范围、承担方式和惩戒程序等内容，由最高人民法院根据《关于完善人民法院司法责任制的若干意见》《关于建立法官、检察官惩戒制度的意见（试行）》及相关工作办法另行规定。

非因法定事由，非经法定程序，不得将法官调离、免职、辞退或者作出降级、撤职等处分，也不得以办案数量排名、末位淘汰等方式和接待信访不力等理由调整法官工作岗位。法官非因法定事由，非经法定程序被调离、免职、辞退或者受到降级、撤职等处分的，其所在人民法院应当及时予以纠正，或者建议有关机关予以纠正；有关机关不予纠正的，应当报告上一级人民法院商请有关机关纠正。

第五条 法官惩戒委员会的审查意见应当送达当事法官和有关人民法院。对法官作出调离、免职、辞退等处理，或者给予降级、撤职等处分的，应当按照法定程序进行。处理、处分决定应当以书面形式通知当事法官，并列明理由和依据。

法官对涉及本人的惩戒意见不服的，可以向作出审查意见的法官惩戒委员会提出异议，申请复核；对涉及本人的处理、处分决定不服的，自收到处理、处分决定之日起三十日内可以向作出决定的人民法院申请复议，并有权向上一级人民法院申诉。法官不因申请复核、复议或者提出申诉而被加重处罚。

法官惩戒委员会应当对当事法官提出的异议及其理由进行审查，作出决定，并书面回复当事法官。受理复议、申诉的人民法院应当全面听取当事法官的陈述、辩解；原处理、处分确有错误的，应当及时予以纠正。

第六条 对法官作出错误处理、处分决定的，在错误被纠正后，当事法官所在人民法院应当及时恢复其职务、岗位、等级和薪酬待遇，积极为其恢复名誉、消除不良影响，视情况对造成的经济损失给予赔偿或者补偿，并商请有关机关依法追究诬告陷害者或者滥用职权者的责任。

法官因接受调查暂缓等级晋升，后经有关部门认定不应当追究法律和纪律责任的，其等级晋升时间自暂缓之日起计算。

第七条 国家机关及其工作人员有下列行为之一的，法官有权提出控告：

（一）干预司法活动，妨碍公正司法的；

（二）要求法官从事超出法定职责范围事务的；

（三）限制或者压制法官独立、充分表达对参与审理案件的意见的；

（四）超越职权或者滥用职权，将法官调离、免职、辞退或者作出降级、撤职等处分的；

（五）对法官的依法履职保障诉求敷衍推诿、故意拖延不作为的；

（六）玩忽职守，处置不力，导致依法履职的法官或其近亲属的人身、财产权益受到侵害的；

（七）侵犯法官的休息权、休假权的；

（八）侵犯法官控告、申诉权利的；

（九）其他侵犯法官法定权利的行为。

人民法院及其工作人员侵犯法官法定权利，法官向所在人民法院或者上级人民法院提出控告的，接受控告的人民法院应当在其权限范围内及时作出处理，并将处理结果以书面形式通知本人；超出职责权限的，应当及时移送有关国家机关处理。

人民法院以外的国家机关及其工作人员侵犯法官法定权利的，法官可以向国家权力机关、行政机关、监察机关、检察机关提出控告，其所在人民法院有协助控告及提供帮助的义务，并应当派员向有关机关反映情况、提出意见。

第八条 各级人民法院应当健全完善法官考评委员会工作机制，由法官考评委员会组织、领导对法官的考核、评议工作。法官考评委员会由本院院长、相关院领导、相关部门负责人和若干法官代表组成。主任由院长担任，法官代表由全体法官推选产生。

对法官审判绩效的考核、评价，必须由法官考评委员会作出，考核结果应当公示。法官对考核结果如有异议，可以申请复议。

对法官审判绩效的考核办法和评价标准，应当合理设置权重比例，注重审判工作实绩，充分考虑地域、审级、专业、部门、岗位之间的差异，但不能超出法官的法定职责和职业伦理。考核结果和业绩评价应当作为法官等级晋升、岗位调整和绩效考核奖金分配的重要依据。

上述考核的指导意见由最高人民法院统一制定，各级人民法院结合辖区实际进一步细化，并报上一级人民法院备案。

第九条 各级人民法院应当设立法官权益保障委员会。法官权益保障委员会由本院院长、相关院领导、相关部门负责人和若干法官代表组成。主任由院长担任，法官代表由全体法官推选产生。法官权益保障委员会的职能是：

（一）集中受理法官与依法履职保护相关的诉求和控告；

（二）组织对法官或其近亲属可能面临的侵害风险进行评估，并采取相应措施；

（三）组织对本人或其近亲属的人身、财产、住所安全受到威胁的法官提供援助；

（四）组织对本人或其近亲属的人身、财产权益受到侵害的法官给予救助；

（五）帮助法官依法追究侵犯其法定权利者的责任；

（六）统筹安排为受到错误处理、处分的法官恢复名誉、消除不良影响、给予赔偿或者补偿；

（七）指导法官正确有效维护自身合法权益，组织开展相关培训和心理疏导工作；

（八）督促对本院安全检查设施、防护隔离系统、安全保障设备、安全保卫机制建设情况开展检查；

（九）统筹指导本院司法警察部门、机关安全保卫部门做好庭审秩序维护、机关安全保卫、法官人身保护和各类应急处置工作；

（十）与公安机关、新闻主管、网络监管等部门建立与法官依法履职保护相关的预警、应急和联动机制；

（十一）其他与法官和审判辅助人员依法履职保护相关的事务。

各级人民法院法官权益保障委员会的具体工作由本院人事管理部门承担。

上级人民法院法官权益保障委员会监督指导辖区内人民法院法官权益

保障委员会的工作。本级人民法院法官权益保障委员会对法官依法履职保障不力的，法官可以向上一级人民法院法官权益保障委员会提出控告。

第十条 各级人民法院的立案信访、诉讼服务、审判区域应当与法官办公区域相对隔离，并配备一键报警装置，便于及时处置突发事件。

各级人民法院应当严格执行《人民法院安全保卫工作人员和装备配置标准》和《人民法院司法警察不同执勤岗位警用装备配备标准》，普遍设立安全检查岗，配备相应安全设备，强化安全检查人员的责任意识、规范意识和操作水平。

人民法院应当为法官、审判辅助人员配备具有录音功能的办公电话和具有录像功能的记录设备，方便及时记录、存储具有干预、过问、威胁、侮辱等性质的信息。

人民法院应当为法官、审判辅助人员提供配备录音录像设施的专门会见、接待场所。法官在审判法庭外会见、接待当事人及其代理人的，可以要求在专门场所进行，并有权拒绝当事人及其代理人单方面会见、接待的要求。

第十一条 各级人民法院应当依法维护庭审秩序。对于实施违反法庭规则行为，扰乱法庭秩序的人，根据情节轻重，依法采取警告制止、训诫、责令具结悔过、责令退出法庭、强行带出法庭、罚款、拘留等措施；对于严重扰乱法庭秩序，构成扰乱法庭秩序罪等犯罪的，依法追究刑事责任。

对于在审判法庭之外的人民法院其他区域，有下列行为之一的人，应当及时采取训诫、制止、控制、带离现场等处置措施，收缴、保存相关证据，及时移送公安机关处理；构成非法携带枪支、弹药、管制刀具、危险物品危及公共安全罪、妨害公务罪、寻衅滋事罪、故意毁坏财物罪等犯罪的，依法追究刑事责任：

（一）非法携带管制器具或者危险物质，逃避、抗拒安全检查的；

（二）未经允许，强行进入法官办公区域或者审判区域的；

（三）大声喧哗、哄闹，不听劝阻，严重扰乱办公秩序的；

（四）侮辱、诽谤、威胁、殴打人民法院工作人员或者诉讼参与人的；

（五）损毁法院建筑、办公设施或者车辆的；

（六）抢夺、损毁诉讼文书、证据的；

（七）工作时间之外滞留，不听劝阻，拒绝离开的；

（八）故意将年老、年幼、体弱、患有严重疾病、肢体残疾等生活不能自理的人弃留的；

（九）以自杀、自残等方式威胁人民法院工作人员的；

（十）其他危害人民法院机关安全或者扰乱办公秩序的行为。

对于在人民法院周边实施静坐围堵、散发材料、呼喊口号、打立横幅等行为的人，人民法院应当商请公安机关依法处理；对危害人民法院工作人员人身安全的，可以由机关安全保卫部门会同司法警察做好相关应急处置工作，并及时商请公安机关依法处理；构成聚众冲击国家机关罪、聚众扰乱社会秩序罪、聚众扰乱交通秩序罪、聚众扰乱公共场所秩序罪、妨害公务罪等犯罪的，依法追究刑事责任。

第十二条　对于泄露、传播依法不应当公开的法官或其近亲属信息，以及偷窥、偷拍、窃听、散布法官或其近亲属隐私的行为人，人民法院应当商请公安机关依法处理；构成侵犯公民个人信息罪等犯罪的，依法追究刑事责任。

人民法院应当充分发挥诉讼服务中心、12368诉讼服务平台和诉讼服务网站等平台查询信息、答复咨询、联系法官的作用，避免因信息过度公开影响法官的审判工作和日常生活。通过审判流程信息公开平台对外公开法官姓名、照片、职务、等级、办公电话和工作邮箱之外信息的，应当征得法官本人同意。

第十三条　法官因依法履职遭受不实举报、诬告陷害，或者被利用信息网络等方式实施侮辱诽谤，致使名誉受到损害的，其所在人民法院应当通过官方网站、微博、微信公众号或者新闻发布会等形式及时澄清事实，消除不良影响，维护法官良好声誉，并会同有关部门依法追究相关单位或者个人的责任。

第十四条　人民法院对于干扰阻碍司法活动，恐吓威胁、报复陷害、侮辱诽谤、暴力侵害法官及其近亲属的违法犯罪行为，应当依法从严惩处。

法官因依法履行法定职责，本人或其近亲属遭遇恐吓威胁、滋事骚扰、跟踪尾随，或者人身、财产、住所受到侵害、毁损的，其所在人民法院应当及时采取保护措施，并商请公安机关依法处理；对构成故意杀人罪、故意伤害罪、寻衅滋事罪、故意毁坏财物罪、非法侵入住宅罪等犯罪的，依法追究刑事责任；行为人是精神病人的，依法决定强制医疗。

第十五条　人民法院审理恐怖活动犯罪、黑社会性质组织犯罪、重大毒品犯罪、邪教组织犯罪等危险性高的案件，应当对法官及其近亲属采取出庭保护、禁止特定人员接触和其他必要保护措施。对法官近亲属还可以采取隐匿身份的保护措施。办理危险性较高的其他案件，经法官本人申请，应当对法官及其近亲属采取上述保护措施。

第十六条　各级人民法院应当配合有关部门，按时足额发放法官的基本工资、津贴补贴。绩效考核奖金的发放，应当遵循审判实绩导向，坚持公开、公平、公正的原则，不得与法官等级、行政职级挂钩，注重向一线人员倾斜。

第十七条　各级人民法院应当为法官提供心理咨询和疏导服务，普遍建立和认真落实法官年度体检制度，保证法官每年接受一次全面身体检查，配合有关部门完善法官的医疗保障制度和抚恤优待办法，为法官的人身、财产、医疗等权益提供与其职业风险相匹配的保障。

第十八条　各级人民法院应当围绕审判工作需要，综合采取集中脱产培训、网络视频教学、巡回授课等方式，保障全体法官定期参加各类业务培训，着力提升其庭审驾驭能力、法律适用能力、裁判文书制作能力和信息化应用能力。每名法官每年至少应当参加一次脱产业务培训。

第十九条　各级人民法院应当依法保障法官的休息权和休假权，认真落实年度休假等制度，切实保障法官必要的休假时间，并将法官休假落实情况纳入各部门绩效考评范围，不得以任何方式变相阻碍法官休假。

各级人民法院应当根据审判规律和法院实际，合理测算法官工作饱和度，科学确定法官工作量，适时调整法官员额配置或者增补审判辅助人员，不得强制要求法官在法定工作日之外加班。

第二十条　上级人民法院从下级人民法院遴选法官的，应当配合有关部门健全完善配套保障措施，确保异地遴选的法官能够安心履职。

第二十一条　对审判辅助人员依法履行法定职责的保护，参照适用本办法。

第二十二条　军事法院法官依法履行法定职责的保护，军事法规有规定的，从其规定。

第二十三条　本办法由最高人民法院负责解释。

第二十四条　本办法自发布之日起施行。

七　最高人民法院、最高人民检察院《关于建立法官、检察官惩戒制度的意见（试行）》

为促进法官、检察官依法行使职权，落实法官、检察官办案责任制，建立法官、检察官惩戒制度，根据党的十八届三中、四中、五中全会精神和相关法律规定，制定本意见。

一、法官、检察官惩戒工作，应当坚持党管干部原则，尊重司法规律，体现司法职业特点，坚持实事求是、客观公正，坚持责任与过错相适应，坚持惩戒与教育相结合。

二、法官、检察官在审判、检察工作中违反法律法规，实施违反审判、检察职责的行为，应当依照相关规定予以惩戒。

认定法官、检察官是否违反审判、检察职责，适用《关于完善人民法院司法责任制的若干意见》《关于完善人民检察院司法责任制的若干意见》的有关规定。

三、法官、检察官惩戒工作由人民法院、人民检察院与法官、检察官惩戒委员会分工负责。

人民法院、人民检察院负责对法官、检察官涉嫌违反审判、检察职责行为进行调查核实，并根据法官、检察官惩戒委员会的意见作出处理决定。

四、在省（自治区、直辖市）一级设立法官、检察官惩戒委员会。

惩戒委员会由政治素质高、专业能力强、职业操守好的人员组成，包括来自人大代表、政协委员、法学专家、律师的代表以及法官、检察官代表。法官、检察官代表应不低于全体委员的50%，从辖区内不同层级人民法院、人民检察院选任。

惩戒委员会主任由惩戒委员会全体委员从实践经验丰富、德高望重的资深法律界人士中推选，经省（自治区、直辖市）党委对人选把关后产生。

法官惩戒工作办公室设在高级人民法院，检察官惩戒工作办公室设在省级人民检察院。

五、惩戒委员会的工作职责：

（一）制定和修订惩戒委员会章程；

（二）根据人民法院、人民检察院调查的情况，依照程序审查认定法官、检察官是否违反审判、检察职责，提出构成故意违反职责、存在重大过失、存在一般过失或者没有违反职责的意见；

（三）受理法官、检察官对审查意见的异议申请，作出决定；

（四）审议决定法官、检察官惩戒工作的其他相关事项。

惩戒委员会不直接受理对法官、检察官的举报、投诉。如收到对法官、检察官的举报、投诉材料，应当根据受理权限，转交有关部门按规定处理。

六、人民法院、人民检察院在司法管理、诉讼监督和司法监督工作中，发现法官、检察官有涉嫌违反审判、检察职责的行为，需要认定是否构成故意或者重大过失的，应当在查明事实的基础上，提请惩戒委员会审议。

除前款规定应报请惩戒委员会审议情形外，法官、检察官的其他违法违纪行为，由有关部门调查核实，依照法律及有关纪律规定处理。

七、惩戒委员会审议惩戒事项时，有关人民法院、人民检察院应当向惩戒委员会提供当事法官、检察官涉嫌违反审判、检察职责的事实和证据，并就其违法审判、检察行为和主观过错进行举证。当事法官、检察官有权进行陈述、举证、辩解。

八、惩戒委员会经过审议，应当根据查明的事实、情节和相关规定，经全体委员的三分之二以上的多数通过，对当事法官、检察官构成故意违反职责、存在重大过失、存在一般过失或者没有违反职责提出审查意见。

惩戒委员会的审查意见应当送达当事法官、检察官和有关人民法院、人民检察院。

九、当事法官、检察官或者有关人民法院、人民检察院对审查意见有异议的，可以向法官、检察官惩戒委员会提出。

法官、检察官惩戒委员会应当对异议及其理由进行审查，作出决定，并回复当事法官、检察官或者有关人民法院、人民检察院。

十、法官、检察官违反审判、检察职责的行为属实，惩戒委员会认为构成故意或者因重大过失导致案件错误并造成严重后果的，人民法院、人民检察院应当依照有关规定作出惩戒决定，并给予相应处理。

（一）应当给予停职、延期晋升、免职、责令辞职、辞退等处理的，按照干部管理权限和程序依法办理；

（二）应当给予纪律处分的，依照有关规定和程序办理。

法官、检察官违反审判、检察职责的行为涉嫌犯罪的，应当将违法线索移送有关司法机关处理。

免除法官、检察官职务，应当按法定程序提请人民代表大会常务委员会作出决定。

十一、当事法官、检察官对惩戒决定不服的，可以向作出决定的人民法院、人民检察院申请复议，并有权向上一级人民法院、人民检察院申诉。

十二、本意见所称法官、检察官，是指实行法官、检察官员额制后进入员额的法官、检察官。

对司法辅助人员违法违纪行为的责任追究，依照有关法律和人民法院、人民检察院的有关规定办理。

十三、最高人民法院、最高人民检察院根据本意见，结合实际，分别制定法官、检察官惩戒工作办法。

参考文献

一 专著

毕玉谦主编：《司法审判动态与研究（第6集）》，法律出版社2004年版。
蔡定剑：《历史与变革》，中国政法大学出版社1999年版。
陈雅丽：《豁免权研究》，中国法制出版社2011年版。
陈瑞华：《刑事审判原理论》，北京大学出版社1999年版。
陈文兴：《法官职业与司法改革》，中国人民大学出版社2004年版。
程竹汝：《司法改革与政治发展》，中国社会科学出版社2001年版。
慈继伟：《正义的两面性》，生活·读书·新知三联出版社2001年版。
傅跃建：《谁隐藏在故事背后》，群众出版社2009年版。
贺日开：《司法权威的宪政分析》，人民法院出版社2004年版。
贺荣主编：《尊重司法规律与刑事法律适用研究（上）——全国法院第27届学术讨论会获奖论文集》，人民法院出版社2016年版。
胡夏冰、冯仁强：《司法公正与司法改革研究综述》，清华大学出版社2001年版。
怀效锋：《司法惩戒与保障》，法律出版社2006年版。
江泽民：《高举邓小平理论伟大旗帜把建设有中国特色社会主义事业全面推向二十一世纪》，人民出版社1997年版。
李林、王敏远主编：《全面推进依法治国与稳妥促进司法改革》，中国法制出版社2016年版。
全亮：《法官惩戒制度比较研究》，法律出版社2011年版。
盛洪主编：《现代制度经济学》（下卷），北京大学出版社2003年版。
盛洪主编：《新制度经济学》，北京大学出版社2003年版。
宋英辉主编：《刑事诉讼原理》，法律出版社2003年版。

苏力：《送法下乡——中国基层司法制度研究》，中国政法大学出版社 2000 年版。

谭世贵等：《中国法官制度研究》，法律出版社 2009 年版。

王利明：《司法改革研究》，法律出版社 2000 年版。

王利明：《司法改革研究（修订本）》，法律出版社 2002 年版。

王世杰、钱端升：《比较宪法》，中国政法大学出版社 1997 年版。

徐国栋：《民法基本原则解释》，中国政法大学出版社 1996 年版。

张建伟：《刑事司法体制原理》，中国人民公安大学出版社 2002 年版。

张千帆：《西方宪政体系（上册）》，中国政法大学出版社 2004 年版。

张文显：《法哲学范畴研究》，中国政法大学出版社 2001 年版。

张志铭：《法理思考的印记》，中国政法大学出版社 2003 年版。

浙江大学公法与比较法研究所编：《公法研究》（第二辑），商务印书馆 2004 年版。

中央文献研究室编：《三中全会以来重要文献选编》（上），人民出版社 1982 年版。

中央文献研究室编：《中国共产党第十三次全国代表大会文件汇编》，人民出版社 1987 年版。

中国应用法学研究所编：《美国法官制度与法院组织标准》，人民法院出版社 2008 年版。

周道鸾主编：《外国法院组织与法官制度》，人民法院出版社 2000 年版。

最高人民法院司法改革领导小组办公室编：《最高人民法院关于完善人民法院司法责任制的若干意见读本》，人民法院出版社 2015 年版。

二　译著

［德］拉德布鲁赫：《法学导论》，米健译，法律出版社 2012 年版。

［美］爱德华·A. 罗斯：《社会控制》，秦志勇、毛永政等译，华夏出版社 1989 年版。

［美］戴维·波普诺：《社会学》，李强等译，中国人民大学出版社 1999 年版。

［美］弗莱蒙特·E. 卡斯特、詹姆斯·E. 罗森茨韦克：《组织与管理：系统与权变的方法》，傅严等译，中国社会科学出版社 2000 年版。

［美］亨利·埃尔曼：《比较法律文化》，贺卫方、高鸿钧译，生活·读

书·新知三联书店 1990 年版。

［美］理查德·波斯纳：《波斯纳法官司法反思录》，苏力译，北京大学出版社 2014 年第 1 版。

［美］亚历山大·汉密尔顿、约翰·杰伊、詹姆斯·麦迪逊：《联邦党人文集》，程逢如、在汉、舒逊译，商务印书馆 1982 年版。

［日］棚濑孝雄：《纠纷的解决与审判制度》，王亚新译，中国政法大学出版社 1994 年版。

［意］莫诺·卡佩莱蒂：《比较法视野中的司法程序》，徐昕、王奕等译，清华大学出版社 2005 年版。

［英］戴维·米勒、韦农·波格丹诺：《布莱克维尔政治学百科全书》，邓正来译，中国政法大学出版社 1992 年版。

［英］戴维·M. 沃克：《牛津法律大辞典》，李双元等译，法律出版社 2003 年版。

三　期刊

［加拿大］贝弗利·麦克拉克林：《司法问责的源流与机制》，王静译，《中国应用法学》2017 年第 2 期。

陈昶屹：《入额法官的思维蜕变》，《人民法院报》2017 年 3 月 21 日第 2 版。

陈光中、龙宗智：《关于深化司法改革若干问题的思考》，《中国法学》2013 年第 4 期。

陈光中：《完善司法责任制》，《人民日报》2015 年 10 月 19 日第 7 版。

陈光中、王迎龙：《司法责任制若干问题之探讨》，《中国政法大学学报》2016 年第 2 期。

陈海峰：《错案责任追究的主体研究》，《法学》2016 年第 2 期。

陈海光：《法官职业保障制度研究》，《审判研究（2003 年第一辑）》，法律出版社 2003 年版。

陈瑞华：《现代独立审判原则的最低标准》，《中国律师》1996 年第 3 期。

陈瑞华：《司法权的性质——以刑事司法为范例的分析》，《法学研究》2000 年第 5 期。

陈瑞华：《司法改革的理论反思》，《苏州大学学报（哲学社会科学版）》2016 年第 1 期。

陈卫东：《司法改革之中国叙事》，《中国法律评论》2016 年第 1 期。

陈卫东：《保障司法人员履职安全刻不容缓》，《检察日报》2016 年 3 月 6 日第 3 版。

陈卫东：《司法改革应坚持科学理念》，《人民日报》2016 年 7 月 13 日第 7 版。

陈卫东、程雷：《司法革命是如何展开的》，《法制日报》2017 年 7 月 10 日第 9 版。

陈晓聪：《员额制改革背景下的法官约束与激励机制》，《华东政法大学学报》2016 年第 3 期。

陈兴良：《推动法治进步的新闻人力量》，《法制日报》2015 年 5 月 13 日第 9 版。

陈雅丽：《论豁免制度与法治的兼容性——兼论我国公职人员豁免制度的建立与完善》，《政治与法律》2010 年第 12 期。

陈迎新：《我国审判委员会制度反思》，《西南交通大学学报》（社会科学版）2003 年第 3 期。

陈颖婷、金豪：《解决"案多人少"不能只靠员额制》，《上海法治报》2016 年 1 月 29 日第 A2 版。

陈永生：《我国刑事误判问题透视——以 20 起震惊全国的刑事冤案为样本的分析》，《中国法学》2007 年第 5 期。

陈永生、白冰：《法官、检察官员额制改革的限度》，《比较法研究》2016 年第 2 期。

程竹汝：《论司法在现代社会治理中的地位和作用》，《南京政治学院学报》2013 年第 12 期。

重庆市高级人民法院课题组：《审判管理制度转型研究》，《中国法学》2014 年第 4 期。

崔敏、王乐龙：《刑事错案概念深层次分析》，《法治研究》2009 年第 1 期。

崔晓鹏：《从"同体惩戒"到"异体惩戒"——法官惩戒委员会运行模式之构建》，《山东审判》2016 年第 3 期。

崔永东：《法官责任制的定位与规则》，《现代法学》2016 年第 3 期。

丁利：《从均衡到均衡：制度变迁的主观博弈框架》，《制度经济学研究》2005 年第 3 期。

樊纲：《两种改革成本与两种改革公式》，《经济研究》1993年第1期。

方乐：《审判权内部运行机制改革的制度资源与模式选择》，《法学》2015年第3期。

傅郁林：《司法责任制的重心是责任划分》，《中国法律评论》2015年第4期。

傅郁林：《司法权的外部边界与内部配置》，《法制与社会发展》2016年第2期。

葛磊：《法院错案追究制度分析》，《中国司法》2004年第4期。

顾培东：《再论人民法院审判权运行机制的构建》，《中国法学》2014年第5期。

郭建勇：《区分司法品质：法院、法官与判决——司法场域中信号的传递与信任的生成》，《法律适用》2013年第7期。

郭宁：《法官豁免权的存在空间及其限度——基于两大法系的比较视角》，《山东师范大学学报（人文社会科学版）》2013年第6期。

何帆：《法官遴选委员会的五个关键词》，《法制资讯》2014年第8期。

何帆：《"案多人少"是伪命题吗?》，《北京日报》2015年12月14日第3版。

何帆：《什么样的法官应当退出员额》，《人民法院报》2017年5月26日第2版。

贺小荣：《如何牵住司法责任制这个牛鼻子》，《人民法院报》2015年9月23日第1版。

贺小荣：《人民法院四五改革纲要的理论基点、逻辑结构和实现路径》，《人民法院报》2014年7月16日第5版。

贺小荣、何帆：《〈人民法院落实"领导干部干预司法活动、插手具体案件处理的记录、通报和责任追究规定"的实施办法〉的理解与适用》，《人民法院报》2015年8月20日第2版。

侯学宾：《法官惩戒制度的"中国式"难题及其破解》，《法律适用》2017年第7期。

胡昌明：《法官不容伤害安保机制亟待建立》，《人民法院报》2017年2月7日第2版。

胡仕浩：《论人民法院全面推开司法责任制改革的几个问题》，《法律适用》2016年第11期。

胡仕浩：《如何完善审判监督管理和院庭长办案机制》，《人民法院报》2017年4月18日。

胡仕浩、何帆：《〈人民法院落实"保护司法人员依法履行法定职责的规定"的实施办法〉的理解与适用》，《人民法院报》2017年2月7日第2版。

黄海锭：《美国州法院法官工作量评估方法》，《人民法院报》2017年3月24日第8版。

胡少安：《建议尽早出台法官退休制度》，《人民法院报》2003年4月3日第2版。

季卫东：《司法体制改革的目标和评价尺度》，《人民法院报》2017年4月5日第2版。

江必新：《制度现代化是全面推进依法治国的核心要求》，《红旗文稿》2014年第20期。

江必新：《关于法官审判责任追究若干问题的探讨》，《法制日报》2015年10月28日第9版。

蒋格伟、肖鹏：《上海司法改革亮点解读优秀法官、检察官可延迟退休》，《法制周报》2014年7月15日第3版。

江国华、吴悠：《完善我国法官惩戒制度的几点意见——兼议〈中华人民共和国法官法〉第十一章的修改》，《江汉大学学报（社会科学版）》2016年第2期。

蒋惠岭：《建立符合司法规律的新型审判权运行机制》，《法制信息》2014年第4期。

蒋惠岭：《论法官惩戒程序之司法性》，《法律适用》2003年第9期。

蒋银华：《法官惩戒制度的司法评价——兼论我国法官惩戒制度的完善》，《政治与法律》2015年第3期。

金泽刚：《司法改革背景下的司法责任制》，《东方法学》2015年第6期。

兰荣杰：《法官该什么时候退休》，《方圆》2016年5月下期。

李少平：《当前深化司法体制改革的形势、任务及重点》，《法律适用》2016年第8期。

李少平：《健全司法人员依法履职保障机制推动形成尊重司法裁判、维护司法权威的良好氛围》，《人民法院报》2017年2月8日第1版。

李卫红、李莹莹：《法院错案追究制度的困境分析与重构》，《河南公安高等专科学校学报》2007年第5期。

李贤华：《域外法官退休制度》，《人民法院报》2014年9月19日第8版。

李学尧、葛岩、何俊涛、秦裕林：《认知流畅度对司法裁判的影响》，《中国社会科学》2014年第5期。

李兆杰、牛艳：《司法改革视域下专业法官会议的价值分析、存在问题及优化路径》，《西华大学学报（哲学社会科学版）》2016年第2期。

梁桂平：《论专业法官会议的功能定位及运行模式》，《法律适用》2016年第8期。

林娜编译：《美国宾州法官起诉州宪法中的法定退休年龄条款》，《人民法院报》2012年11月30日第8版。

林娜：《如何走出院庭长办案的困境：兼论我国审判权运行机制改革试点方案的补强》，《法律适用》2015年第11期。

林振通：《员额制背景下审判团队配置模式与职责定位》，《人民法院报》2016年9月29日第5版。

刘德印、杨捍平：《推进国家治理能力和治理体系现代化的战略支点——浅谈领导干部干预司法登记通报处分制度》，《深化司法体制改革——2015年第六届河北法治论坛》（上册）。

刘风景：《法官退休年龄的省思与再定》，《学术交流》2017年第1期。

陆洪生：《法官职业化建设的根基：法官职业保障》，《人民司法》2003年第2期。

罗重海、郭红艳、曾辉、禹楚丹：《排除行政干预依法公正审判——湖南永州中院关于行政诉讼集中异地管辖的调研报告》，《人民法院报》2017年1月12日第8版。

毛天鹏：《关于限设法官工作量的探讨》，《人民司法·应用》2007年第19期。

宁杰、程刚：《法官职业保障之探析》，《法律适用》2014年第6期。

齐志超：《怎样科学测算法官工作量》，《人民法院报》2014年8月23日第2版。

钱峰：《法官职业保障与独立审判》，《法律适用》2005年第1期。

钱峰、高翔：《审判管理制度转型研究》，《中国法学》2014年第4期。

强梅梅：《司法人员分类管理改革的制约因素及其破解》，《法制与社会发展》2015年第2期。

屈向东：《以案定编与法官员额的模型测算》，《现代法学》2015 年第 3 期。
全亮：《域外法官惩戒制度基本架构比较》，《社会科学家》2013 年第 11 期。
沈德咏：《让热点案件成为法治公开课》，《人民日报》2017 年 4 月 7 日第 5 版。
沈德咏：《推进以审判为中心的诉讼制度改革》，《中国法学》2015 年第 3 期。
沈岿：《行政法理论基础回眸：一个整体观的变迁》，《宪政手稿》2008 年第 2 期。
舒锐：《十年前彭宇案的真相是什么》，《北京青年报》2017 年 6 月 15 日第 2 版。
侣化强：《事实认定"难题"与法官独立审判责任落实》，《中国法学》2015 年第 6 期。
宋雷：《意大利司法官责任法简介》，《外国法研究》1989 年第 3 期。
苏力：《基层法院审判委员会制度的考察及思考》，《北大法律评论》1998 年第 2 卷。
苏力：《农村基层法院的纠纷解决与规则之治》，《北大法律评论》1999 年第 2 卷第 1 辑。
苏力：《关于海瑞定理Ⅰ》，《法律和社会科学》2009 年第 4 卷。
孙笑侠：《"案多人少"矛盾与司法有限主义》，《北京日报》2016 年 11 月 7 日第 14 版。
谭世贵、孙玲：《法官责任豁免制度研究》，《政法论丛》2009 年第 5 期。
谭世贵、王佳：《我国法官退休制度的初步研究》，《河北法学》2009 年第 8 期。
汪丁丁：《制度创新的一般理论》，《经济研究》1992 年第 5 期。
王洪坚：《怎样合理测算法官工作量》，《人民法院报》2016 年 6 月 25 日第 2 版。
王静、李学尧、夏志阳：《如何编制法官员额——基于民事案件工作量的分类与测量》，《法制与社会发展》2015 年第 2 期。
王伦刚：《中国法院错案追究制运行的实证考察》，《法学家》2016 年第 2 期。
王敏远：《完善司法责任制系列谈：破解司法责任制落实中的难点》，《人民法院报》2015 年 9 月 26 日第 2 版。

王敏远：《论加强司法人员的职业保障》，《中国司法》2015 年第 5 期。

王敏远：《关于司法改革两个问题的建议》，《人民法院报》2016 年 9 月 25 日第 8 版。

王亚新：《解读司法改革——走向权能、资源与责任之新的均衡》，《清华法学》2014 年第 5 期。

魏胜强：《错案追究何去何从——关于我国法官责任追究制度的思考》，《法学》2012 年第 9 期。

魏文彪：《禁法院院长干预审判有利司法去行政化》，《人民政坛》2015 年第 8 期。

吴思远：《法官会议制度若干问题剖析》，《中共中央党校学报》2016 年第 4 期。

吴如巧、宋东、向治冰：《从"法官会议制度"看我国法院"去行政化"的困境与破解》，《探求》2015 年第 6 期。

张卫平：《论我国法院体制的非行政化——法院体制改革的一种基本思考》，《法商研究》2000 年第 3 期。

习近平：《在首都各界纪念现行宪法公布施行三十周年大会上的讲话》，《十八大以来重要文献选编（上）》，中央文献出版社 2014 年版。

谢鹏程：《员额制有利于实现司法专业化职业化精英化》，《检察日报》2015 年 12 月 7 日第 3 版。

谢亚平、崔四星：《对错案责任追究制度的理性思考》，《河南教育学院学报（哲社版）》2005 年第 2 期。

徐秉晖：《对审判权优化配置的实证分析与改革建议》，《时代法学》2015 年第 6 期。

徐静村、潘金贵：《法官惩戒制度研究——兼论我国司法弹劾制度的构建》，浙江大学公法与比较法研究所编：《公法研究》2004 年第 2 辑。

徐景和：《法官没有豁免权》，《法制日报》2002 年 11 月 7 日第 7 版。

徐显明、齐延平：《论司法腐败的制度性防治》，《法学》1988 年第 8 期。

徐育：《法官缘何成了"高危人群"》，《江苏法制报》2005 年 8 月 19 日第 3 版。

严剑漪：《员额制改革：一场动自己"奶酪"的硬仗》，《人民法院报》2016 年 11 月 14 日第 6 版。

严仁群：《美国法官惩戒制度论要》，《法学评论》2004 年第 6 期。

杨力：《中国司法体制改革的重大现实命题：司法体制改革试点的上海样本研究》，《中国社会科学评价》2016 年第 1 期。

于秀艳：《论我国法官惩戒程序及其改革》，《法律适用》2003 年第 9 期。

詹建红：《我国法官惩戒制度的困境与出路》，《法学评论》2016 年第 2 期。

张千帆：《司法大众化是个伪命题》，《经济观察报》2008 年 7 月 26 日第 3 版。

张晴、冯冰洁：《"司法产品"的阈值——法官合理办案数的实证测算》，《东南司法评论》2016 年第 2 期。

张太洲：《法官豁免的维度》，《人民法院报》2015 年 7 月 31 日第 2 版。

张文凌：《司法改革中的"细枝末节"值得关注》，《法制日报》2017 年 5 月 10 日第 9 版。

张文显：《论司法责任制》，《中州学刊》2017 年第 1 期。

张志铭：《对当下中国审判独立的认识》，《中国应用法学》2017 年第 1 期。

张志铭：《转型中国的法律体系建构》，《中国法学》2009 年第 2 期。

张志铭：《也谈"延缓法官退休年龄"》，《法制日报》2005 年 7 月 23 日第 3 版。

张智全：《让行政审判远离地方干预》，《法制日报》2015 年 6 月 16 日第 7 版。

赵天睿：《从法官行政、司法二元身份到"法官中心主义"》，《法学杂志》2016 年第 3 期。

赵耀彤：《法院领导"伪办案"不是小问题》，《南风窗》2017 年第 1 期。

周长军：《司法责任制改革中的"法官问责"：兼评〈关于完善人民法院司法责任制的若干意见〉》，《法学家》2016 年第 3 期。

周永坤：《错案追究制与法治国家建设》，《法学》1997 年第 9 期。

朱兵强：《深化司法体制改革与法官职业权利保障制度的完善》，《时代法学》2015 年第 5 期。

朱孝清：《错案责任追究与豁免》，《中国法学》2016 年第 2 期。

左卫民：《强化院庭长办案的量、质、责》，《人民法院报》2017 年 4 月 10 日第 2 版。

四　英文文献

J. Locke, *The Second Treatise on Government* (Peardon, ed., MacMillan,

N. Y. 1985) at 9 – 10.

Joshua Rozenberg, *The Search for Justice*: *An Anatomy of the Law*, Hodder & Stoughton, 1994, p. 368.

K. G. Jan Pillai, Rethinking Judicial Immunity for the Twenty – First Century, *Harvard Law Journal*, Fall 1995.

William R. Anson, *The Law and Custom of Constitution*, Clarendon Press, 1907, p. 219.

五 新闻报道

曹雅静：《最高人民法院发布司法改革、司法公开白皮书》，《人民法院报》2017年2月28日第1版。

陈琼珂：《沪去年70多名法官辞职生存状态引发"退出潮"》，《解放日报》2014年3月12日第3版。

丁汀：《司法责任，需问责也需激励——访海南省高级人民法院院长董治良》，《人民日报》2015年6月10日第17版。

范春生：《被告威胁恐吓法官法院对其罚款5000元》，《人民法院报》2017年3月5日第1版。

郭京霞等：《审判委员会直接开庭审案开全国先河》，《人民法院报》2015年9月18日第1版。

黄海霞：《北京第一中级法院取消错案追究制认为有碍公平》，《青年时报》2005年11月21日第3版。

李吉斌：《郑少三代表建议适当延长资深法官退休年龄》，《法制日报》2012年3月13日第5版。

刘传刚：《论审判委员会的职能》，《行政与法》2003年第8期。

刘昕璐：《上海力争试点法官延迟退休》，《组织人事报》2014年3月20日第1版。

路昌其：《现行审判委员会制度的改革与完善》，《法治论丛》2009年第5期。

罗书臻：《湖北法院司法责任制改革成效初显》，《人民法院报》2017年4月11日第1版。

罗书臻：《周强在全国高级法院院长座谈会上强调认真贯彻落实全国司法体制改革推进会精神坚定不移全面推进人民法院司法体制改革》，《人民法院报》2016 年 7 月 21 日第 1 版。

彭波：《习近平：努力让人民在每一个司法案件中都能感受到公平正义》，《人民日报》2013 年 1 月 8 日第 1 版。

彭波：《第三批司法体制改革试点即将启动》，《人民日报》2015 年 12 月 5 日第 7 版。

任重远等：《法官荒，法院慌：事情正在起变化》，《南方周末》2015 年 4 月 17 日第 A3 版。

孙静：《一名辞职法官的遗憾》，《北京青年报》2014 年 7 月 19 日第 4 版。

孙满桃：《最高法：全国 27 个省区市法院均已完成员额法官选任工作》，《光明日报》2017 年 2 月 14 日第 2 版。

宋连斌：《法官退休：年龄不是关键》，《人民法院报》2009 年 3 月 9 日第 5 版。

宋向乐：《兰考县 34 岁法官因病离世生前曾加班至深夜》，《大河报》2017 年 4 月 2 日第 3 版。

王斗斗、袁定波：《基层法官职级有望提高一线法官退休制将改变》，《法制日报》2008 年 12 月 21 日第 1 版。

王梦遥：《中央政法工作会：不办案而入额的领导班子成员要自觉退出员额》，《新京报》2017 年 1 月 13 日第 1 版。

王梦遥：《最高法：法院人员禁提前介入土地征收、房屋拆迁等活动》，《新京报》2017 年 2 月 8 日第 1 版。

王梦遥：《李少平：最高法将健全司法改革问责机制》，《新京报》2017 年 3 月 11 日第 1 版。

王松苗、庄永廉、王丽丽：《不得要求法官检察官提前离岗或退休》，《检察日报》2007 年 8 月 30 日第 1 版。

王鑫：《总结办案经验，探讨法律适用——成都高新区法官会议搭建交流平台》，《人民法院报》2005 年 3 月 9 日第 2 版。

王逸吟：《界定权责内容推进司法改革——访中国社科院法学所研究员王敏远》，《光明日报》2015 年 9 月 30 日第 3 版。

汪红、纪欣：《独立审判权护航新改革》，《法制晚报》2013 年 11 月 15 日第 1 版。

卫建萍：《上海法官检察官遴选惩戒委员会成立》，《人民法院报》2014 年 12 月 14 日第 1 版。

卫建萍、谢钧:《合理测算科学评价法官办案业绩》,《人民法院报》2015年5月9日第1版。

吴彬:《北京市朝阳区法院法官培养方式的新探索》,《法庭内外》2007年第10期。

吴静:《发函干预审判有损司法公正》,《人民公安报》2013年10月24日第2版。

新华社:《习近平主持召开中央全面深化改革领导小组第三十次会议》,《人民日报》2016年12月6日第1版。

邢东伟:《海南四方面推进司法体制改革试点工作试行法官检察官延迟退休制度》,《法制日报》2014年12月30日第1版。

徐晶:《审判试水法官联席会议》,《法律与生活》2005年第2期。

徐隽:《把抓落实作为推进改革工作的重点真抓实干蹄疾步稳务求实效》,《人民日报》2014年3月1日第1版。

徐隽:《习近平:以提高司法公信力为根本尺度坚定不移深化司法体制改革》,《人民日报》2015年3月25日第1版。

徐隽:《回归办案本位,充实一线力量》,《人民日报》2017年1月11日第9版。

徐隽:《最高法发布人民法院落实保护司法人员依法履行法定职责规定的实施办法》,《人民日报》2017年2月15日第18版。

张静:《韩调查:法官获封"满意度最高职业"引航员牧师紧随其后》,《环球时报》2017年3月29日第8版。

赵蕾:《谁投了两高报告反对票》,《南方周末》2009年3月19日A4版。

赵蕾:《"两高":在个案监督与司法权威之间》,《南方周末》2010年3月18日A5版。

赵修义:《公平正义是社会主义制度的首要价值》,《文汇报》2007年4月9日第3版。

中国法官协会法官权益保障委员会:《对广西陆川法院傅明生法官遭报复杀害事件的说明》,《人民法院报》2017年2月7日第1版。

周斌、蒋皓:《外部干扰内部干预法官身不由己审判质效难保证独立行使审判权须去地方化行政化》,《法制日报》2013年11月17日第2版。

周佳佳:《最高检五方面解读于欢案法院一审认定事实不全面》,《北京晨报》2017年5月29日第1版。

祖先海：《司法标准化彰显透明度》，《人民法院报》2017年3月11日第12版。

郑金雄：《思明法院试行审判长联席会议制度，讨论重大疑难复杂及新类型案件》，《人民法院报》2002年11月26日第3版。

张姣：《市中院出台民事审判长联席会议制度》，《吕梁日报》2011年6月3日第3版。

后　　记

　　白驹过隙，光阴似箭，我的博士后生活已经结束。从进站到出站，这一个既非漫长也非短暂、智识与心力交织、焦虑与欣喜相伴、工学矛盾时时困扰，且每每回望不由心生惶惶却依旧满怀憧憬的人生旅程。不知何故，曾令自己是那样心潮澎湃、百感交集的一幕幕场景，此刻想起却总是感觉波澜不惊；曾令自己是那样忐忑不安、思绪万千的一桩桩事由，此时回眸却都早已趋于平淡。实际上，之于漫漫人生路，这无非就是一个迈向新目标、开启新征程的新起点而已，甚至于连"靓丽"都谈不上的新起点而已。

　　然而，平淡的终归于平淡，难忘的将永远难忘。

　　极其幸运的是，我竟然能够有机会同时追随思想深邃、学识渊博、理论实践融会贯通的李少平副院长和李林研究员这两位导师从事研究工作。在此期间，李少平副院长尽管承担全国法院系统司法改革重任，但依然始终关心我的研究进展，并及时提供参与司改督察良机，定期听取汇报，给予悉心指导，每每都令我有拨云见日之感，令人钦佩、令人叹服！李林研究员尽管科研任务繁重，却依旧于百忙之中提供了全面具体的研究建议，特别是对出站报告进行了宏观至框架结构、微观至字词标点的修改意见，字里行间无不浸透着对晚辈学人的关爱和心血，令人感激、令人动容！能够在具有如此深厚理论学养、严谨治学态度、高远学术视野之名师门下求学，实乃人生之大幸！这一切，值得终身珍视，值得终身仿效。

　　同时，甘肃省委政法委诸位委领导和甘肃政法学院宋秉武书记、王宏璎教授都给予我莫大的鼓励和支持。还有蒋惠岭所长、胡仕浩主任、陈甦、莫纪宏、王敏远、李明德、李玉萍、牛凯等多位教授，危浪平、宁杰、马骁、缪树蕾等多位兄弟，上海市高级法院张新法官、陆伟法官等实务部门的多位同仁，都给予我有力的帮助。对此，说什么感谢的话都显得很苍白！

最后，我要感谢我的家人。感谢父母所给予的全方位支持！感谢爱人安斌琴长期以来无怨无悔的奉献和超乎寻常的宽容！感谢爱子冯瑞珩同学，尽管他早已不再是对我"盲目崇拜"，但依旧对我保持"有限度的欣赏"。无疑，这一切都是我愈挫愈勇的坚强后盾；都是我勇往直前的动力源泉。

师恩难忘，亲情难舍，友谊长存。这份感恩，将激励我快乐生活、刻苦学习、勤奋工作、尽心助人。不驰于空想，不骛于虚声。这就是时代赋予我们的使命。